개정 최신판!

새로운 출제기준 반영

[2025.1.1 ~ 2027.12.31]

국가직무능력표준
National Competency Standards

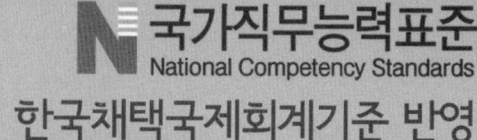

한국채택국제회계기준 반영

전산회계운용사 대비

모의고사문제집 필기3급

정 호 주 저

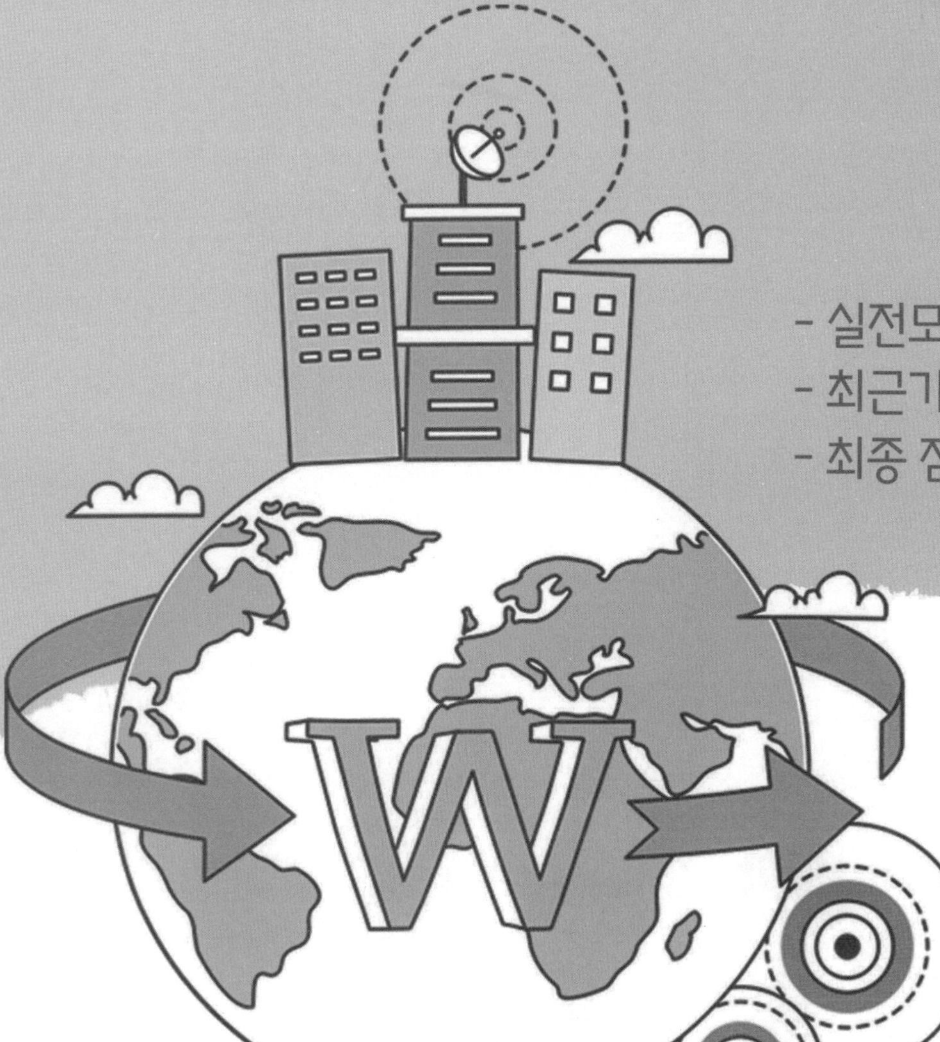

- 실전모의고사 9회
- 최근기출문제 15회
- 최종 점검 모의고사 1회

도서출판 파스칼
www.pascal25.com

【 저자 소개 】

정호주
- 단국대학교 경영대학원 회계학과 4학기 수료
- 성결대학교 주최 전국정보과학경시대회(전산회계부문) 출제위원 역임
- 대한상공회의소 하계직무연수 초빙강사 역임
- 전산회계운용사 대비 회계원리 입문편, 3급, 2급 필기 및 실기(sPLUS) 수험서
- 전산회계운용사 대비 원가회계 2급 필기 수험서
- 한국세무사회, 한국공인회계사회 공통 대비 회계원리 입문편
- 한국세무사회 대비 전산회계 1급, 2급 이론 및 실기 수험서
- 2022 개정 교육과정 인정교과서 '회계원리'
- 2015 개정 교육과정 인정교과서 '회계원리'
- 2015 개정 교육과정 인정교과서 '회계정보처리시스템' (sPLUS)

전산회계운용사 대비

모의고사문제집 3급필기

- **발행일** 2024년 12월 1일 26판 1쇄 발행
- **지은이** 정호주
- **펴낸이** 정호주
- **펴낸곳** 도서출판 파스칼
- **등록번호** 제2021-000324호
- **홈페이지** www.pascal25.com
- **편집·디자인** 전정희
- **주소** 서울특별시 마포구 월드컵로 23길 51
- **전화** 02-2266-0613
- **팩스** 02-332-8598
- **ISBN** 979-11-983505-4-1
- **내용문의** 010-3820-4237

"God bless you"

본 서에는 저자의 독창적인 아이디어가 많이 수록되어 있으므로, 저자의 동의 없이 본 서의 내용을 무단으로 전재(인터넷 강의 콘텐츠 및 교과서 포함)하면 과거와는 달리 관계당국에 의법조치합니다.
/ Copyright ⓒ 1997 by Jung Ho-ju · Chon Chong-hui / 파본 및 낙장은 구입하신 서점에서 교환하여 드립니다.

새로운 출제 기준에 의한 최신 개정판을 내면서 .....

　전산회계운용사대비 3급필기 모의고사문제집이 1997년 4월, 당시 '도서출판 파스칼' 회사명으로 첫 출간되었으나 IMF 구제금융과 세계적 금융위기 및 코로나-19 등 수차례의 변곡점으로 인해 회사명이 2번 변경되어 출간되었으나 오늘에 이르러 새로운 출제 기준에 의한 제26판을 출간하게 되었다. 3급필기 모의고사문제집의 나이로 보면 26년을 맞이한다. 무엇보다 그동안 여러 교육기관의 선생님들과 독자 여러분의 성원에 깊은 감사를 드린다.

　전산회계운용사 검정은 상시검정으로만 시행하고 있다. 상시검정은 문제지와 OMR답안지를 종이로 배부하지 않고 컴퓨터 화면상으로 문제를 읽고 오른쪽의 답란에 마우스로 체크한 후 답안지 제출을 하는 방식(IBT : Internet-Based Testing)이다. 따라서 앞으로 기출문제는 공개되지 않으므로 기존의 기출문제를 반복하여 숙달하여야 하며, 시행기관에서는 매 시험마다 출제문제의 변별력을 유지하기 위해 다양한 문제가 출제될 것이다.

　이번 최신 개정판에서는 세법의 개정으로 '접대비' 계정을 '기업업무추진비' 계정으로 수정하였으며 2025년부터 시행되고 있는 개정 K-IFRS 내용을 이론요약 부분에 수록하였고, 새로운 출제기준(2025. 1. 1.~2027. 12. 31.)과 상시 검정의 출제 흐름을 반영하여 모의고사 단원에서는 새로운 문제를 개발하여 진부화된 오래된 문제들을 교체하였고, 기출문제 단원에서는 개정 K-IFRS 내용으로 수정하였다. 또한 실력 향상을 위해 국가직무능력표준(NCS)에 따른 직업기초능력평가문제를 기출문제 단원의 여백을 활용하여 2~3문제씩 수록하였다.

　고용노동부에서는 전산회계운용사 1급을 과정평가형 국가기술자격제도에 전산회계운용사 2급, 3급에 이어 추가로 선정하였다고 발표하였다. 따라서 회계원리 및 원가회계 과목과 한국채택국제회계기준(K-IFRS)에 대한 중요성이 더욱 높아지고 있으며, 차후 공기업이나 대기업에 취업을 희망하는 분들께서는 전산회계운용사 자격증이 필수적이다.

　아무쪼록 전산회계운용사 3급시험을 준비하는 모든 수험생들이 어떠한 어려움과 난관이 있더라도 본 서를 통하여 변화되는 흐름을 잘 파악하고 검정시험 합격을 향한 승리의 확신과 자신감을 갖게 되기를 바라며 그로 인하여 전산회계운용사 국가기술자격검정시험이 부흥하기를 기원해 본다. God bless you!

양화진 언덕에서 한강을 바라보며
저자 정호주 씀

Contents_차례

01 핵심이론정리와 대표문제 ······ 5

02 실전대비 모의고사
- 제01회 실전모의고사 ······ 27
- 제02회 실전모의고사 ······ 30
- 제03회 실전모의고사 ······ 33
- 제04회 실전모의고사 ······ 36
- 제05회 실전모의고사 ······ 39
- 제06회 실전모의고사 ······ 42
- 제07회 실전모의고사 ······ 45
- 제08회 실전모의고사 ······ 48
- 제09회 실전모의고사 ······ 51

03 기출문제
- 제01회 기출문제 (2016년 02월 20일 시행) ······ 55
- 제02회 기출문제 (2016년 05월 21일 시행) ······ 58
- 제03회 기출문제 (2016년 10월 08일 시행) ······ 61
- 제04회 기출문제 (2017년 02월 18일 시행) ······ 64
- 제05회 기출문제 (2017년 05월 27일 시행) ······ 67
- 제06회 기출문제 (2017년 09월 16일 시행) ······ 70
- 제07회 기출문제 (2018년 02월 10일 시행) ······ 73
- 제08회 기출문제 (2018년 05월 19일 시행) ······ 77
- 제09회 기출문제 (2018년 09월 08일 시행) ······ 80
- 제10회 기출문제 (2019년 02월 09일 시행) ······ 83
- 제11회 기출문제 (2019년 05월 18일 시행) ······ 86
- 제12회 기출문제 (2019년 09월 07일 시행) ······ 89
- 제13회 기출문제 (2020년 02월 09일 시행) ······ 92
- 제14회 기출문제 (2020년 05월 17일 시행) ······ 95
- 제15회 기출문제 (2020년 10월 09일 시행) ······ 98

04 정답 및 해설 ······ 102

05 최종 점검 모의고사 및 정답 해설 ······ 128

전산회계운용사 필기시험 과목 및 접수 안내

 **수험 자격**

　국가기술자격 검정시험인 전산회계운용사 시험은 응시자격에 제한이 없으므로 누구라도 응시할 수가 있다. 단, 실기 검정시험은 필기시험 합격자에 한하여 응시할 수 있으며, 자격평가사업단에서는 전산회계운용사 자격 검정시험을 상시 검정시험(IBT : Internet-Based Testing 방식)으로만 시행하고 있다.

 **시험 과목**

급수	구분	시험과목	출제 형태	제한시간
1급	필기시험	· 재무회계 · 원가관리회계 · 세무회계	객관식 60문항	80분
	실기시험	· 회계시스템의 운용	컴퓨터 작업형	100분
2급	필기시험	· 재무회계 · 원가회계	객관식 40문항	60분
	실기시험	· 회계시스템의 운용	컴퓨터 작업형	80분
3급	필기시험	· 재무회계	객관식 25문항	40분
	실기시험	· 회계시스템의 운용	컴퓨터 작업형	60분

▶ 계산기 지참 가능(단, 공학용 및 검색 가능한 계산기는 불가, 윈도우 계산기 및 메모장 기능 사용 불가)
▶ 합격 결정 기준 　• 필기 : 매 과목 100점 만점에 과목당 40점 이상이고, 평균 60점 이상
　　　　　　　　　• 실기 : 100점 만점에 70점 이상

 **필기원서 접수**

① 인터넷 접수(http://license.korcham.net)를 원칙으로 하되 방문 접수도 가능하다. 단, 모바일앱(korchampass)을 통해서도 상시검정 접수가 가능하다.

② 준비물(사진올리기)
　- 본인의 반명함판 형식의 사진이미지를 등록. 사진크기 : 400×500픽셀로 변경, 1:1.25 비율
　- 검정수수료 17,000원(인터넷 접수시 1,200원 추가)

③ 접수 시간
　- 선착순 마감 또는 시험일 기준 최소 4일전까지 접수함

④ 시험 장소
　- 인터넷 접수시에 개설된 시험장 중에서 본인이 지정할 수 있음

⑤ 시험 일시 및 시험 시간
　- 선택한 시험장에서 개설된 시험일시 및 시험시간 중 원하는 일정 선택

 **합격자 발표**

① 시험일
　- 해당 지역상공회의소 확인

② 합격 발표
　- 필기 : 다음날 오전 10시
　- 실기 : 시험일 포함 주 제외한 2주 뒤 금요일

 **자격증 교부**

① 교부 신청
　- 인터넷으로 자격증 발급 신청은 매일 가능함.

② 교부 방법 및 기한
　- 신청일로부터 10~15일 이내에 방문 또는 등기우편
　(자격증 교부수수료 3,100원, 등기수수료 3,000원)

제1장 · 회계와 순환 과정

 01. 회계의 기초

1 회계(accounting)의 뜻과 목적
  (1) 회계의 뜻 : 회계는 회계정보이용자가 기업에 대하여 합리적인 판단이나 의사결정을 할 수 있도록 기업에 관한 유용한정보를 식별·측정·전달하는 과정이다.
  (2) 회계의 목적
    ① 회계정보이용자의 합리적인 의사결정에 유용한 정보제공
    ② 기업의 미래 현금창출능력에 대한 정보제공
    ③ 기업의 재무상태와 재무성과, 현금흐름 및 자본의 변동에 관한 정보제공
    ④ 그 밖에 회계는 경영자에게 미래 기업의 효율적인 경영 방침을 수립하는데 정보를 제공하기도 하고, 정부 기관에는 세금을 부과하기 위한 과세 표준을 수립하는데 유용한 정보를 제공하는 목적이 있다.
  (3) 회계의 분류
    ① 재무회계 : 기업의 외부정보이용자(투자자 등)에게 회계정보 제공
    ② 관리회계 : 기업의 내부정보이용자(경영자 등)에게 회계정보 제공
    ③ 세무회계 : 기업의 외부정보이용자(세무관서)에게 회계정보 제공
  (4) 회계의 역할
    ① 회계는 기업의 정보이용자인 투자자와 채권자들이 보유하고 있는 희소한 경제적 자원(economic resources)의 배분과 관련된 의사결정을 하는데 공헌한다.
    ② 주식회사는 소유자 인 주주와 전문경영진이 분리되어 있다. 이에 경영진은 주주나 채권자로부터 받은 재산을 효율적으로 관리·운용하고 보고하는 책임을 수탁책임(stewardship responsibilities)이라 하고, 이를 회계의 수탁책임 보고의 기능이라고 한다.
    ③ 회계정보는 그 밖에 세무 당국의 과세결정을 위하거나, 노사간의 임금협약 및 국가정책수립 등 사회적 통제의 합리화에 많이 활용되고 있다.
  (5) 회계 정보의 이용자

경영자	미래의 경영 방침 수립에 정보 제공
투자자	투자 수익성과 투자 위험도 평가를 위한 정보 제공
채권자	원금과 이자의 상환 능력 평가를 위한 정보 제공
거래처	판매 대금의 지급 능력 평가를 위한 정보 제공
정부기관	과세 표준의 결정을 위한 정보 제공
종업원	급여와 보너스 및 퇴직금 지급 능력 평가를 위한 정보 제공
일반대중	기업의 성장 추세와 최근 동향에 대한 정보 제공

2 부기의 종류
  (1) 기록·계산하는 방법에 따른 분류 … 단식부기와 복식부기
  (2) 이용자의 영리성 유·무에 따른 분류 … 영리부기와 비영리부기

3 회계단위 : 기록·계산의 장소적 범위(본점과 지점, 본사와 공장)

4 회계연도 또는 회계기간 : 기록·계산의 시간적 범위

 02. 기업의 재무상태와 손익계산

1 기업의 재무 상태
  (1) **자산**(assets, A) : 기업이 소유하고 있는 경제적자원(재화, 채권)
    예) 현금및현금성자산, 매출채권, 상품, 건물 등
  (2) **부채**(liabilities, L) : 기업이 장차 갚아야 할 채무(빚)
    예) 단기차입금, 외상매입금 등
  (3) **자본**(capital, C) : 기업의 자산총액에서 부채총액을 차감한 순자산

  자 산 − 부 채 = 자 본 … 자본 등식

2 재무상태표(statement of financial position)
  (1) 일정시점의 기업의 재무상태를 나타내는 재무제표이다.
  (2) 재무상태표 등식 … 자산 = 부채 + 자본

---

01 회계의 궁극적인 목적으로 가장 적절한 것은?
  ① 기업의 모든 이해관계자들이 합리적인 의사결정을 할 수 있도록 유용한 회계정보를 제공한다.
  ② 투자자들에게 경영 방침 및 경영 계획 수립을 위한 자료를 제공한다.
  ③ 경영자에게 기업의 수익성과 지급 능력을 측정하는 데 필요한 기준 정보를 제공한다.
  ④ 채권자들에게 과세 결정의 기초 자료를 제공한다.

02 다음 중 회계의 역할에 대한 설명으로 옳지 않은 것은?
  ① 회계 정보를 이해관계자의 이용 목적에 따라 효과적으로 제공한다.
  ② 기업의 사회적 책임 수행 정도를 평가하는 기능이 있다.
  ③ 경영자의 능력을 평가할 수 있는 비계량적 정보를 제공한다.
  ④ 회계 거래를 기록·계산하여 유용한 정보로 정리한다.

03 다음은 회계정보이용자의 이용 목적에 따른 회계의 분류에 관한 내용이다. ( )안에 알맞은 용어는 어느 것인가?

> 기업의 외부정보이용자인 투자자나 채권자 등에게 경제적 의사결정에 유용한 정보를 제공하는 것을 목적으로 하는 것을 (㉠)라고 하고, 경영자 등 기업의 내부정보이용자에게 관리적 의사결정에 유용한 정보를 제공하는 것을 (㉡)라고 한다.

  ① ㉠ 관리회계 ㉡ 세무회계
  ② ㉠ 관리회계 ㉡ 재무회계
  ③ ㉠ 세무회계 ㉡ 관리회계
  ④ ㉠ 재무회계 ㉡ 관리회계

04 회계의 목적은 기업의 회계정보이용자에게 합리적인 유용한 정보를 제공하는 것인데, 정보이용자가 필요로 하는 정보로 적절하지 않은 것은?
  ① 종업원 : 연말 보너스를 얼마나 받을지에 대한 정보
  ② 경영자 : 당기의 순이익이 얼마인지에 대한 정보
  ③ 투자자 : 판매대금을 제대로 받을지에 대한 정보
  ④ 세무서 : 세금을 얼마나 정확하게 내고 있는지에 대한 정보

05 다음에서 설명하는 회계용어로 옳은 것은??

> 기업의 재무상태와 경영성과를 파악하기 위하여 인위적으로 구분한 장소적 범위를 말한다.

  ① 회계연도   ② 회계기간
  ③ 계정과목   ④ 회계단위

06 다음 중 재무상태표와 관련된 설명으로 잘못된 것은?
  ① 기업의 일정기간의 경영성과를 알려주는 보고서이다.
  ② "자산 − 부채 = 자본"을 자본등식이라 한다.
  ③ 자산·부채·자본에 대한 정보를 제공하고 있다.
  ④ 자산의 합계액과 부채 및 자본의 합계액은 항상 일치한다.

③ 기업의 재무(경영) 성과
  (1) 수익(revenue.R) : 경영활동의 결과로 자본의 증가를 가져오는 것
    예 상품매출이익, 이자수익 등
  (2) 비용(expense.E) : 경영활동의 결과로 자본의 감소를 가져오는 것
    예 종업원급여, 보험료, 여비교통비 등

④ 포괄손익계산서 (statement of comprehensive income)
  (1) 일정기간의 기업의 재무(경영)성과를 나타내는 재무제표이다.
  (2) 포괄손익계산서 등식
    ① 총비용 + 당기순이익 = 총수익
    ② 총비용 = 총수익 + 당기순손실

⑤ 순손익의 계산 방법

자본 유지 접근법 (재 산 법)	기말자본 − 기초자본 = 순이익 기초자본 − 기말자본 = 순손실
거래 접근법 (손 익 법)	총수익 − 총비용 = 순이익 총비용 − 총수익 = 순손실

⑥ 재무상태표와 포괄손익계산서와의 상호 관계
  재무상태표와 포괄손익계산서의 당기순손익의 금액은 반드시 일치해야 한다.

재무상태표(기말)

기말자산 700	기말 부채 250
	기초자본금 400
	당기순이익 50

포괄손익계산서

| 총 비 용 100 | 총 수 익
150 |
| 당기순이익 50 | |

 03. 거 래

① 거 래(transaction) : 기업의 경영활동으로 발생하는 자산·부채·자본의 증감 변화를 일으키는 일체의 모든 현상

② 거래의 8요소 결합 관계

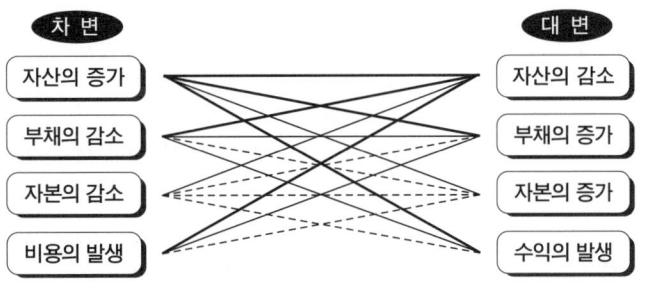

③ 거래의 이중성 : 하나의 거래에 반드시 원인과 결과라는 두개의 요소가 동일 금액으로 관련되어 이루어지는 것(복식부기의 기본원리)

④ 거래의 종류
  (1) 교환 거래 : 자산·부채·자본에만 증감 변화가 있는 거래
  (2) 손익 거래 : 거래 총액이 수익·비용에 의하여 발생하는 거래
  (3) 혼합 거래 : 교환 거래 + 손익 거래

04. 계정, 분개와 전기

① 계 정(account, a/c)
  (1) 계 정 : 거래가 발생하면 구체적인 항목별로 기록·계산하는 단위
  (2) 계정 과목 : 계정에 붙인 이름
  (3) 계정 계좌 : 계정에 기입하는 장소

07 주요 경영활동으로서의 재화의 생산 판매, 용역의 제공 등에 따른 경제적 효익의 유출로서, 자산의 감소 또는 부채의 증가 및 그 결과에 따른 자본의 감소로 나타나는 것을 무엇이라고 하는가?
  ① 자산 ② 부채 ③ 수익 ④ 비용

08 다음 등식 중 틀린 것은?
  ① 총수익 − 총비용 = 당기순이익
  ② 자산 = 부채 + 자본
  ③ 총비용 + 당기순손실 = 총수익
  ④ 기말자본 = 기초자본 − 당기순손실

09 다음 자료에 의하여 기초부채를 계산하면 얼마인가?

| 기 초 자 산 ₩ 600,000 | 기 말 자 산 ₩ 700,000 |
| 기 말 부 채   300,000 | 당기순이익   60,000 |

  ① ₩400,000 ② ₩340,000
  ③ ₩100,000 ④ ₩260,000

10 다음 중에서 회계상의 거래에 해당하지 않는 것은?
  ① 대표이사에게 현금 ₩50,000을 단기 대여하다.
  ② D상사로부터 외상매출금 중 ₩70,000을 현금으로 회수하다.
  ③ 종업원에게 월정급여 ₩100,000을 지급하는 조건으로 고용하여 업무에 투입하다.
  ④ 주주에게 배당으로 현금 ₩500,000을 지급하다.

11 다음과 동일한 거래요소의 결합관계를 나타내는 거래로 옳은 것은?

거래처 직원과의 식사대 ₩80,000을 신용카드로 결제하다.

  ① 상품 ₩300,000을 매출하고 대금은 외상으로 하다.
  ② 인터넷사용료 ₩200,000을 보통예금에서 이체하다.
  ③ 비품 ₩150,000을 구입하고 대금은 수표를 발행하여 지급하다.
  ④ 홍보용 볼펜을 구입하고 대금 ₩500,000을 월말에 지급하기로 하다.

12 다음은 계정의 기입 방법에 대한 학습내용이다. 선생님의 질문에 바르게 대답한 학생을 고른 것은?

• 선생님 : 계정의 예를 들어 원장 기입 방법을 말해 볼까요?
• 미 란 : 현금은 차변에 증가를 기입합니다.
• 바 다 : 보험료는 차변에 발생액을 기입합니다.
• 영 희 : 이자수익은 대변에 소멸액을 기입합니다.
• 하 늘 : 외상매입금은 대변에 감소를 기입합니다.

  ① 미란, 바다   ② 미란, 영희
  ③ 바다, 하늘   ④ 영희, 하늘

② 계정의 분류

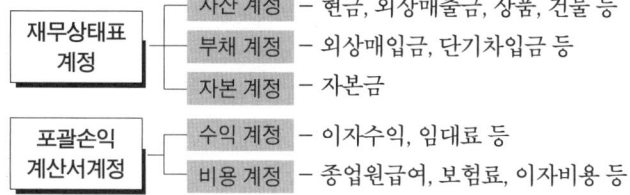

③ 계정의 형식 : 표준식과 잔액식

④ 분개와 전기
(1) 분 개 … 거래가 발생하면
  ① 어느 계정의 …
  ② 어느 쪽에 …
  ③ 얼마의 금액을 기입할 것인가를 결정하는 절차
(2) 전 기 … 분개를 해당 원장의 계정 계좌를 옮기는 것
(3) 분개장 : 분할식과 병립식(거래를 발생일자순으로 전부 기록)

⑤ 회계의 순환 과정

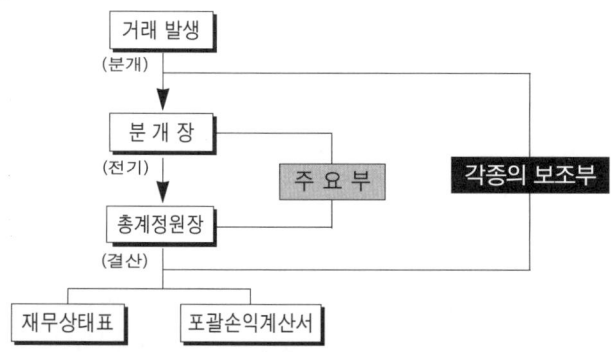

⑥ 대차 평균의 원리
모든 거래는 거래의 이중성에 의하여 차변합계와 대변합계는 반드시 일치한다는 원리(복식부기의 자기검증기능)

제2장 · 재무상태표계정의 회계처리

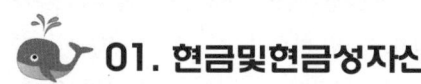

① 현금및현금성자산계정(cash and cash equivalents account)

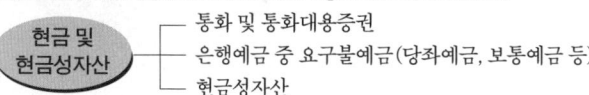

(1) 통화 및 통화대용증권
  통화 : 주화, 지폐
  통화대용증권 : 타인발행수표, 자기앞수표, 가계수표, 송금수표, 여행자수표, 송금환, 우편환증서, 일람출급어음, 우편대체예금환급증서, 공·사채만기이자표, 배당금지급통지표, 정부보조금송금통지서, 만기도래어음 등
(2) 현금성자산 : 현금의 전환이 용이하고 가치변동의 위험이 경미한 것으로 취득 당시, 만기가 3개월 이내에 도래하는 유가증권(공·사채 등) 또는 단기예금(정기예금 등)을 말한다.
(3) 현금과부족계정(cash account)
  ① 현금 부족시(장부 잔액 > 실제 잔액) … 현금과부족계정 차변
  ② 현금 초과시(장부 잔액 < 실제 잔액) … 현금과부족계정 대변
(4) 은행예금 중 요구불예금 : 당좌예금, 보통예금 등과 같이 만기가 정해져 있지 않고, 수시로 입·출금이 가능한 예금
(5) 당좌예금계정(checking account) : 은행과 당좌 거래 계약을 맺고 예금하는 것으로 인출시 반드시 수표를 발행

---

13 다음 중 재무상태표 계정이 아닌 것은?
① 임 차 료 ② 외상매입금
③ 미수수익 ④ 미 지 급 금

14 다음 중 포괄손익계산서 계정이 아닌 것은?
① 대손상각비 ② 감가상각비
③ 이자비용   ④ 미지급보험료

15 회계 거래의 기록으로부터 재무제표를 작성하기까지의 일련의 절차를 무엇이라 하는가?
① 회계원칙   ② 회계시스템
③ 회계순환과정 ④ 회계장부

16 다음 중 [ ] 속의 (가)와 (나)에 들어갈 알맞은 용어는?

| 분개된 거래를 원장의 각 계정계좌에 옮겨 기입하는 절차를 [(가)](이)라 하고, 한 계정에서 다른 계정으로 계정잔액을 옮기는 일을 [(나)](이)라고 한다. |

① (가) 전기 (나) 대체 ② (가) 대체 (나) 전기
③ (가) 이월 (나) 기장 ④ (가) 기장 (나) 이월

17 다음 중 회계상의 현금으로 처리할 수 있는 것끼리 나열된 것으로 옳은 것은?

| 가. 사채권   나. 자기앞수표
| 다. 약속어음   라. 타인발행수표
| 마. 수입인지   바. 송금환증서 |

① 가, 나, 다 ② 가, 다, 마
③ 나, 라, 바 ④ 라, 마, 바

18 다음 거래에서 12월 31일 (결산일)에 할 분개로 맞는 것은?

10월 31일	현금의 실제잔액은 ₩20,000이나, 총계정원장상 현금계정 잔액은 ₩25,000이다.
11월 2일	9월 3일에 ₩2,000의 임차료 지급을 기장하지 않은 것으로 밝혀졌다.
12월 31일	현금 실제잔액과 장부상의 차이 중 원인이 밝혀진 것을 제외한 나머지에 대해서는 보고기간 말까지 원인이 밝혀지지 않았다.

① (차) 현 금 과 부 족 3,000 (대) 현   금 3,000
② (차) 현 금 과 부 족 2,000 (대) 현   금 2,000
③ (차) 잡   손   실 3,000 (대) 현 금 과 부 족 3,000
④ (차) 현 금 과 부 족 3,000 (대) 잡   이   익 3,000

(6) 당좌차월(bank overdraft) : 당좌수표 발행액 중 당좌예금 잔액을 초과한 금액을 당좌차월이라 하며 재무상태표에는 단기차입금계정으로 표시한다.

No.	구 분	차 변	대 변
①	상품매입 · 수표발행하면	매 입 500,000	당 좌 예 금 350,000 당좌차월(단기차입금) 150,000
②	당좌차월이 있는 경우 현금을 예입하면	당좌차월(단기차입금) 150,000 당 좌 예 금 250,000	현 금 400,000

(7) 소액현금 계정(petty account) : 소액 경비를 처리하기 위한 것으로 회계과는 용도계를 두고 일정 금액을 수표 발행, 선급하여 용도계로 하여금 소액의 경비를 지급하게 하는 경우 선급하는 금액을 말한다.

02. 단기금융상품과 당기손익-공정가치측정 금융자산

1 단기금융상품계정

 단기금융상품
- 은행예금 중 저축성 예금(정기예금, 정기적금 등)
- 사용이 제한되어 있는 예금(양건예금 등)
- 기타 정형화된 금융상품(양도성예금증서 등)

▶ 사용이 제한된 예금 : 양건예금(대출시 예·적금 예치), 차입금에 대한 담보제공예금, 당좌개설보증금 등이며, 단기금융상품은 재무상태표에는 단기금융자산으로 표시한다. 단, 만기가 1년이상인 것은 장기금융상품(투자자산)에 속한다.

2 기타 정형화된 금융상품의 종류
① 양도성예금증서(CD)   ② 종합자산관리계좌(CMA)
③ MMF   ④ 환매채(RP)   ⑤ 발행어음
⑥ 기업어음(CP)   ⑦ 표지어음   ⑧ 금전신탁

3 당기손익-공정가치측정 금융자산(financial assets fair value profit loss, FVPL금융자산)

단기적 시세차익의 목적으로 시장성 있는 주식 및 공·사채 등을 매입·처분하는 경우에 유동자산에 속하는 당기손익-공정가치측정 금융자산으로 처리한다.

4 당기손익-공정가치측정 금융자산의 매매와 그 처리

No.	구 분	차 변	대 변
(1)	매 입 시 (매입수수료 비용처리)	당기손익-공정가치측정금융자산 8,000 수 수 료 비 용 100	현 금 8,100
(2)	처 분 시 (장부금액＜처분금액)	현 금 8,200	당기손익-공정가치측정금융자산 8,000 당기손익-공정가치측정금융자산처분이익 200
(3)	처 분 시 (장부금액＞처분금액)	현 금 7,500 당기손익-공정가치측정금융자산처분손실 500	당기손익-공정가치측정금융자산 8,000

5 당기손익-공정가치측정 금융자산의 평가

No.	구 분	차 변	대 변
(1)	공정가치(시가) 하락시	당기손익-공정가치측정금융자산평가손실 ×××	당기손익-공정가치측정금융자산 ×××
(2)	공정가치(시가) 상승시	당기손익-공정가치측정금융자산 ×××	당기손익-공정가치측정금융자산평가이익 ×××

6 당기손익-공정가치측정 금융자산 관련 수익

No.	구 분	차 변	대 변
(1)	소유 공·사채에 대한 이자를 받으면	현 금 ×××	이 자 수 익 ×××
(2)	소유주식에 대한 배당금을 받으면	현 금 ×××	배 당 금 수 익 ×××

03. 재고자산

1 재고자산의 개념과 종류
(1) 개념 : 정상적인 영업 과정에서 판매를 위하여 보유하거나 생산 과정에 있는 자산 및 생산 또는 서비스제공 과정에 투입될 원재료나 소모품의 형태로 존재하는 자산
(2) 종류 : 상품, 제품, 반제품, 재공품, 원재료, 저장품

2 상품계정의 처리
(1) 순수계정 처리법(분기법) : 상품 매출시 원가와 이익을 구분
(2) 혼합계정 처리법(총기법) : 상품 매출시 매출가액으로 기록(결산서 상품매출이익 정리)

---

19 은행과 사전 계약을 체결하고 당좌예금 잔액을 초과하여 발행한 수표금액은 재무상태표에 어떤 계정과목으로 기입되는가?
① 현금및현금성자산   ② 단기금융상품
③ 선수금   ④ 단기차입금

20 소액의 현금지출을 위해 일정액의 자금을 준비해 두고 회계처리 없이 소액의 현금지출을 하는 소액현금에 대한 설명이다. 다음 중 옳은 것은?
① 소액현금의 차변에는 선급액과 지출액을 기입한다.
② 소액현금의 잔액은 항상 대변에 생긴다.
③ 소액현금을 선급해 주는 방법에는 정액자금선급법과 수시자금선급법(부정액자금선급법)이 있다.
④ 소액현금의 대변에는 용도계에서 보고하여 온 보급액을 기입한다.

21 다음 중 단기금융상품으로 처리할 수 없는 것은?
① 기한이 1년 이내인 정기예금·정기적금
② 감채기금예금과 같이 사용이 제한 되어 있는 예금
③ 양도성예금증서와 같이 정형화된 금융상품(만기가 1년 이내임)
④ 단기자금운용을 목적으로 취득한 주식

22 다음 중 유가증권에 관한 설명으로 옳은 것은?
① 유가증권은 유형자산에 속한다.
② 유가증권은 장기적으로 여유자금을 활용하기 위한 당기손익-공정가치측정 금융자산을 말한다.
③ 유가증권 매입시의 제비용은 당기비용으로 인식한다.
④ 유가증권 소유로 인한 배당금은 이자수익으로 처리한다.

23 (주)상공상사는 단기매매를 목적으로 액면 @₩500의 주식 1,000주를 @₩700에 취득하고, 수수료 ₩20,000과 함께 수표를 발행하여 지급하였다." 이 때 장부상에 기장되어야 할 취득원가와 단가는?

	취득원가	단 가		취득원가	단 가
①	₩720,000	₩720	②	₩720,000	₩700
③	₩700,000	₩700	④	₩500,000	₩500

24 (주)대한유통의 다음 거래가 포괄손익계산서의 순손익에 미치는 영향으로 옳은 것은? 단, 당해 주식은 단기매매 목적이다.

- 3월 5일 A회사 주식 500주를 주당 ₩20,000에 구입
- 7월 8일 A회사 주식 200주를 주당 ₩30,000에 매각
- 10월 31일 A회사 주식 300주를 주당 ₩10,000에 매각

① 순이익 ₩1,000,000 감소   ② 순이익 ₩3,000,000 감소
③ 순이익 ₩5,000,000 감소   ④ 순이익 ₩2,000,000 증가

25 다음 자료에 의하여 재고자산을 구하면 얼마인가?

상 품	₩ 50,000	소 모 품	₩ 20,000
비 품	30,000	매 출 채 권	40,000

① ₩80,000   ② ₩90,000
③ ₩70,000   ④ ₩50,000

/ 요점정리 및 대표문제 /

(3) 상품계정의 분할(3분법) : 이월상품, 매입, 매출계정
  ① 총액법-매출원가를 손익계정 차변에 대체(손익계정에서 매출이익 계산)
  ② 순액법-매출원가를 매출계정 차변에 대체(매출계정에서 매출이익 계산)

③ 재고자산 등식에 의한 상품매출이익 계산

(1) 순매출액 = 총매출액 - 환입 및 매출에누리·매출할인액
(2) 순매입액 = 총매입액 - 환출 및 매입에누리·매입할인액
(3) 매출원가 = 기초상품재고액 + 순매입액 - 기말상품재고액
(4) 매출이익 = 순매출액 - 매출원가

상	품
기초상품재고액 (원 가)	매 출 액 (매 가)
매 입 액 (원 가)	매 입 환 출 액 (원 가)
매 입 제 비 용 (원 가)	매 입 에 누 리 액 (원 가)
매 출 환 입 액 (매 가)	매 입 할 인 액 (원 가)
매 출 에 누 리 액 (매 가)	기말상품재고액 (원 가)
매 출 할 인 액 (매 가)	
상품매출이익	

플러스Tip
1. 매입 시 운임 : ㉠ 당점부담 운임을 동점이 대신 지급한 경우 : 매입(+), 외상매입금(+)
              ㉡ 동점부담 운임을 당점이 대신 지급한 경우 : 외상매입금에만(-)
2. 매출 시 운임 : ㉠ 당점부담 운임을 동점이 대신 지급한 경우 : 외상매출금(-)
              ㉡ 동점부담 운임을 당점이 대신 지급한 경우 : 외상매출금에만(+)

④ 상품계정의 보조부

(1) 매입장 : 상품 매입거래를 발생순으로 기록하는 보조기입장
(2) 매출장 : 상품 매출거래를 발생순으로 기록하는 보조기입장
(3) 상품재고장 : 상품 종류별로 매입, 매출의 내용과 상품 현재액을 상세히 기록하는 보조원장

⑤ 재고자산의 수량 결정 방법

(1) **계속기록법**(perpetual inventory method) : 상품의 매입, 매출시마다 장부에 계속적으로 기록하는 방법으로 장부상의 재고수량을 기말재고수량으로 결정하는 방법이다. 따라서 상품관련계정의 결산정리분개를 하지 않는다.

  기초재고수량 + 당기매입수량 - 당기매출수량 = 기말재고수량

  ▶ 계속기록법에 의할 경우 기초재고수량과 당기매입수량, 당기매출수량을 모두 기입하기 때문에 언제든지 기간 중에 장부상의 재고수량을 파악할 수 있는 장점이 있는 반면에, 재고자산의 기록 유지비용이 많이 발생하는 단점이 있다. 그러나 계속기록법은 재고자산의 내부관리목적에 부합하는 방법이다.

(2) **실제재고조사법**(periodic inventory method) : 장부상에는 기초수량과 매입수량만 기록하고, 매출시에는 기록하지 않았다가 기말에 실제 재고조사를 통하여 기말재고수량을 결정하고, 매출원가는 기말에 산출한다.

  기초재고수량 + 당기매입수량 - 기말재고수량 = 당기매출수량

⑥ 재고자산의 단위원가 결정 방법

(1) **선입선출법** : 먼저 매입한 상품을 먼저 매출하는 방법으로 가장 최근의 시가로 기말재고자산이 표시된다.
(2) **후입선출법** : 나중에 매입한 상품을 먼저 매출하는 방법으로 가장 최근의 시가로 매출원가가 표시된다. 단, 한국채택국제회계기준에서는 후입선출법을 허용하지 않는다.
(3) **가중평균법** : 가중평균법은 기초재고자산과 회계기간 중에 매입된 재고자산의 원가를 가중평균하여 재고항목의 단위원가를 결정하는 방법이다. 이 경우 평균은 기업의 상황에 따라 주기적으로 계산하거나(총평균법), 매입할 때마다 계산할 수 있다.(이동평균법)
  ㉠ **이동평균법** : 단가가 다른 상품을 매입할 때마다 평균단가를 구하여 그것을 매출하는 상품에 적용한다.
  ㉡ **총평균법** : 일정기간의 순매입액을 순매입수량으로 나누어 총평균단가를 산출하여 매출단가로 적용하는 방법이다.

---

26 다음 자료에 의하여 매출총이익을 계산하면 얼마인가?

기초상품재고액	₩ 20,000	순 매 출 액	₩ 140,000
기말상품재고액	25,000	순 매 입 액	135,000

① ₩10,000 ② ₩15,000
③ ₩20,000 ④ ₩25,000

27 다음 자료를 총액법에 의하여 마감하였을 경우, 손익계정 ㉠, ㉡과 ㉢, ㉣에 기입되는 것으로 옳은 것은?

기초재고액	₩ 100,000	기말재고액	₩ 200,000
당기매입액	300,000	당기매출액	400,000

손	익
(㉠) (㉡)	(㉢) (㉣)

① ㉢ 매출 ㉣ ₩200,000 ② ㉠ 매입 ㉡ ₩200,000
③ ㉢ 매입 ㉣ ₩400,000 ④ ㉠ 매출 ㉡ ₩400,000

28 상품의 효율적 재고관리를 위해서 상품의 종류별로 계좌를 설정하고 그 증감을 상세히 기록하는 장부는?

① 매출장 ② 매출처원장
③ 상품재고장 ④ 총계정원장

29 재고자산 수량결정 방법에 대한 설명이다. 옳지 않은 것은?

① 실지재고조사법을 사용할 경우 상품의 입출고 시마다 장부에 기록한다.
② 계속기록법을 사용할 경우 기중에도 재고수량 및 금액의 파악이 가능하다.
③ 계속기록법의 경우 재고자산의 기록유지비용이 많이 발생한다.
④ 일반적으로 계속기록법은 내부관리목적에 부합하는 방법이다.

30 다음 중 상품의 인도단가를 결정하는 방법에 대한 설명으로 옳지 않은 것은?

① 선입선출법은 먼저 매입한 상품을 먼저 인도하는 형식으로 인도단가를 결정하는 방법이다.
② 후입선출법은 최근에 매입한 상품을 먼저 인도하는 형식으로 인도단가를 결정하는 방법이다.
③ 가중평균법(이동평균법)은 매출시마다 판매금액이 다른 경우 인도단가를 결정하는 방법이다.
④ 가중평균법(총평균법)은 기초재고액과 일정 기간에 대한 순매입액의 합계액을 기초수량과 순매입수량을 합한 수량으로 나누어서 총평균단가를 구하고, 이를 인도단가로 결정하는 방법이다.

31 다음은 대한상사의 3월 중 거래내역이다. 계속기록법에 의하여 재고자산을 평가할 경우 기말상품재고액은?(단, 선입선출법에 의할 것)

3월 1일	기초재고액	50개	@₩500	₩ 25,000
4일	매 입 액	150개	@₩500	₩ 75,000
8일	매 출 액	100개	@₩700	₩ 70,000
16일	매 입 액	200개	@₩590	₩118,000

① ₩168,000 ② ₩218,000
③ ₩118,000 ④ ₩178,000

⑦ 재고자산의 단가결정의 효과
(1) 물가가 상승하는 가정하에 각 방법의 기말상품재고액과 당기순이익의 크기는 정비례한다.

선입선출법 > 이동평균법 > 총평균법 > 후입선출법

(2) 매출원가의 크기는 기말재고액과는 정반대이다.

선입선출법 < 이동평균법 < 총평균법 < 후입선출법

⑧ 재고자산 기록오류의 효과
 회계기간 말 결산시 기말재고자산의 금액은 당기매출원가의 결정에 영향을 주므로 당기순이익에 영향을 초래한다.
(1) 기말 재고 자산이 과대계상된 경우

당기말 재고자산의 과대계상 → 매출원가 과소계상 → 당기순이익의 과대계상

(2) 기말 재고 자산이 과소계상된 경우

당기말 재고자산의 과소계상 → 매출원가 과대계상 → 당기순이익의 과소계상

04. 매출채권과 매입채무

① 매출채권과 매입채무
(1) 매출채권 : 외상매출금+받을어음　(2) 매입채무 : 외상매입금+지급어음

② 통제계정과 인명계정

구 분	통제계정		인명계정	
	차 변	대 변	차 변	대 변
외상매입시	매 입	외상매입금	매 입	제 주 상 사
외상매입금 지급시	외상매입금	현 금	제 주 상 사	현 금
외상매출시	외상매출금	매 출	부 산 상 사	매 출
외상매출금 회수시	현 금	외상매출금	현 금	부 산 상 사

③ 매출처원장과 매입처원장 : 통제 계정에 대한 보조 원장
(1) 매출처원장 차·대변 합계와 잔액 = 외상매출금계정 차·대변 합계와 잔액
  (외상매출금 기말 미회수액)
(2) 매입처원장 차·대변 합계와 잔액 = 외상매입금계정 차·대변 합계와 잔액
  (외상매입금 기말 미지급액)

④ 받을어음과 지급어음
(1) 약속어음(promissory notes)

No.	구 분	차 변		대 변	
①	약속어음 발행시	매 입	×××	지 급 어 음	×××
②	약속어음 수취시	받 을 어 음	×××	매 출	×××

(2) 환어음(bill of exchange)

No.	구 분	차 변		대 변	
①	환어음 발행시	매 입	×××	외 상 매 출 금	×××
②	환어음 인수시	외상매입금	×××	지 급 어 음	×××
③	환어음 수취시	받 을 어 음	×××	매 출	×××

(3) 어음에 관한 보조부 : 어음의 채권·채무에 관한 명세를 기입하는 보조기입장을 받을어음기입장과 지급어음기입장이라 한다.

⑤ 어음의 배서
(1) 추심위임배서

No.	구 분	차 변		대 변	
①	추심 의뢰시	수수료비용	×××	현 금	×××
②	추심 완료시	당 좌 예 금	×××	받 을 어 음	×××

(2) 어음의 배서양도

No.	구 분	차 변		대 변	
①	상품매입, 배서양도	매 입	×××	받 을 어 음	×××
②	외상대금 지급, 배서양도	외상매입금	×××	받 을 어 음	×××

32 물가가 지속적으로 상승하는 경우 재고자산의 평가방법을 선입선출법에서 총평균법으로 변경하였을 경우 포괄손익계산서의 각 항목에 미치는 영향으로 옳은 것은?

① 매출액이 상승한다.
② 매출원가가 상승한다.
③ 당기순이익이 상승한다.
④ 기말상품재고액이 상승한다.

33 기말 재고자산을 과대 평가하였을 때 나타나는 현상으로 옳은 것은?

	매출원가	당기순이익
①	과 대	과 대
②	과 대	과 소
③	과 소	과 대
④	과 소	과 소

34 다음의 외상 거래 중 외상매출금으로 처리할 수 없는 것은?

① 상기업의 상품 판매액
② 가구회사의 책상 판매액
③ 제약회사의 약품 판매액
④ 상기업의 업무용 컴퓨터 판매액

35 다음 매출처원장의 기록내용을 바르게 설명한 것은?

대 한 상 사

7/4 매 출 150,000	7/20 제 좌 100,000
	31 차기이월 50,000

상 공 상 사

7/1 전기이월 60,000	7/3 현 금 70,000
3 매 출 120,000	31 차기이월 110,000

① 당기에 외상으로 매출한 상품은 ₩270,000이다.
② 당기에 회수한 외상매출금은 ₩100,000이다.
③ 외상매출금 기초잔액은 ₩110,000이다.
④ 외상매출금 기말잔액은 ₩60,000이다.

36 '외상매입금 ₩100,000을 약속어음을 발행하여 지급하다.' 의 거래를 거래 요소의 결합관계로 표시한 것으로 옳은 것은?

① 부채의 감소와 부채의 증가
② 자산의 감소와 부채의 감소
③ 비용의 발생과 자산의 감소
④ 자산의 증가와 수익의 발생

(3) 어음의 할인

No.	구 분	차 변	대 변
①	소유어음 할인시	당 좌 예 금 ××× 매출채권처분손실 ×××	받 을 어 음 ×××

⑥ 기타 어음 채권, 채무

No.	구 분	차 변	대 변
(1)	현금대여, 약속어음 수취	단기대여금 ×××	현 금 ×××
(2)	현금차입, 약속어음 발행	현 금 ×××	단기차입금 ×××
(3)	비품처분, 약속어음 수취	미 수 금 ×××	비 품 ×××
(4)	건물구입, 약속어음 발행	건 물 ×××	미지급금 ×××

⑦ 카드거래

(1) 신용카드에 의한 상품의 매입과 매출

No.	구 분	차 변	대 변
①	상품매입시	매 입 2,000	외상매입금 2,000
②	상품매출시	외상매출금 1,000	매 출 1,000
③	신용카드대금입금시	보 통 예 금 980 매출채권처분손실 20	외상매출금 1,000

(2) 체크(직불)카드 거래(결제계좌 : 보통예금)

No.	구 분	차 변	대 변
①	직원식대 결제시	복리후생비 1,000	보 통 예 금 1,000
②	상품매출시	보 통 예 금 980 매출채권처분손실 20	매 출 1,000

05. 기타 채권 · 채무

① 단기대여금(자산)과 단기차입금(부채)

No.	구 분	차 변	대 변
(1)	현금대여시	단기대여금 300,000	현 금 300,000
(2)	대여금 회수시	현 금 305,000	단기대여금 300,000 이 자 수 익 5,000
(3)	현금차입시	현 금 500,000	단기차입금 500,000
(4)	차입금 지급시	단기차입금 500,000 이 자 비 용 20,000	현 금 520,000

▶ 단기대여금은 재무상태표에 단기금융자산으로 표시한다.

② 미수금(자산)과 미지급금(부채)

No.	구 분	차 변	대 변
(1)	비품처분대금미수시	미 수 금 ×××	비 품 ×××
(2)	건물구입대금미지급	건 물 ×××	미지급금 ×××

③ 종업원단기대여금(자산)과 예수금(부채)

No.	구 분	차 변	대 변
(1)	가불해 준 경우	단기대여금 ×××	현 금 ×××
(2)	급여지급시	종업원급여 ×××	단기대여금 ××× 소득세예수금 ××× 의료보험료예수금 ××× 현 금 ×××
(3)	소득세 납부시	소득세예수금 ×××	현 금 ×××

④ 선급금(자산)과 선수금(부채)

No.	구 분	차 변	대 변
(1)	계약금 지급시	선 급 금 50,000	현 금 50,000
(2)	상품 도착시	매 입 300,000	선 급 금 50,000 외상매입금 250,000
(3)	계약금 받은 경우	현 금 50,000	선 수 금 50,000
(4)	상품 발송시	선 수 금 50,000 외상매출금 250,000	매 출 300,000

37 인천상사의 외상매입금 ₩20,000을 지급하기 위하여 매출처인 경기상사 앞 환어음을 발행하여 인수받아 지급하였다. 경기상사에 대해서는 한달 전 매출한 외상매출금이 ₩20,000 있었다. 알맞은 분개는?

① (차) 외상매출금 20,000 (대) 외상매입금 20,000
② (차) 외상매입금 20,000 (대) 외상매출금 20,000
③ (차) 받 을 어 음 20,000 (대) 외상매출금 20,000
④ (차) 외상매입금 20,000 (대) 지 급 어 음 20,000

38 (주)경남은 외상매입금 ₩100,000을 지급하기 위하여 (주)경북으로부터 받아 보관중인 어음을 배서양도하였다. 다음 회계처리 중 올바른 것은? 단, 받을어음의 배서양도는 매각거래로 한다.

① (차) 받 을 어 음 100,000 (대) 외상매입금 100,000
② (차) 외상매입금 100,000 (대) 지 급 어 음 100,000
③ (차) 외상매입금 100,000 (대) 받 을 어 음 100,000
④ (차) 지 급 어 음 100,000 (대) 외상매입금 100,000

39 사무용 소모품 ₩85,000을 구입하고, 대금은 보통예금 직불카드로 결제한 경우의 분개로 옳은 것은? 단, 소모품 구입 시 비용처리한다.

① (차) 소 모 품 비 85,000 (대) 외상매입금 85,000
② (차) 소 모 품 비 85,000 (대) 보 통 예 금 85,000
③ (차) 소 모 품 비 85,000 (대) 지 급 어 음 85,000
④ (차) 소 모 품 비 85,000 (대) 미 지 급 금 85,000

40 다음 거래를 분개할 경우 대변에 기입될 계정과목은?

> 상품 ₩300,000을 매입하고 대금은 신용카드로 결제하다.

① 미수금　　　　　　② 미지급금
③ 외상매입금　　　　④ 외상매출금

41 다음 설명 중 틀린 것은?

① 상품을 인도하기 전에 매출대금을 받으면 선수금계정 대변에 기입한다.
② 기계장치를 처분하고 대금은 나중에 받기로 하면 미수금계정의 차변에 기입한다.
③ 출장가는 사원에게 지급하는 출장비는 내용이 밝혀질 때까지 선급금계정 차변에 기입한다.
④ 출장 중인 사원으로 부터 송금을 받았으나, 내용을 알 수 없으면 가수금계정 대변에 기입한다.

42 "서울상사에 주문한 상품 ₩800,000이 도착하여 인수하고, 대금 중 주문 시 지급한 계약금 ₩80,000을 차감한 잔액은 외상으로 하다."의 올바른 분개는?

① (차) 매 입 800,000 (대) { 선 급 금 80,000
외상매입금 720,000 }
② (차) 매 입 800,000 (대) { 선 수 금 80,000
외상매입금 720,000 }
③ (차) 매 입 800,000 (대) 외상매입금 800,000
④ (차) 매 입 800,000 (대) { 선 급 금 80,000
미 지 급 금 720,000 }

⑤ **가지급금**(자산)**과 가수금**(부채)

No.	구 분	차 변		대 변	
(1)	출장 여비 지급시	가 지 급 금	80,000	현 금	80,000
(2)	여비 정산 시	여비교통비 현 금	75,000 5,000	가 지 급 금	80,000
(3)	내용 불명 입금시	현 금	50,000	가 수 금	50,000
(4)	내 용 판 명 시	가 수 금	50,000	외상매출금	50,000

⑥ **상품권선수금**(부채)

No.	구 분	차 변		대 변	
(1)	상품권을 발행하면	현 금	1,000	상품권선수금	1,000
(2)	상 품 매 출 시	상품권선수금	1,000	매 출	1,000

06. 매출채권의 손상

① **대손상각비 계정**(bad debts account)

외상매출금, 받을어음 등의 채권이 거래처의 파산, 사망, 도주 등의 이유로 회수하지 못하게 되는 것을 매출채권의 손상(대손)이라 하며, 이를 비용처리 하는 경우 '대손상각비' 계정 차변에 기입한다.

(차) 대손상각비 ××× (대) 외상매출금 ×××

② **결산시 대손 예상** : 대손충당금 계정 설정(평가계정)

No.	예상액	대손충당금잔액	차 변		대 변	
(1)	200	없음	대손상각비	200	대 손 충 당 금	200
(2)	200	150	대손상각비	50	대 손 충 당 금	50
(3)	200	200	분 개 없 음			
(4)	200	240	대손충당금	40	대손충당금환입	40

▶대손(손상)에 대한 회계처리를 한국채택국제회계기준에서는 2018. 1. 1. 부터 충당금설정법을 적용한다. 대손충당금환입은 판매비와관리비 부(−)의 항목

③ **대손 발생 시 회계 처리**(외상매출금 ₩1,000이 대손되다)

No.	대손충당금잔액	차 변		대 변	
(1)	없 음	대손상각비	1,000	외상매출금	1,000
(2)	₩ 800	대손충당금 대손상각비	800 200	외상매출금	1,000
(3)	₩ 1,500	대손충당금	1,000	외상매출금	1,000

④ **대손 처리한 외상매출금 회수 시**

No.	구 분	차 변		대 변	
(1)	전기 대손 처리분	현 금	×××	대 손 충 당 금	×××
(2)	당기 대손 처리분	현 금	×××	대 손 충 당 금 (또는 대손상각비)	×××

07. 유형자산과 무형자산

① **유형 자산**(property plant and equipment)

기업이 영업 활동을 위하여 장기간에 걸쳐 계속 사용할 목적으로 소유하는 것
예 토지, 건물, 구축물, 차량운반구, 비품, 건설중인자산 등

▶ **유형자산의 취득과 처분**

No.	구 분	차 변		대 변	
(1)	취 득 시	건 물	500,000	현 금	500,000
(2)	처 분 시 (원가이상으로)	현 금	540,000	건 물 유형자산처분이익	500,000 40,000
(3)	처 분 시 (원가이하로)	현 금 유형자산처분손실	480,000 20,000	건 물	500,000

플러스Tip
1. 유형자산의 취득가격에 중개인 수수료, 취득세, 등록세, 등기이전비용, 토지정지비, 운반비, 설치비, 사용전수리비 등을 포함한다.
2. 유형자산처분이익 : 기타(영업외)수익, 유형자산처분손실 : 기타(영업외)비용
3. 감가상각 대상이 아닌 자산 : 토지, 건설중인자산

43 종업원 갑에게 2월분 급여 ₩500,000을 지급함에 있어 1월에 대여한 대여금 ₩50,000과 소득세 ₩12,000 및 건강보험료 ₩8,000을 차감한 잔액은 현금으로 지급하다. 대변에 나타나는 계정과목과 금액으로서 틀린 것은?

① 단기대여금 ₩50,000   ② 소득세예수금 ₩12,000
③ 현금 ₩430,000   ④ 종업원급여 ₩500,000

44 '대한백화점은 고객 김철수에게 상품권 ₩100,000을 발행하여 주고 대금을 현금으로 받다'의 거래를 분개할 경우 대변 계정으로 옳은 것은?

① 외상매출금   ② 수익
③ 매출   ④ 상품권선수금

45 다음 거래의 분개로 올바른 것은? 단, 충당금설정법에 의한다.

> 거래내역 : 결산시 외상매출금 잔액 ₩500,000에 대하여 2%의 대손충당금을 설정하다. 단, 대손충당금 잔액은 ₩7,000이 있다.

① (차) 대손상각비 3,000 (대) 대손충당금 3,000
② (차) 대손상각비 7,000 (대) 대손충당금 7,000
③ (차) 대손상각비 10,000 (대) 대손충당금 10,000
④ (차) 대손충당금 3,000 (대) 대손충당금환입 3,000

46 다음 거래의 분개로 올바른 것은?

> 거래내역 : 강남상사의 파산으로 외상매출금 ₩50,000이 회수 불능되다. 단 대손충당금 잔액은 ₩60,000이 있다.

① (차) 대손상각비 50,000 (대) 외상매출금 50,000
② (차) 대손충당금 50,000 (대) 외상매출금 50,000
③ (차) { 대손충당금 50,000
    대손상각비 10,000 } (대) 외상매출금 60,000
④ (차) 대손충당금 60,000 (대) { 외상매출금 50,000
    대손충당금환입 10,000 }

47 다음 거래에 대한 회계처리로 올바른 것은?

> 거래처의 파산으로 인하여 전기에 대손처리 하였던 매출채권 ₩50,000을 동점발행 당좌수표로 회수하였다.

① (차) 대손상각비 50,000 (대) 대손충당금 50,000
② (차) 대손충당금 50,000 (대) 당 좌 예 금 50,000
③ (차) 당 좌 예 금 50,000 (대) 대손충당금 50,000
④ (차) 현 금 50,000 (대) 대손충당금 50,000

48 다음 중 유형자산에 대한 설명으로 옳지 않은 것은?

① 유형자산은 정상적인 영업활동과정에서 장기간 사용하기 위하여 취득한 자산이다.
② 유형자산의 종류는 토지, 건물, 구축물, 기계장치, 선박, 차량운반구 등이 있다.
③ 유형자산은 판매 목적으로 구입한 자산이다.
④ 유형자산을 취득할 때 소요된 제비용은 유형자산 취득원가에 가산한다.

49 다음 중 유형자산으로만 구성된 것은?

① 영업권, 산업재산권, 구축물   ② 창업비, 개발비, 건설중인 자산
③ 토지, 건물, 차량운반구   ④ 기계장치, 산업재산권, 개발비

요점정리 및 대표문제

② 자본적 지출과 수익적 지출

No.	구 분	차 변	대 변
(1)	자본적 지출	건 물 (등) ×××	현 금 ×××
(2)	수익적 지출	수 선 비 ×××	현 금 ×××

③ 건설중인 자산 (construction in progress)

No.	구 분	차 변	대 변
①	공사착수금·중도금을 지급한 경우	건설중인자산 ×××	현 금 ×××
②	완성한 경우	건 물 ×××	건설중인자산 ×××

▶ 건물, 토지 등을 취득하기 위하여 지급된 계약금은 선급금계정이 아닌 건설중인자산으로 처리한다.

④ 유형자산의 감가상각

(1) 감가상각의 3요소 : 취득원가, 내용연수, 잔존가치
(2) 감가상각의 목적 : 유형자산의 추정내용연수 기간에 원가를 배분하는 것
(3) 감가상각의 계산 방법

(가) 정액법 : 매기 감가상각비가 일정하게 계산된다.

$$감가상각비 = \frac{취득원가 - 잔존가치}{내용연수}$$

(나) 정률법 : 매기 감가상각비가 점차적으로 줄어드는 방법

$$정률 = 1 - n\sqrt{\frac{잔존가치}{취득원가}} \quad (n = 내용연수)$$

감가상각비 = (취득원가 - 상각누계액)미상각잔액 × 정률

(4) 감가상각의 기장방법 : 직접법, 간접법

⑤ 무형자산 (intangible assets)

무형자산은 물리적 형체가 없는 식별가능한 비화폐성자산으로 과거 사건의 결과로서 기업의 통제 하에 있으며, 미래경제적효익의 유입이 기대되는 영업권, 산업재산권, 개발비 등이 있다.

(1) 영업권 (good-will) … 기업매수웃돈
사업상의 유리한 조건 등으로 다른 기업에 비하여 높은 수익을 얻고 있는 기업을 인수, 합병할 때 인수한 순자산액(총자산 – 총부채)을 초과하여 지급하는 경우, 그 초과액을 영업권계정 차변에 기입한다.

(2) 산업재산권 : 일정기간 독점적·배타적으로 이용할 수 있는 권리로서 특허권·실용신안권·디자인권 및 상표권 등이 있다.

특허권	새로운 발명품에 대하여 일정기간 독점적으로 이용할 수 있는 권리
실용신안권	물품의 구조, 형상 등을 경제적으로 개선하여 생활의 편익을 줄 수 있도록 신규의 공업적 고안을 하여 얻은 권리
디자인권	특정 디자인(의장)이나 로고 등을 일정기간 동안 독점적으로 사용하는 권리
상표권	특정상표를 등록하여 일정기간 독점적으로 이용하는 권리

(3) 개발비(제품개발원가) : 특정 신제품 또는 신기술의 개발과 관련하여 발생한 비용(소프트웨어 개발과 관련된 비용을 포함한다)으로서 개별적으로 식별 가능하고, 미래의 경제적 효익을 확실하게 기대할 수 있는 것을 개발비계정으로 처리한다.

(4) 광업권, 어업권, 차지권
① 광업권은 일정한 광구에서 등록을 한 광물과 동 광상 중에 부존하는 다른 광물을 채굴하여 취득할 수 있는 권리를 말한다.
② 어업권은 일정한 수면에서 어업을 경영할 수 있는 권리를 말한다.
③ 차지권은 임차료 또는 지대를 지급하고, 타인이 소유하는 토지를 사용, 수익할 수 있는 권리를 말한다.

(5) 웹사이트 원가(web site costs) : 내부 또는 외부 접근을 위한 기업 자체의 웹사이트(홈페이지) 개발과 운영에 내부 지출이 발생할 수 있다. 기업이 주로 자체 재화와 용역의 판매 촉진과 광고(예 재화의 디지털 사진 배열)를 위해 웹사이트를 개발한 경우에 대한 모든 지출은 발생 시점에 비용으로 인식하고, 개발 단계에서 발생한 지출이 웹사이트의 창출, 제조 및 경영진이 의도하는 방식, 특히 웹사이트가 수익을 창출할 수 있을 때 무형자산의 취득 원가에 포함한다.

---

50 본사 건물의 수선비 ₩200,000을 수표를 발행하여 지급하다. 단, ₩150,000은 자본적 지출이고 ₩50,000은 수익적 지출로 처리하였다. 차변에 나타나는 계정과목과 금액이 옳은 것은?

① 건물 ₩150,000과 수선비 ₩50,000
② 수선비 ₩150,000과 건물 ₩50,000
③ 건물 ₩200,000
④ 당좌예금 ₩200,000

51 오산상사는 20×1년 1월 1일 ₩50,000에 취득한 건물에 대하여 20×1년과 20×2년 결산일(12월 31일)에 각각 정액법으로 감가상각을 하였다. 간접법으로 기장할 경우, 20×2년말 재무상태표에 표시될 감가상각누계액은 얼마인가?(내용연수 10년, 결산 연 1회, 잔존가치 ₩0)

① ₩5,000 ② ₩10,000
③ ₩15,000 ④ ₩20,000

52 20×1년도 초에 원가 ₩100,000인 비품을 구입하여 정률법에 의해 상각하여 왔다. 20×2년도말 재무상태표상에 계상될 비품의 감가상각누계액은 얼마인가? (단, 정률은 20%, 연 1회 결산, 기장은 간접법에 의한다.)

① ₩100,000 ② ₩80,000
③ ₩64,000 ④ ₩36,000

53 다음 거래의 분개로 옳은 것은?

> 취득원가 ₩800,000(감가상각누계액 ₩500,000)의 사무용 컴퓨터를 ₩350,000에 처분하고 대금은 월말에 받기로 하다.

① (차) 비품감가상각누계액 500,000 / 미수금 350,000 (대) 비품 800,000 / 유형자산처분이익 50,000
② (차) 비품감가상각누계액 500,000 / 외상매출금 350,000 (대) 비품 800,000 / 유형자산처분이익 50,000
③ (차) 미수금 350,000 / 유형자산처분손실 450,000 (대) 비품 800,000
④ (차) 외상매출금 350,000 / 유형자산처분손실 450,000 (대) 비품 800,000

54 다음은 (주)대한의 비유동자산 취득 관련 거래이다. (주)대한이 취득한 자산의 특징으로 옳지 않은 것은? 단, 자산의 인식기준을 충족한 것으로 본다.

> 4월 5일 (주)대한은 신제품 개발을 위하여 ₩50,000,000을 보통예금계좌에서 이체하여 지급하다.

① 물리적 형체가 없다.
② 식별 가능한 화폐성 자산이다.
③ 자산의 취득원가를 신뢰성 있게 측정할 수 있다.
④ 기업에 미래 경제적 효익이 유입될 가능성이 높다.

55 물리적 실체가 없지만 식별 가능하고 기업이 통제하고 있으며, 미래 경제적 효익이 있는 비화폐성 자산으로 옳지 않은 것은?

① 장기대여금 ② 산업재산권
③ 개발비 ④ 영업권

(6) 기타의 무형자산
① 라이선스(license) : 다른 기업의 상표 또는 특허 제품 등을 사용할 수 있는 권리를 말한다.
② 프랜차이즈(franchise) : 특정 체인 사업에 가맹점을 얻어 일정한 지역에서 특정 상표나 제품을 제조, 판매할 수 있는 권리를 말한다.
③ 저작권 : 저작자가 자기 저작물을 복제, 번역, 방송, 상연 등을 독점적으로 이용할 수 있는 권리를 말한다.
④ 컴퓨터소프트웨어 : 소프트웨어란 컴퓨터와 관련된 운용프로그램을 말하는 것으로 상용 소프트웨어의 구입을 위하여 지출한 금액을 말한다. 단, 소프트웨어 개발 비용은 개발비에 속한다.
⑤ 임차권리금 : 토지나 건물을 빌릴 때 그 이용권을 가지는 대가로 보증금 이외로 추가 지급하는 금액을 말한다.

08. 개인기업의 자본

1 개인기업의 자본금 계정 (capital account)

No.	구 분	차 변	대 변
(1)	원 시 출 자 시	현 금 ×××	자 본 금 ×××
(2)	추 가 출 자 시	현 금 ×××	자 본 금 ×××
(3)	당기순이익 계상	손 익 ×××	자 본 금 ×××
(4)	당기순손실 계상	자 본 금 ×××	손 익 ×××

```
            자 본 금
  인  출  액    | 기초자본금
  당 기 순 손 실 | 추 가 출 자 액
  기 말 자 본 금 { | 당 기 순 이 익
```

2 인출금 계정 (drawing account) : 자본금계정에 대한 차감적 평가계정

No.	구 분	차 변	대 변
(1)	점주가 개인사용	인 출 금 ×××	현 금 ×××
(2)	기 말 결 산 시	자 본 금 ×××	인 출 금 ×××

3 개인기업의 세금 (tax)
(1) 사업소득세 확정신고 납부시 : 인출금계정(차변)
(2) 자동차세, 재산세, 사업소세, 면허세 및 상공회의소 회비, 적십자회비, 협회비, 조합비 등의 납부시 : 세금과공과계정(차변)
(3) 취득세, 등록세 : 유형자산의 취득원가에 포함한다.
(4) 근로소득세 원천징수분 : 소득세예수금계정으로 처리한다.

09. 주식회사의 자본

1 주식회사의 설립
주식회사의 설립은 1인 이상의 발기인이 상법의 규정에 따라 정관을 작성하고, 발행한 주식 대금을 전액 납입받아 법원에 등기함으로써 설립된다.

(1) 수권자본제도(authorized capital system) : 회사가 발행할 주식 총수와 1주의 액면 금액을 정관에 정해 두고, 회사가 설립 시 그 중 일부를 발행하여 전액 납입받아 법원에 설립등기를 하고, 잔여 주식은 설립 후 이사회의 결의에 따라 신주를 발행할 수 있는 제도를 말한다. 단, 상법의 개정(2012. 4. 15)으로 종전에 설립 시 발행하는 주식 수의 제한(발행 예정 주식 총수의 1/4)은 폐지되었다.

(2) 설립시 납입 자본 : 회사 설립시에 필요한 납입 자본금은 발행주식 수에 1주의 액면금액을 곱한 금액이며, 1주의 액면 금액은 ₩100이상 균일 금액이어야 한다. 단, 설립시 최저 자본금제도는 폐지되었다.(상법 개정 2012. 4. 15)

```
자 본 금 = 발행주식 수 × 1주의 액면금액
```

(3) 보통주식을 발행하고 납입금을 당좌예입하면

```
(차) 당좌예금  ×××   (대) 보통주자본금  ×××
```

---

56 다음 기사에 나타난 계정과목이 포함되는 자산의 분류 항목으로 옳은 것은?

> △△기업, 보안 관련 특허권 취득
> △△기업은 RFID 태그 분실에 대한 보안 방법과 관련된 특허권을 취득했다고 공시했다. 이 기술은 공동 주택 단지 등에서 사용하는 출입 카드를 분실했을 경우 그 카드가 범죄에 이용될 수 없도록 하는 기술이다.
> － ○○신문, 20×1년 4월 6일자 －

① 무형자산　　　　③ 유형자산
④ 재고자산　　　　⑤ 투자자산

57 다음 거래에 대한 분개 내용 중 틀린 것은?

① 현금 ₩1,000,000과 건물 ₩2,000,000을 출자하여 영업을 개시하다.
　(차) 현 금 1,000,000　(대) 자본금 3,000,000
　　　건 물 2,000,000
② 기업주가 개인용도로 현금 ₩500,000을 인출하다
　(차) 인 출 금 500,000　(대) 현 금 500,000
③ 결산시 당기순이익 ₩200,000을 자본금으로 대체하다.
　(차) 손 익 200,000　(대) 자본금 200,000
④ 기업주의 소득세 ₩100,000을 현금으로 지급하다.
　(차) 소득세비용 100,000　(대) 현 금 100,000

58 다음 자료에 의하여 (가)기초자본과 (나)총수익은 얼마인가?

추가출자액	₩ 30,000	인 출 액	₩ 20,000
기 말 자 본	600,000	총 비 용	140,000
당기순이익	60,000		

① (가) ₩530,000,　(나) ₩ 80,000
② (가) ₩540,000,　(나) ₩ 80,000
③ (가) ₩530,000,　(나) ₩200,000
④ (가) ₩540,000,　(나) ₩200,000

59 영업 활동에 사용하는 자동차에 대한 제2기분 자동차세를 현금으로 납부하였다. 어느 계정에 기입하는가?

① 차량운반구　　　② 인출금
③ 세금과공과　　　④ 예수금

60 다음 중 주식회사의 설립 요건에 관한 설명으로 옳은 것은?

① 주식회사의 설립 규정은 민법에 규정되어 있다.
② 수권주식의 2분의 1이상 발행하면 회사가 설립되는 제도가 수권자본제도이다.
③ 회사 설립시 정관에 기재해야 할 사항은 회사가 발행할 주식 총수, 설립시 발행할 주식의 총수, 1주의 금액, 회사의 명칭 등이 있다.
④ 미발행주식은 회사의 설립 후 경영진의 결의에 의해서 추가로 발행할 수 있다.

② **자본잉여금**(capital surplus)

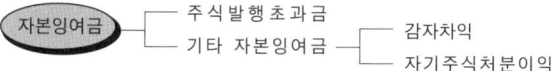

③ **이익잉여금**(retained earnings)

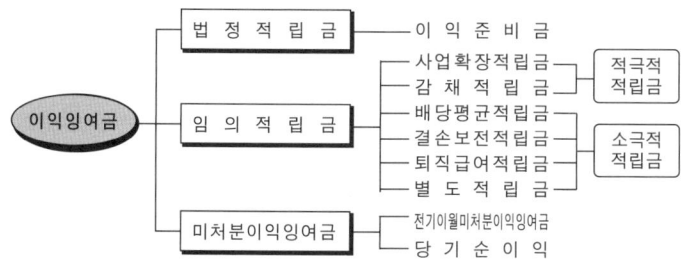

④ **자본조정**(regulation of capital) : 자본거래 등에서 발생하는 것으로 자본금과 자본잉여금에 속하지 아니하는 임시적인 자본의 가감항목으로 자기주식, 주식할인발행차금, 자기주식처분손실, 감자차손 등이 있다.(배당건설이자 삭제)

⑤ **기타포괄손익누계액** : 기타 포괄손익누계액은 주주와의 자본거래를 제외한 손익거래 중 별개의 손익계산서에 포함되지 않은 포괄손익의 잔액(자본의 증감을 의미하는 것)으로서 기타포괄손익-공정가치측정 금융자산평가손익, 해외사업환산손익, 자산재평가잉여금 등이 있다.

플러스Tip

1. 주식회사의 자본은 자본금, 자본잉여금, 자본조정, 기타포괄손익누계액, 이익잉여금으로 분류한다. 단, 재무상태표에는 납입자본(자본금+ 주식발행초과금), 이익잉여금, 기타자본구성요소[자본잉여금(주식발행초과금 제외), 자본조정, 기타포괄손익누계액]으로 표시한다.
2. 이익준비금(상법개정 2012. 4. 15) : 매 결산기 이익배당액(금전+현물배당)의 1/10 이상을 자본금의 1/2까지 적립한다.

10. 거래와 사용 장부

① **장부**(accounting book)**의 분할**

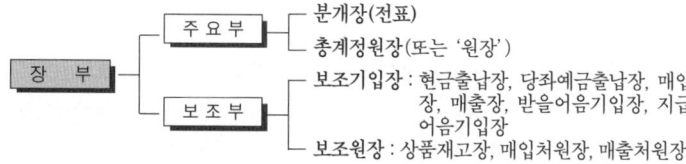

② **주요부** : 분개장, 총계정원장

③ **보조부**

(1) 보조기입장

장 부	기 입 내 용	계정과목
현 금 출 납 장	현금의 수입액과 지출액에 관한 거래	현 금 계 정
당좌예금출납장	당좌예금의 예입과 인출에 관한 거래	당 좌 예 금 계 정
매 입 장	상품의 매입, 환출, 매입에누리·할인에 관한 거래	매 입 계 정
매 출 장	상품의 매출, 환입, 매출에누리·할인에 관한 거래	매 출 계 정
받을어음기입장	받을어음의 발생과 소멸에 관한 거래	받 을 어 음 계 정
지급어음기입장	지급어음의 발생과 소멸에 관한 거래	지 급 어 음 계 정

(2) 보조원장

장 부	기 입 내 용	계정과목
상 품 재 고 장	상품의 종류별로 작성하며, 상품의 매입, 매출, 환출 및 매입에누리와 매입할인, 환입액을 기입하며, 매출에누리와 매출할인은 기입하지 않는다.	이월상품 / 매 입 / 매 출 (상품계정)
매 출 처 원 장	외상매출금의 발생과 소멸에 관한 거래	외상매출금계정
매 입 처 원 장	외상매입금의 발생과 소멸에 관한 거래	외상매입금계정

---

61 다음은 서울(주)의 주식 발행과 관련된 거래이다. 이에 대한 설명 중 옳지 않은 것은?

> 1주당 액면 ₩5,000의 보통주 주식 1,000주를 1주당 ₩5,500에 발행하고 대금은 현금으로 납입받다.

① 현금 ₩5,500,000이 증가한다.
② 자본금 ₩5,500,000이 증가한다.
③ 주식발행초과금 ₩500,000이 증가한다.
④ 액면금액보다 높은 금액으로 발행하므로 할증발행이다.

62 다음 중 자본잉여금에 속하지 않는 것은?

① 주식발행초과금　② 감자차익
③ 이익준비금　　　④ 자기주식처분이익

63 다음 중 이익잉여금에 속하지 않는 것은?

① 이익준비금　② 감자차익
③ 별도적립금　④ 감채적립금

64 다음 중 주식회사의 주식 할증발행에 대한 설명으로 옳은 것은?

① 발행금액과 액면금액이 같다.
② 주식 발행 결과 자본 총액이 증가한다.
③ 할증발행의 결과 자본조정이 변동된다.
④ 발행가액과 액면가액의 차액을 주식할인발행차금으로 처리한다.

65 다음 거래가 기입되어야 할 모든 보조부로 묶여진 것 중 옳은 것은?

> 원가 ₩100,000의 상품을 ₩120,000에 매출하고, 대금 중 ₩80,000은 현금으로 받고, 잔액은 외상으로 하다.

① 현금출납장, 매출장, 매출처원장, 상품재고장
② 현금출납장, 매출장, 상품재고장
③ 현금출납장, 매출장, 매출처원장, 상품재고장
④ 현금출납장, 매출장, 매출처원장

66 매입처원장의 기말잔액은 무엇을 의미하는가?

① 외상매입금 총액　② 매입 총액
③ 환출 및 에누리액　④ 외상매입금 미지급액

67 다음 거래를 보조부에 기록하고자 할 경우, 기입할 수 없는 장부는?

> (1) 당좌수표 ₩100,000을 발행하여 현금으로 인출하다.
> (2) 외상매출한 갑상품 중 파손품이 있어 ₩20,000을 에누리해 주다.

① 상품재고장　② 매출처원장
③ 현금출납장　④ 매출장

제3장・포괄손익계산서계정의 회계처리

01. 수익의 개념과 회계 처리

① 수익의 뜻
수익이란 기업이 정상적 영업 활동 과정에서 일정 기간 동안 재화 또는 용역을 공급함으로써 그 대가로 얻어진 금액을 말한다. 이를 보다 명확하게 정의하면 "자산의 유입이나 증가 또는 부채의 감소에 따라 자본의 증가를 초래하는 특정 회계 기간 동안에 발생한 경제적 효익의 증가로서, 지분 참여자(소유주)에 의한 출연과 관련된 것은 제외한다." 라고 할 수 있다.

② 수익의 인식
한국채택국제회계기준 제1115호 '고객과의 계약에서 생기는 수익' 기준서에서는 아래와 같이 5단계의 절차를 거쳐 수익을 인식하고, 회계 처리를 하도록 규정하고 있다.

① 고객과의 계약을 식별 ▶ ② 수행 의무를 식별 ▶ ③ 거래 가격을 선정 ▶ ④ 거래 가격을 계약 내 수행 의무에 배분 ▶ ⑤ 수행 의무를 이행할 때 수익의 인식

<예제> 수익 인식의 5단계

▶ (주)전자랜드는 원가 ₩450,000의 노트북 한 대를 고객에게 ₩600,000에 판매하고 현금을 받았다. (주)전자랜드는 계속기록법으로 재고자산을 기록하는 경우 수익 인식의 5단계를 적용하여 회계 처리를 하시오.

【풀이】 1. 고객과의 계약을 식별 : 현금 판매 영수증을 통하여 고객과의 계약이 확인되었다.
2. 수행 의무를 식별 : 노트북 인도라는 하나의 수행 의무가 있다.
3. 거래 가격을 산정 : ₩600,000에 판매하였다.
4. 거래 가격을 계약 내 수행 의무에 배분 : 거래 가격 ₩600,000을 모두 하나의 수행 의무에 배분
5. 수행 의무를 이행할 때 수익의 인식 : 노트북을 고객에게 인도하였으므로 다음과 같이 판매 시점에서 매출 수익을 인식하고, 직접 관련 비용(매출원가)를 인식한다.

(차변) 현　　　금　　600,000　　(대변) 매　　　출　　600,000
　　　 매 출 원 가　　450,000　　　　　 상　　　품　　450,000

③ 수익의 분류
수익은 영업과 직접 관련이 있는 영업수익과 영업 활동이 아닌 부수적 활동으로부터 발생하는 수익인 영업외수익으로 구분한다. 한국채택국제회계기준에서는 영업외수익을 기타수익과 금융수익으로 구분하고 있다.

(1) 영업수익 : 영업수익이란 기업의 가장 중요한 영업 활동을 수행함으로써 재화 또는 용역을 제공함에 따라 얻어지는 수익을 말하는 것으로 백화점의 상품 매출액이나, 가구 제조업의 가구 판매액, 호텔업에서의 객실료, 병원 의료업에서의 진료비, 부동산 임대업의 임대료 등이 영업 수익으로 분류된다.

(2) 기타(영업외)수익 : 기타(영업외)수익이란 기업의 주요 영업 활동과는 관련이 없으나 영업 활동의 결과 부수적으로 발생하는 수익을 말하는 것으로 단기 대여금이나 은행 예금에 대한 이자수익이나, 유형자산처분이익 등이 기타(영업외)수익으로 분류된다. 한국채택국제회계기준에서는 이자수익과 배당금수익을 금융수익으로 분류하고 나머지는 기타수익으로 규정하고 있다.

① 이자수익 : 금융 기관에 예치한 각종 은행 예금이나 단기대여금에 대한 이자를 받으면 이자수익 계정 대변에 기입한다.
② 배당금수익 : 투자 수익을 목적으로 보유하고 있는 당기손익-공정가치측정 금융자산이나 기타포괄손익-공정가치측정 금융자산에 대하여 주주로서 배당금을 받으면 배당금수익 계정 대변에 기입한다.
③ 임대료 : 토지, 건물 등을 임대하고 임대료를 받았을 때
④ 당기손익-공정가치측정 금융자산처분이익 : 당기손익-공정가치측정 금융자산을 장부금액 이상으로 처분하였을 때의 이익
⑤ 당기손익-공정가치측정 금융자산평가이익 : 당기손익-공정가치측정 금융자산을 결산 시 공정가치로 평가하였을 때의 평가 이익
⑥ 유형자산처분이익 : 토지・건물 등을 장부금액 이상으로 처분하였을 때의 이익

02. 비용의 개념과 회계 처리

① 비용의 뜻
비용이란 기업이 일정 기간 동안 수익을 창출하기 위하여 소비하거나 희생시킨 경제적 자원의 금액을 말한다.

---

68 다음 중 한국채택국제회계기준 제1115호 '고객과의 계약에서 생기는 수익' 기준서에 따른 수익 인식 5단계를 순서대로 바르게 나열한 것은?

가. 고객과의 거래 식별
나. 수행 의무의 식별
다. 거래 가격의 산정
라. 거래 가격의 배분
마. 수행 의무의 이행으로 수익의 인식

① 가, 나, 다, 라, 마　　② 가, 다, 나, 라, 마
③ 나, 가, 라, 다, 마　　④ 다, 나, 가, 라, 마

69 수익에 관한 내용으로 옳지 않은 것은?

① 수익은 거래와 관련된 경제적 효익의 유입가능성이 높고, 신뢰성 있게 측정할 수 있을 때 인식한다.
② 재화의 판매시 소유에 따른 중요한 위험과 보상이 구매자로 이전되고, 재화에 대한 통제를 하지 아니할 경우 수익을 인식한다.
③ 기업의 경영활동에서 수익에 의해 자산의 감소나 부채의 증가가 나타난다.
④ 재화의 판매 또는 용역의 제공에 따른 대가를 받아 자본이 증가하는 원인이 된다.

70 다음은 업종별 경영활동 관련 내역이다. 각 회사의 입장에서 수익으로 인식되는 거래가 아닌 것은?

① 대한호텔은 고객으로부터 객실료를 현금으로 받다.
② 서울상사는 거래처로부터 외상매입금 전액을 면제받다.
③ 부동산임대업인 (주)미래부동산은 건물 임대료를 현금으로 받다.
④ 거래처와 상품 판매계약을 체결하고, 계약금액의 20%를 현금으로 먼저 받다.

71 다음의 설명은 수익과 비용에 대한 정의이다. 옳지 않은 것은?

① 수익을 통해서 자산이 증가하거나 부채가 감소하면 그 결과 자본이 증가한다. 따라서 수익을 인식하면 자본이 증가한다.
② 수익은 특정 보고기간 동안에 발생한 자본의 증가(소유주에 의한 출연 포함)를 의미한다.
③ 주요 경영활동 이외의 부수적인 거래나 사건에서 발생하는 차익과 차손을 포함한다.
④ 비용은 특정 보고기간 동안에 발생한 경제적 효익의 감소로 지분참여자(소유주)에 대한 분배와 관련된 것은 제외한다.

72 다음 중 직접적인 인과관계의 대응이라는 비용인식기준의 예로 가장 적절한 것은?

① 보험료의 배분　　　　② 판매수수료
③ 유형자산의 감가상각비　　④ 종업원급여

이를 보다 명확하게 정의하면 "자산의 유출이나 소멸 또는 부채의 증가에 따라 자본의 감소를 초래하는 특정 회계 기간 동안 발생한 경제적 효익의 감소로, 지분 참여자(소유주)에 대한 분배와 관련된 것은 제외한다."라고 할 수 있다.

② 비용의 인식

비용의 인식이란 비용의 발생 시점에 관한 것으로 비용이 속하는 회계 기간을 결정하는 것을 말하는 것으로 비용도 수익과 마찬가지로 이를 신뢰성 있게 측정할 수 있을 때 당기의 손익계산에 포함할 수 있다. 비용은 수익이 인식된 시점에서 수익과 관련하여 비용을 인식하게 되는데 이를 수익·비용 대응의 원칙이라고 하고, 이 원칙은 비용의 인식기준이 된다. 수익에 대응하는 비용을 인식하는 방법에는 다음과 같은 두 가지 방법이 있다.

(1) 직접 대응 : 수익을 얻는 것을 수익의 획득이라고 한다. 직접 대응이란 수익 획득 시점에서 인과 관계가 성립하는 비용의 대응을 말하는 것으로 매출액에 대한 매출원가나 판매비(판매수수료, 운반비) 등이 이에 속한다.

(2) 간접 대응 : 간접 대응은 기간 대응이라고도 하며 발생한 비용이 특정 수익과 직접적인 인과 관계를 명확히 알 수는 없지만 일정 기간 동안 수익 창출 활동에 기여한 것으로 판단되는 비용의 대응을 말하는 것으로 감가상각비, 광고선전비 등과 같은 일반관리비가 이에 속한다.

③ 비용의 분류

(1) 매출원가 : 매출원가란 상품 매출액에 대응하는 상품의 매입 원가를 말하는 것으로 기초상품재고액과 당기순매입액의 합계액에서 당기에 판매되지 않은 기말상품재고액을 차감하여 산출한다.

(2) 판매비와관리비 : 판매비와관리비란 상품의 판매 활동과 기업의 관리 활동에서 발생하는 비용으로 매출원가에 속하지 않는 모든 영업 비용을 말한다. 이를 세분하면 판매비는 판매 활동을 위해 지출한 마케팅 부서의 종업원급여, 광고 선전비, 판매수수료, 운반비 등의 비용으로 물류원가라고도 하고, 관리비란 기업의 주된 영업 활동 중 관리 활동과 관련된 기획부, 경리부, 총무부, 관리부 등에서 기업의 유지, 관리를 위한 임차료, 소모품비, 복리후생비, 수도광열비, 보험료 등의 비용을 말한다. 단, 대손충당금 환입은 판매비와관리비의 부(-)의 금액이다.

① 종업원급여 : 판매 관리 활동 담당 종업원에 대한 급여, 임금 및 제수당을 지급한 경우
② 퇴직급여 : 판매 활동 담당 종업원의 퇴직 시 퇴직금을 지급한 경우와 결산 시 퇴직 급여 부채를 설정한 경우
③ 광고선전비 : 기업의 홍보를 위하여 신문, 방송, 잡지 등에 지급한 광고 비용
④ 기업업무추진비 : 영업과 관련한 거래처의 접대, 향응 등의 접대비와 기밀비, 사례금 등(일종의 마케팅 비용이다.) … 개정
⑤ 보관료 : 상품 등의 재고 자산을 창고 회사에 보관하고 보관료를 지급한 경우
⑥ 운반비 : 상품을 매출하고 지급한 발송 비용
⑦ 판매수수료 : 상품을 판매 위탁하고 지급하는 수수료
⑧ 복리후생비 : 관리부 종업원의 복리·후생을 위한 의료, 경조비, 직장 체육 대회, 회식비, 휴양비, 야유회 비용 등과 회사가 부담하는 종업원의 산재 보험료, 고용 보험료, 건강 보험료 등
⑨ 통신비 : 관리 활동과 관련한 우편, 전신, 전화, 전보 요금 등
⑩ 수도광열비 : 관리 활동에 사용된 수도, 전기, 가스요금 및 난방 비용 등
⑪ 세금과공과 : 관리 활동과 관련된 종합토지세, 재산세, 자동차세, 도시계획세, 면허세 및 상공회의소 회비, 조합회비, 협회비, 적십자 회비, 회사가 부담하는 종업원의 국민연금, 과태료 등
⑫ 임차료 : 토지나 건물을 임차하고 지급한 임차료 등
⑬ 보험료 : 영업용 건물, 기계장치 등의 화재 보험료를 지급한 경우
⑭ 수선비 : 영업용 건물·비품·기계장치 등의 현 상태 유지를 위한 수리비를 지급한 경우
⑮ 감가상각비 : 건물·기계장치 등의 유형 자산에 대한 감가 상각액을 계상한 경우
⑯ 대손상각비 : 매출 채권이 회수 불능되었을 때와 결산 시 대손 충당금을 설정하는 경우
⑰ 소모품비 : 사무에 필요한 복사 용지, 장부 등의 문방구 용품을 사용한 경우
⑱ 도서인쇄비 : 신문구독료, 도서구입대금, 명함인쇄비용 등(잡비로 처리 가능)
⑲ 차량유지비 : 영업용 차량에 대한 유류 비용, 엔진 오일 교체 비용, 교통 카드 충전 비용, 주차 요금, 타이어 교체 비용, 세차 비용 등의 유지 비용
⑳ 여비교통비 : 종업원이 영업상의 이유로 지출한 출장 경비인 교통비와 숙박비 등

73 상품매매업을 경영하는 (주)상공이 다음 항목 중 판매비와관리비로 분류할 수 없는 것은?

① 광고선전비
② 매출채권에 대한 대손상각비
③ 업무용 건물에 대한 감가상각비
④ 당기손익-공정가치측정금융자산평가손실

74 다음 중 거래에 따른 회계 처리 시 계정과목과 그 연결이 옳지 않은 것은?

① 소모품 구입(비용 처리 시) - 소모품비
② 업무용차량의 주유비 지출 - 차량유지비
③ 거래처 직원의 결혼 축의금 지출 - 기업업무추진비
④ 직원의 회계업무 교육 강사비 지출 - 종업원급여

75 다음 중 복리후생비에 속하지 않는 것은?

① 종업원 작업복 지급   ② 직원 경조사비 지급
③ 사원 자녀학자금 지급   ④ 거래처 식사대 지급

76 다음 자료에서 제시하고 있는 계정과목이 속한 비용의 분류 영역은?

- 마케팅부서 종업원의 회식비용
- 영업사무실의 인터넷사용요금
- 영업용 매장의 월세
- 매출광고를 위한 전단지 제작비용

① 매출원가   ② 판매비와 관리비
③ 기타비용   ④ 중단사업비용

77 다음은 (주)상공전자의 금월 발생한 비용 지출 내역이다. 회계처리 시 나타날 수 있는 계정과목으로 옳지 않은 것은?

| 가. 회사 전화요금 | 나. 거래처 직원과 식사 |
| 다. 소모품 구입(비용처리) | 라. 회사 홍보용 기념품 제작비 |

① 광고선전비   ② 복리후생비
③ 통신비   ④ 기업업무추진비

78 다음 자료에 의하여 (가), (나)에 들어갈 차변 계정과목으로 옳은 것은?

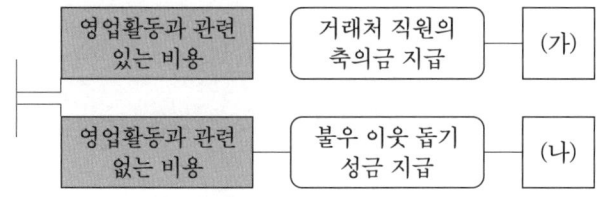

① (가) 기업업무추진비   (나) 기부금
② (가) 기업업무추진비   (나) 세금과공과
③ (가) 복리후생비   (나) 광고선전비
④ (가) 복리후생비   (나) 기부금

(3) **기타(영업외)비용** : 기타(영업외)비용이란 기업의 주요 영업 활동과는 관련이 없으나 영업 활동의 결과 부수적으로 발생하는 비용을 말하는 것으로 단기차입금에 대한 이자비용이나, 유형자산처분손실 등이 기타(영업외)비용으로 분류된다. 한국채택국제회계기준에서는 이자비용을 금융원가로 분류하고 나머지는 기타비용으로 규정하고 있다.

① **이자비용** : 단기차입금에 대한 이자나 발행 사채에 대한 이자를 지급하면 이자비용 계정 차변에 기입한다.
② **기타의 대손상각비** : 매출채권 이외의 기타채권(단기대여금, 미수금 등)이 회수 불능되었을 때와 결산 시 기타채권의 대손충당금을 설정하는 경우
③ **당기손익-공정가치측정 금융자산처분손실** : 당기손익-공정가치측정 금융자산을 장부금액 이하로 처분하였을 때의 손실
④ **당기손익-공정가치측정 금융자산평가손실** : 당기손익-공정가치측정 금융자산을 결산 시 공정가치로 평가하였을 때의 평가 손실
⑤ **유형자산처분손실** : 토지, 건물 등을 장부금액 이하로 처분하였을 때의 손실
⑥ **기부금** : 국가 또는 지방 자치 단체 및 공공 단체, 학교, 종교 단체 등에 아무런 대가를 받지 않고 무상으로 지급한 재화의 가치
⑦ **매출채권처분손실** : 받을어음의 어음 할인 시 할인료
⑧ **잡손실** : 현금의 도난 손실 또는 원인 불명의 현금 부족액 등

03. 종업원급여

종업원급여란 종업원이 제공한 근무 용역과 교환하여 기업이 제공하는 모든 종류의 대가를 말한다. 종업원에는 이사와 그 밖의 경영진까지 포함되며, 종업원뿐만 아니라 그 피부양자에게 제공하는 급여까지 포함한다. 종업원급여는 다음 네 가지로 분류한다.

① **단기종업원급여** : 종업원이 관련 근무 용역을 제공하는 회계 기간 말 이후 12개월 이전에 전부 결제될 것으로 예상되는 종업원 급여[임금, 사회보장분담금(국민연금), 유급 연차 휴가와 유급 병가 등의 단기 유급 휴가, 이익분배금, 상여금, 비화폐성 급여(의료, 주택, 무상 또는 일부 보조로 제공되는 재화나 용역) 등]

② **퇴직급여** : 퇴직금(퇴직 연금과 퇴직 일시금), 그 밖의 퇴직급여(퇴직 후 생명 보험, 퇴직 후 의료 급여 등)

③ **기타장기종업원급여** : 단기종업원급여, 퇴직급여 및 해고급여를 제외한 종업원급여[장기 유급 휴가(장기 근속 휴가, 안식년 휴가), 그 밖의 장기근속급여, 장기장애 급여 등]로 종업원이 관련 근무 용역을 제공한 회계 기간 말 부터 12개월이 지난 후에 지급될 이익분배금과 상여금

④ **해고급여** : 종업원을 해고하는 대가로 제공되는 종업원급여

제4장 · 결산과 전표회계

01. 결산의 예비 절차, 본 절차

① **결 산**(accounting) : 회계 기간 말에 모든 거래의 장부를 마감하고 재무제표를 작성하는 절차
- (1) 예비절차 — 시산표의 작성 / 결산정리사항의 수정(재고조사표 작성) / 정산표의 작성
- (2) 본절차 — 총계정원장의 마감 / 분개장과 기타 장부의 마감
- (3) 후절차 — 재무상태표의 작성 / 포괄손익계산서의 작성

② **시산표**(trial balance, T/B)
- (1) 시산표의 뜻 : 총계정원장의 전기가 정확한가를 검사하는 계정집계표
  【종류】합계시산표, 잔액시산표, 합계잔액시산표
  【시산표 등식】기말 자산 + 총비용 = 기말 부채 + 기초 자본 + 총수익
- (2) 시산표에서 발견할 수 있는 오류
  ① 분개의 차변, 대변 중 어느 한쪽만을 전기한 경우
  ② 분개의 차변, 대변을 둘 다 같은 쪽에 전기한 경우

79 다음 기사에서 △△(주)가 절감한 비용 계정과목으로 옳은 것은?

지난 6월 21일 전 국민이 참여해 사상 처음으로 정전 대비 훈련을 실시하여 10분만에 548만 KW의 전력수요가 줄었다. 이 훈련에 참여한 △△(주)의 사장은 "우리회사는 전기 절약형 고효율 기기의 사용 등을 통해 전기요금을 절감하여 회사의 영업수지 개선에 도움이 되고 있다."고 하였다.
— ○○신문, 20×1년 6월 26일자 —

① 기부금　　　　　② 기업업무추진비
③ 소모품비　　　　④ 수도광열비

80 다음 중 법인기업에서 종업원급여에 해당하지 않는 것은?
① 단기종업원급여　　② 퇴직급여
③ 해고급여　　　　　④ 대표이사 가불금

81 개인기업의 결산절차를 순서대로 나열한 것 중 옳은 것은?

┌─────────────────────────┐
│ ㉠ 재고조사표 작성   ㉡ 수정전 시산표 작성 │
│ ㉢ 재무제표 작성   ㉣ 원장의 수정 기입   │
│ ㉤ 재무상태표 계정의 마감 ㉥ 포괄손익계산서 계정의 마감 │
└─────────────────────────┘

① ㉠-㉡-㉣-㉢-㉤-㉥
② ㉡-㉠-㉣-㉥-㉤-㉢
③ ㉡-㉠-㉣-㉥-㉤-㉢
④ ㉡-㉠-㉣-㉥-㉤-㉢

82 다음 중 시산표에 대한 설명으로 옳지 않은 것은?
① 시산표의 차변금액 합계와 대변금액 합계는 일치한다.
② 전기의 정확성을 검증할 목적으로 작성된다.
③ 회계기간 말 이전에 기업의 재무상태와 재무성과의 개요를 파악하는 데에도 이용된다.
④ 대차평균의 원리는 시산표와는 관계없다.

83 다음 중 시산표를 작성하면 발견할 수 있는 오류는?
① 거래 자체를 분개하지 않은 오류
② 분개나 전기를 잘못된 계정과목으로 한 오류
③ 분개를 한 후 차변금액만 전기를 한 오류
④ 분개를 하였으나 전기를 전혀 하지 않은 오류

84 다음 중 손익의 이연과 관련되는 것은?
① 미수임대료　　② 미지급임차료
③ 미수이자　　　④ 선급보험료

85 다음 중 수익의 예상 계정에 해당하는 것은?
① 선급비용　　② 선수수익
③ 미수수익　　④ 미지급비용

요점정리 및 대표문제

(3) 시산표에서 발견할 수 없는 오류
① 거래 전체의 분개가 누락되거나 전기가 누락된 경우
② 한 거래를 이중으로 전기한 경우
③ 원장에 전기할 때 다른 계정과목의 같은 쪽에 기록한 경우
④ 차변과 대변의 계정과목을 반대로 전기한 경우
⑤ 두개의 잘못이 서로 우연히 상계된 경우
⑥ 분개나 전기에서 대, 차 금액이 동일하게 틀린 경우

③ 손익의 정리

손익의 이연 { 비용의 이연(선급비용) : 선급보험료 등 ·········· 자산계정
　　　　　　　 수익의 이연(선수수익) : 선수이자 등 ············ 부채계정

손익의 예상 { 비용의 예상(미지급비용) : 미지급급여 등 ········ 부채계정
　　　　　　　 수익의 예상(미수수익) : 미수임대료 등 ·········· 자산계정

④ 손익의 이연

(1) 비용의 이연

No.	구 분	차 변	대 변
①	보험료 선급액 계상	선급보험료 ×××	보 험 료 ×××
②	당기 보험료 대체	손 익 ×××	보 험 료 ×××
③	차기의 재대체 분개	보 험 료 ×××	선급보험료 ×××

(2) 수익의 이연

No.	구 분	차 변	대 변
①	임대료 선수액 계상	임 대 료 ×××	선수임대료 ×××
②	당기 임대료 대체	임 대 료 ×××	손 익 ×××
③	차기의 재대체 분개	선수임대료 ×××	임 대 료 ×××

⑤ 손익의 예상

(1) 비용의 예상

No.	구 분	차 변	대 변
①	집세 미지급분 계상	임 차 료 ×××	미지급임차료 ×××
②	당기 임차료 대체	손 익 ×××	임 차 료 ×××
③	차기의 재대체 분개	미지급임차료 ×××	임 차 료 ×××

(2) 수익의 예상

No.	구 분	차 변	대 변
①	이자 미수분 계상	미수이자 ×××	이자수익 ×××
②	당기 이자수익 대체	이자수익 ×××	손 익 ×××
③	차기의 재대체 분개	이자수익 ×××	미수이자 ×××

⑥ 소모품의 처리

(1) 비용으로 처리하는 방법

No.	구 분	차 변	대 변
①	구 입 시	소모품비 ×××	현 금 ×××
②	결산시 미사용액 분개	소 모 품 ×××	소모품비 ×××
③	당기 소모품비 대체	손 익 ×××	소모품비 ×××
④	차기에 재대체 분개	소모품비 ×××	소 모 품 ×××

(2) 자산으로 처리하는 방법

No.	구 분	차 변	대 변
①	구 입 시	소 모 품 ×××	현 금 ×××
②	결산시 사용액 분개	소모품비 ×××	소 모 품 ×××
③	당기 소모품비 대체	손 익 ×××	소모품비 ×××

⑦ 수익·비용 계정의 마감

(1) 수익 계정의 대체 : (차) 이자수익 ××× (대) 손   익 ×××
(2) 비용 계정의 대체 : (차) 손   익 ××× (대) 보험료 ×××
(3) 당기순손익의 대체
　① 당기순이익의 대체 : (차) 손   익 ××× (대) 자 본 금 ×××
　② 당기순손실의 대체 : (차) 자 본 금 ××× (대) 손   익 ×××

⑧ 자산·부채·자본 계정의 마감

영 미 식 마 감 법	대 륙 식 마 감 법
① '차기이월'로 마감	① '잔액'으로 마감
② 이월시산표 작성	② 잔액계정 작성

---

86 남대문상사는 임차료 1년분을 5월 1일에 ₩240,000을 현금으로 지급하고 비용처리하였다. 12월 31일 기말 결산 시의 선급임차료는 얼마인가? 단, 월할계산 할 것

① ₩ 80,000　　② ₩120,000
③ ₩160,000　　④ ₩180,000

87 당기 중에 사무용 소모품을 ₩30,000에 현금으로 구입하고 소모품비계정 차변에 기입하였으며, 회계 기간 말 현재 소모품 사용액이 ₩24,000이다. 소모품에 대한 결산정리 분개로 옳은 것은?

① (차) 소 모 품   24,000　(대) 소 모 품 비 24,000
② (차) 소 모 품 비   6,000　(대) 소 모 품   6,000
③ (차) 소 모 품   6,000　(대) 소 모 품 비   6,000
④ (차) 소 모 품 비 24,000　(대) 소 모 품   24,000

88 다음 중 기말 결산의 본절차에 해당하는 것은?

① 재고조사표의 작성　　② 총계정원장의 마감
③ 재무상태표의 작성　　④ 수정전시산표의 작성

89 다음 중 기말 결산 시 장부마감의 순서로 옳은 것은?

> (가) 수익계정과 비용계정의 잔액을 손익계정에 대체한다.
> (나) 이월시산표를 작성하여 마감의 정확성을 알아본다.
> (다) 자산과 부채계정의 잔액은 차기이월한다.
> (라) 손익계정의 잔액을 자본금계정에 대체한다.

① 가→나→다→라　　② 가→다→라→나
③ 가→라→다→나　　④ 가→다→나→라

90 다음 중 재무제표로부터 직접적으로 제공되는 정보가 아닌 것은?

① 기업의 재무상태　　② 기업의 재무성과
③ 기업의 현금흐름변동　　④ 외상매입처별 매입내역

91 다음 중 한국채택국제회계기준에서 규정하고 있는 재무제표의 종류가 아닌 것은?

① 재무상태표　　② 현금흐름표
③ 재고조사표　　④ 자본변동표

92 재무상태표가 정보이용자에게 제공하는 정보가 아닌 것은?

① 기업의 권리(자산), 의무(부채), 순자산(자본)에 관한 정보를 제공한다.
② 회계 실체의 한 회계기간 동안의 재무성과(영업성과)를 나타낸다.
③ 회계기간 말 시점에 회계실체의 재무상태를 나타내 준다.
④ 기업의 자기자본과 타인자본에 관한 정보를 제공한다.

02. 재무제표

1 재무제표(financial statement, F/S)
기업의 이해관계자들에게 유용한 회계 정보를 제공하기 위한 재무보고서
【 종 류 】 ① 재무상태표 ② 포괄손익계산서
③ 현금흐름표 ④ 자본변동표 ⑤ 주석

2 재무상태표(statement of financial position)
일정시점의 기업의 재무상태를 나타내는 재무제표로서 대차대조표라고도 한다.

3 포괄손익계산서(statement of comprehensive income)
일정기간 동안의 기업의 재무성과를 나타내는 재무제표이다.

4 수익·비용의 분류
(1) 수익 : 수익은 매출액과 기타수익 및 금융수익으로 구분 표시한다. 여기서 기타수익이란 기업의 주된 영업활동과 관련이 없으나 영업활동 결과 부수적으로 발생하는 수익으로 임대료, 유형자산처분이익, 잡이익 등이 있으며, 금융수익은 기업이 재무활동(기업외부에 투자)으로 얻는 수익으로 이자수익, 배당금수익이 있다.

(2) 비용 : 한국채택국제회계기준에서는 비용을 성격별분류와 기능별분류 방법을 제시하고 있다.

【 K-IFRS 표준계정과목체계에 따른 포괄손익계산서 형태 】

성격별 분류	기능별 분류
수익	매출액(수익)
영업비용	매출원가
제품과 재공품의 변동	**매출총이익**
원재료와 소모품 사용액	판매비와관리비
종업원급여	물류비
감가상각비와 기타 상각비	일반관리비
기타의 영업비용	마케팅비용
영업이익	**영업이익**
기타수익	기타수익
이자비용	기타비용
기타비용	금융수익
	금융원가
법인세비용차감전순이익	**법인세비용차감전순이익**
법인세비용	법인세비용
당기순손익	**당기순손익**
기타포괄손익	기타포괄손익
총포괄손익	**총포괄손익**

▶ 포괄손익계산서를 작성할 때 최소한으로 구분 표시해야 하는 항목은 수익(매출액), 영업손익, 금융원가, 법인세비용, 당기순손익이다.

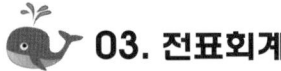

03. 전표회계

1 전표(Slip)회계
전표란 거래를 최초로 기록하고 또 관련부서에 전달할 수 있도록 일정한 양식을 갖춘 용지를 말한다. 따라서 전표는 분개장의 대용으로 원장에 전기하는 것으로, 다음과 같은 장점이 있다.

2 전표회계의 장점
(1) 기장 사무의 분담을 촉진한다.
(2) 분개장의 대용으로 장부 조직을 간소화 할 수 있다.
(3) 장부 검사의 수단으로 이용할 수 있다.
(4) 기록에 대한 책임 소재가 명확하여 진다.
(5) 거래 내용을 신속하게 전달할 수 있다.

3 전표의 종류
전표 ─ 1전표제 - 분개전표
      ─ 3전표제 - 입금전표, 출금전표, 대체전표
      ─ 5전표제 - 입금전표, 출금전표, 대체전표, 매입전표, 매출전표

---

93 판매비와관리비에 해당하는 계정을 모두 고르면?

| A. 광고선전비 | B. 이자비용 | C. 복리후생비 | D. 기부금 |

① A, B ② A, C
③ B, D ④ C, D

94 다음 중 포괄손익계산서를 작성할 경우 최소한으로 구분해 표시해야 하는 항목에 해당하지 않는 것은?

① 수익 ② 금융원가
③ 영업외손익 ④ 당기순손익

95 포괄손익계산서(기능별)에 관한 설명으로 옳지 않은 것은?

① 순매출액에서 매출원가를 차감하여 매출총이익을 계산한다.
② 일정 기간 동안에 기업의 재무성과를 나타내는 회계보고서이다.
③ 총포괄손익은 당기순손익과 기타포괄손익의 모든 구성요소를 포함한다.
④ 보험료, 감가상각비, 세금과공과, 이자비용 등은 관리비로 분류한다.

96 전표제도의 기능에 대한 다음 설명 중 옳지 않은 것은?

① 거래의 발생사실을 증명할 수 있다.
② 거래의 승인에 필요한 결재 서류로 쓸 수 있다.
③ 입금전표는 현금수입장의 역할을 대신할 수 있다.
④ 총계정원장의 기능도 겸한다.

97 다음 거래는 어느 전표에 기표되는가?

외상매입금 ₩200,000 중 ₩50,000은 소유하고 있던 대한은행 발행 자기앞 수표로 지급하고, 잔액은 1개월 후 약속어음을 발행하여 지급하다.

① 입금전표와 출금전표 ② 입금전표와 대체전표
③ 출금전표와 대체전표 ④ 대체전표

98 다음 전표에 의해 일계표를 작성한다면 차변합계액은 얼마인가?

입금전표		입금전표	
매 출	20,000	외상매출금	5,000

출금전표		대체전표	
이자비용	1,000	외상매출금 10,000	매 출 10,000

① ₩36,000 ② ₩35,000
③ ₩25,000 ④ ₩20,000

4 전표의 집계와 원장 전기

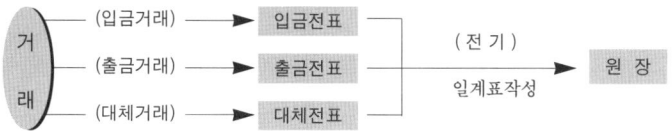

심화학습코너

01. 재무상태와 경영성과의 이해

1 재무상태표(statement of financial position)

재무상태표란 일정 시점의 재무 상태를 나타내는 재무제표로써 기업이 소유하고 있는 경제적 자원인 자산과 그 경제적 자원에 대한 의무인 부채 및 소유주 지분인 자본에 관한 정보를 제공한다.

(1) **자산 계정** : 과거사건의 결과로 기업이 통제하는 현재의 경제적자원이다. 이 때의 경제적자원은 경제적효익을 창출할 잠재력을 지닌 권리이다.

(2) **부채 계정** : 과거사건의 결과로 기업이 경제적자원을 이전해야 하는 현재의무이다.

(3) **자본 계정** : 자본이란 기업의 자산에서 모든 부채를 차감한 후의 잔여 지분을 말한다.

(4) **자산, 부채의 인식과 제거**

① 인식 : 인식은 자산, 부채, 자본, 수익 또는 비용과 같은 재무제표 요소 중 하나의 정의를 충족하는 항목을 재무상태표나 재무성과표(포괄손익계산서)에 포함하기 위하여 포착하는 과정이다.

② 제거 : 제거는 기업의 재무상태표에서 인식된 자산이나 부채의 전부 또는 일부를 삭제하는 것이다. 제거는 일반적으로 해당 항목이 더 이상 자산 또는 부채의 정의를 충족하지 못할 때 발생한다.

(5) **자산, 부채의 측정** : 재무제표에 인식된 요소들은 화폐단위로 수량화되어 있다. 이를 위해 측정기준을 선택해야 한다. 측정기준은 측정 대상 항목에 대해 식별된 속성(예 역사적원가, 공정가치 또는 이행가치)이다. 자산이나 부채에 측정기준을 적용하면 해당 자산이나 부채, 관련 수익과 비용의 측정치가 산출된다. 그러한 측정기준은 역사적원가와 현행가치로 구분된다.

① **역사적원가**(historical cost) ; 자산을 취득하거나 창출할 때의 역사적 원가는 자산의 취득 또는 창출에 발생한 원가의 가치로서, 자산을 취득 또는 창출하기 위하여 지급한 대가와 거래원가를 포함하여, 취득원가(acquisition cost)라고도 한다. 부채가 발생하거나 인수할 때의 역사적 원가는 발생시키거나 인수하면서 수취한 대가에서 거래원가를 차감한 가치이다.

② **현행가치**(current value) : 현행가치는 측정일의 조건을 반영하기 위해 갱신된 정보를 사용하여 자산, 부채 및 관련 수익 및 비용에 대한 화폐적 정보를 제공하는 것으로 식별한다.

㉠ **공정가치**(fair value) : 공정가치는 측정일에 시장참여자 사이의 정상거래에서 자산을 매도할 때 받거나 부채를 이전할 때 지급하게 될 가격이다.

㉡ **사용가치**(value in use)**와 이행가치**(settlement value) : 사용가치는 기업이 자산의 사용과 궁극적인 처분으로 얻을 것으로 기대하는 현금흐름 또는 그 밖의 경제적효익의 현재가치이다. 이행가치는 기업이 부채를 이행할 때 이전해야 하는 현금이나 그 밖의 경제적자원의 현재가치이다.

㉢ **현행원가**(current cost) : 자산의 현행원가는 측정일 현재 동등한 자산의 원가로서 측정일에 지급할 대가와 그 날에 발생할 거래원가를 포함한다. 부채의 현행원가는 측정일 현재 동등한 부채에 대해 수취할 수 있는 대가에서 그 날에 발생할 거래원가를 차감한다.

2 포괄손익계산서(statement of comprehensive income, I/S)

포괄손익계산서란 일정기간 동안 기업 실체의 재무(경영)성과에 대한 정보를 제공하는 재무제표이다.

---

99 재무제표 구성요소에 대한 설명으로 옳지 않은 것은?

① 자산은 과거사건의 결과로 기업이 통제하는 현재의 경제적자원이다. 이 때의 경제적자원은 경제적효익을 창출할 잠재력을 지닌 권리이다.

② 부채는 과거사건의 결과로 기업이 경제적자원을 이전해야 하는 현재의무이다.

③ 자본은 기업의 자산에서 모든 부채를 합계한 후의 잔여지분이다.

④ 수익은 자산의 증가 또는 부채의 감소로서 자본의 증가를 가져오며, 자본청구권 보유자의 출자와 관련된 것을 제외한다.

100 자산의 측정기준에 대한 설명이다. 잘못된 것은?

① 역사적원가로 자산을 측정하는 경우에는 취득 후에 그 가치가 변동하더라도 역사적원가를 그대로 유지한다.

② 현행원가는 측정일 현재 동등한 자산의 원가로서 측정일에 지급할 대가와 그 날에 발생할 거래원가를 포함한다.

③ 사용가치는 기업이 부채를 이행할 때 이전해야 하는 현금이나 그 밖의 경제적자원의 현재가치이다.

④ 공정가치는 측정일에 시장참여자 사이의 정상거래에서 자산을 매도할 때 받거나 부채를 이전할 때 지급하게 될 가격이다.

101 주요 경영활동으로서의 재화의 생산, 판매, 용역의 제공 등에 따른 경제적 효익의 유입으로서, 자산의 증가 또는 부채의 감소 및 그 결과에 따른 자본의 증가로 나타나는 것을 무엇이라고 하는가?

① 자산 ② 부채 ③ 수익 ④ 비용

102 다음 수익과 비용에 대한 설명으로 틀린 것은?

① 수익을 인식하면 자산이 증가하거나 부채가 감소하여 자본이 증가한다.

② 비용을 인식하면 자산이 감소하거나 부채가 증가하여 자본이 감소한다.

③ 수익과 비용은 주요 경영활동 이외의 부수적인 거래나 사건에서 발생하는 차익과 차손을 포함한다.

④ 수익은 특정 회계기간 동안에 발생한 자본의 증가를 의미한다.

103 자산으로 인정받기 위한 본질적인 특징이라 할 수 없는 것은? 【개정】

① 자산은 재화와 용역을 수취할 권리가 있어야 한다.

② 자산은 객관적인 판매가치가 보장되어야 한다.

③ 자산의 경제적효익을 창출할 잠재력을 지녀야 한다.

④ 자산은 기업이 경제적자원을 통제하고 있어야 한다.

104 다음 중에서 재무제표 작성 시 미지급비용이나, 선급비용, 각종 충당금 설정 등에 대한 수정분개를 정당화시키는 회계개념과 가장 가까운 개념은?

① 계속기업 ② 발생기준
③ 비교가능성 ④ 기업실체

▶ 수익과 비용 및 차익과 차손

구성요소	내 용
수 익	자산의 증가 또는 부채의 감소로서 자본의 증가를 가져오며, 자본청구권 보유자의 출자와 관련된 것을 제외한다.
차 익	기업의 정상 영업 활동 이외의 활동(비유동자산의 처분)에서 발생한 것
비 용	자산의 감소 또는 부채의 증가로서 자본의 감소를 가져오며, 자본청구권 보유자에 대한 분배와 관련된 것을 제외한다.
차 손	기업의 정상영업활동 이외의 활동(화재나 홍수와 같은 자연재해 또는 비유동자산의 처분)에서 발생한 것

③ 현금주의와 발생주의

기업의 영업 활동을 통하여 수익과 비용은 계속적으로 발생한다. 따라서 일정기간 동안의 경영(재무)성과를 파악하기 위해서는 발생한 수익과 비용을 특정 기간의 손익계산에 속하는 금액이 얼마인지를 결정해야 하는데, 이를 결정하기 위한 기준으로 현금주의와 발생주의가 있다.

(1) 현금주의(cash basis)

현금주의란 현금의 수입이 있는 시점에 그 받은 금액을 수익으로 인식하고, 비용은 현금의 지출이 있는 시점에 인식하는 방법을 말한다.

(2) 발생주의(accrual basis)

발생주의란 수익과 비용의 인식을 현금의 수취나 지급시점에 하는 것이 아니라, 거래가 발생한 기간에 인식하는 방법을 말한다. 따라서 발생주의는 현금의 수입과 지출이 없어도 기업의 손익에 영향을 미치는 거래가 발생한 때에 수익과 비용을 기록하는 것으로 현행 회계제도에서는 발생주의를 인정하고 있다.

02. 재무보고를 위한 개념 체계

① 개념 체계의 목적과 위상

이 개념 체계는 외부 이용자를 위한 재무제표의 작성과 표시에 있어 기초가 되는 개념을 정립한다. 이 개념 체계는 회계기준이 아니다. 따라서 이 개념체계의 어떠한 내용도 회계기준이나 회계기준의 요구사항에 우선하지 아니한다. 개념 체계의 목적은 다음과 같다.

(1) 한국회계기준위원회가 일관된 개념에 기반하여 한국채택국제회계기준을 제·개정하는 데 도움을 준다.
(2) 특정 거래나 다른 사건에 적용할 회계기준이 없거나 회계기준에서 회계정책 선택이 허용되는 경우에 재무제표 작성자가 일관된 회계정책을 개발하는 데 도움을 준다.
(3) 모든 이해관계자가 회계기준을 이해하고 해석하는 데 도움을 준다.

② 일반목적 재무보고의 목적

일반목적 재무보고의 목적은 현재 및 잠재적 투자자, 대여자와 그 밖의 채권자가 기업에 자원을 제공하는 것과 관련된 의사결정을 할 때 유용한 보고기업의 재무정보를 제공하는 것이다.

③ 재무정보의 질적 특성

유용한 재무정보의 질적 특성이란 재무보고서에 포함된 정보(재무정보)에 근거하여 보고기업에 대한 의사결정을 할 때 현재 및 잠재적 투자자, 대여자 및 기타 채권자에게 가장 유용할 정보의 유형을 식별하는 것이다.

재무제표	목 적
근본적 질적 특성	목적 적합성, 표현 충실성(충실한 표현)
보강적 질적 특성	비교가능성, 검증가능성, 적시성, 이해가능성

(1) 근본적 질적 특성

(가) 목적적합성(relevance) : 관련성이라고도 하는 것으로, 목적적합성이란 재무정보가 정보이용자의 의사결정에 차이가 나도록 하는 정보의 능력을 말한다.

105 정부는 그동안 정부부문에 적용했던 단식부기회계에서 벗어나 2008년부터 복식부기회계를 도입하고 있다. 복식부기회계를 도입함으로써 나타나게 될 큰 변화 중의 하나는 결산시에 건물, 차량 등과 같은 비유동자산에 대한 감가상각 회계처리이다. 다음 중 감가상각 회계처리에 해당되는 가장 적합한 회계개념은 어느 것인가?

① 실현주의 ② 발생주의
③ 보수주의 ④ 현금주의

106 다음 재무보고의 목적이 될 수 없는 것은?

① 투자 및 신용결정에 유용한 정보를 제공한다.
② 현금흐름의 전망을 평가하는데 유용한 정보를 제공한다.
③ 경영진의 관리적 의사결정에만 유용한 정보를 제공한다.
④ 기업의 자원과 이에 대한 청구권 및 이들의 변동에 관한 정보를 제공한다.

107 다음 중 재무 정보의 유용성(usefulness)을 증대시키는 가장 기본이 되는 재무 정보의 질적 특성은 어느 것인가?

① 비교가능성과 계속성 ② 목적적합성과 실질의 우선
③ 이해가능성과 충분성 ④ 목적적합성과 표현충실성

108 다음 재무 정보의 질적 특성 중 그 성질이 나머지와 다른 것은?

① 예측가치 ② 확인가치
③ 중요성 ④ 중립적 서술

109 다음 근본적 질적 특성인 표현충실성과 관계없는 것은?

① 완전한 서술 ② 중요한 서술
③ 중립적 서술 ④ 오류가 없는 서술

110 다음 중 재무 정보의 근본적 질적 특성이 아닌 것은?

① 중립적 서술 ② 예측가치
③ 검증 가능성 ④ 완전한 서술

111 다음 중 재무 정보의 보강적 질적 특성이 아닌 것은?

① 비교가능성 ② 표현충실성
③ 이해가능성 ④ 적시성

112 재무보고를 위한 개념 체계를 따를 경우 재무 정보의 질적 특성에 대한 설명 중 옳지 않은 것은?

① 목적적합한 재무 정보는 정보 이용자의 의사 결정에 차이가 나도록 할 수 있다. 재무 정보에 예측가치, 확인가치 또는 이 둘 모두가 있다면 의사 결정에 차이가 없어야 한다.
② 비교가능성, 검증가능성, 적시성 및 이해가능성은 목적적합하고 충실하게 표현된 정보의 유용성을 보강시키는 질적 특성이다.

구 분		내 용
목적 적합성	예측가치	미래 예측을 위한 정보로서의 가치
	확인가치	과거 의사 결정의 확인과 수정을 위한 정보로서의 가치
	중요성	의사 결정에 영향을 미칠 수 있는 정보로서의 가치

(나) 표현충실성(representation faithful)

재무보고서는 경제적 현상을 글과 숫자로 나타내는 것이다. 재무정보가 유용하기 위해서는 목적적합한 현상을 표현하는 것뿐만 아니라 나타내고자 하는 현상의 실질을 충실하게 표현해야 한다. 완벽한 표현충실성을 위해서는 서술에 세 가지의 특성이 있어야 할 것이다. 서술은 완전하고, 중립적이며, 오류가 없어야 할 것이다.

구 분		내 용
표현 충실성	완전한 서술	정보이용자가 의사결정에 필요한 모든 정보의 제공
	중립적 서술	정보의 선택이나 표시에 편의가 없는 재무정보의 제공
	오류가 없는 서술	경제적 현상의 서술이나 절차 상에 오류나 누락이 없는 정보 제공

▶ **신중성의 원칙** : 중립성은 신중을 기함으로써 뒷받침된다. 신중성은 불확실한 상황에서 판단할 때 주의를 기울이는 것이다. 신중을 기한다는 것은 자산과 수익이 과대평가(overstated)되지 않고 부채와 비용이 과소평가(understated)되지 않는 것을 의미한다. 마찬가지로, 신중을 기한다는 것은 자산이나 수익의 과소평가나 부채나 비용의 과대평가를 허용하지 않는다. 그러한 그릇된 평가(misstatements)는 미래 기간의 수익이나 비용의 과대평가나 과소평가로 이어질 수 있다.

(2) **보강적 질적 특성** : 보강적 질적 특성은 만일 어떤 두 가지 방법이 현상을 동일하게 목적적합하고 충실하게 표현하는 것이라면 이 두 가지 방법 가운데 어느 방법을 현상의 서술에 사용해야 할지를 결정하는 데에도 도움을 줄 수 있다.

구 분	내 용
비교가능성	기업 간 비교 가능성과 기간 간 비교 가능성이 있는 정보의 제공
검증가능성	나타난 경제적 현상에 대해 정보 이용자가 검증가능 할 수 있는 정보의 제공
적시성	의사 결정에 영향을 미칠 수 있도록 적시성 있는 정보의 제공
이해가능성	정보 이용자가 쉽게 이해할 수 있는 정보의 제공

(3) **유용한 재무보고에 대한 원가 제약** : 원가는 재무보고로 제공될 수 있는 정보에 대한 포괄적 제약요인이다. 재무정보의 보고에는 원가(cost)가 소요되고, 해당 정보 보고의 효익이 그 원가를 정당화하기 때문이다. 즉, 특정 재무정보로 기대되는 효익이 그 정보를 얻기 위해 소요되는 원가보다 커야 한다는 것이다.

④ **재무보고의 기본 가정**

기본가정(basic assumption)은 회계공준·환경적 가정·기본전제라고도 하는데 이는 기업실체를 둘러싼 환경으로부터 도출해 낸 회계 이론 전개의 기초가 되는 사실들을 말하는 것으로 개념체계에서는 계속기업을 유일한 기본가정으로 규정하고 있다.

▶ **계속기업**(going concern)

(1) 계속기업이란, 기업이 예상가능한 기간 동안 영업을 계속할 것이며, 그 경영활동을 청산하거나 중요하게 축소할 의도나 필요성을 갖고 있지 않다는 것을 의미한다. 따라서 재무제표는 일반적으로 계속기업이라는 가정하에서 작성하게 된다.

(2) 주요 회계원칙들은 계속기업의 가정에 근거하고 있다. 예를들어 유형자산에 대하여 감가상각을 하는 것과 기업의 자산을 취득원가(역사적 원가라고도 함)로 기록하는데 있어 정당성을 제공한다. 다만, 기업이 곧 청산할 것이라면 역사적 원가에 의한 정보는 아무런 유용성이 없기 때문에 기업이 보유하고 있는 자산은 역사적 원가보다는 청산가치로 평가되는 것이 타당할 것이다.

▶ **계속기업의 기본가정과의 관련 개념**
1. 자산가치를 역사적 원가로 평가　2. 원가의 배분(감가상각비 등)
3. 유동성배열에 따른 재무보고서 작성　4. 발생주의
5. 계속성 등의 회계 개념　6. 개발비의 무형자산으로 인식가능
7. 기업 특유의 가치(사용가치)를 측정요소로 사용 가능

③ 재무 정보가 유용하기 위해서는 나타내고자 하는 현상을 충실하게 표현하여야 한다. 완벽하게 충실한 표현을 하기 위해서 서술은 완전하고, 중립적이며, 오류가 없어야 할 것이다.
④ 유용한 재무 정보의 근본적 질적 특성은 목적적합성과 충실한 표현이다.

113 다음 중에서 재무보고를 위한 개념 체계에서 규정하고 있는 유용한 질적 특성이 아닌 것은?

① 원가　　　　　　② 목적적합성
③ 표현충실성　　　④ 이해가능성

114 다음 중 재무보고의 기본 가정에 해당하는 것은?

① 기업실체　　　　② 계속기업
③ 발생기준　　　　④ 비교가능성

115 다음 중 재무보고의 기본 가정에 대한 설명으로 틀린 것은?

① 재무제표의 작성에 있어 가장 기본이 되는 명제 또는 전제가 기본가정이며, 유일하게 계속기업의 가정이 있다.
② 기업이 곧 청산하더라도 자산은 역사적원가로 평가한다.
③ 계속기업이란 기업이 예상가능한 기간 동안 영업을 계속할 것이며, 경영활동을 청산하거나 중요하게 축소할 의도나 필요성을 갖고 있지 않다는 것을 의미한다.
④ 계속기업은 기업의 자산을 역사적원가로 평가하는 근거를 제공한다.

116 한국채택국제회계기준의 재무보고의 개념 체계에 명시된 계속기업의 가정과 관련성이 가장 적은 것은?

① 역사적 원가주의　　② 수익 비용의 대응
③ 감가상각　　　　　④ 청산가치

117 다음 중 금융부채에 대한 설명으로 옳은 것은?

① 금융기관의 상품 종류를 뜻하는 것으로 선수금 등이 있다.
② 기업의 지분상품을 말하며 기업이 매입한 다른 회사의 주식 등이 있다.
③ 매출채권과 같이 거래 상대방에게 현금 등 금융자산을 수취할 계약상의 권리이다.
④ 매입채무와 같이 거래 상대방에게 현금 등 금융자산을 인도하기로 한 계약상의 의무이다.

118 다음 자료에서 금융부채의 합계액을 계산하면 얼마인가?

가. 선　수　금　₩50,000	나. 미지급금　₩60,000
다. 외상매입금　　100,000	

① ₩110,000　　　　② ₩150,000
③ ₩160,000　　　　④ ₩210,000

03. 비유동부채

1 금융부채의 개념

한국채택국제회계기준 제1032호 '금융상품의 표시' 기준서에서는 '금융상품은 거래 당사자 일방에게 금융자산을 발생시키고 동시에 다른 거래 상대방에게 금융부채나 지분상품을 발생시키는 모든 계약으로 정의한다.' 라고 규정하고 있다. 여기서 금융상품(financial instrument)이란 우리가 은행 창구에 가서 예입할 수 있는 예금이나 증서 같은 은행 상품을 말하는 것이 아니라 금융자산, 금융부채, 지분상품을 발생 시키는 모든 계약(contract)을 말한다. 즉 상대방과 돈이 오고 갈 수 있는 계약을 체결했는데, 장차 돈을 받게 될 가능성이 있는 유리한 계약이라면 이를 금융자산으로 인식하고, 반대로 장차 돈을 지급해야 할 가능성이 높은 불리한 계약이라면 금융부채로 인식한다. 금융부채의 종류에는 매입채무 및 차입금, 사채 등이 있는데, 매입채무와 차입금에 대해서는 앞서 학습하였으므로 사채에 대하여 학습하기로 한다.

▶ 비금융부채에는 재화나 용역을 제공하는 의무인 선수금, 선수수익과 계약상의 의무가 아닌 법률상의 의무 등에 속하는 충당부채 및 확정채무가 아닌 법률상의 의무 등에 속하는 퇴직급여부채 등이 있다.

2 사채 (bonds payable)

주식회사가 거액의 장기자금을 조달하기 위하여 사채권을 발행하고, 일반대중으로 부터 자금을 차입하는 것으로, 일정기간 후에 원금을 상환하고, 정기적으로 이자를 지급하기로 약정한 비유동부채이다.

▶ 종전 상법에서는 사채 발행 총액은 순자산액의 4배를 초과하지 못하고 1좌의 액면금액은 1만원 이상이어야 하는 등 사채발행에 대하여 제한이 많았다. 그러나 상법의 개정(2012.4.15)으로 이러한 제한을 모두 폐지하였다.

(1) 사채의 발행 방법

No.	구분	차변		대변	
①	평가발행	당 좌 예 금	10,000	사 채	10,000
②	할인발행	당 좌 예 금 사채할인발행차금	8,000 2,000	사 채	10,000
③	할증발행	당 좌 예 금	11,000	사 채 사채할증발행차금	10,000 1,000

1. **사채할인발행차금** : 사채의 차감적 평가 계정으로 상환기간 내에 유효이자율법으로 상각하여 이자비용 계정에 가산한다. 그러나, 차금의 금액이 크지 않고, 중요하지 않은 경우에는 정액법에 의하여 상각할 수 있다.
2. **사채할증발행차금** : 사채의 부가적 평가 계정으로 상환기간 내에 유효이자율법으로 환입하여 이자비용 계정에서 차감한다.

(2) 사채발행비용의 회계 처리 : 사채발행비용은 사채발행금액에서 차감한다.

No.	구분	차변		대변	
①	평가 발행 시	당 좌 예 금 사채할인발행차금	10,000 2,000	사 채 현 금(발행비용)	10,000 2,000
②	할인 발행 시	당 좌 예 금 사채할인발행차금	9,000 3,000	사 채 현 금(발행비용)	10,000 2,000
③	할증 발행 시	당 좌 예 금	13,000	사 채 사채할증발행차금 현 금(발행비용)	10,000 1,000 2,000

(3) 사채이자 : 사채이자를 지급한 경우에는 이자비용 계정 차변에 기입한다.(액면금액×이자율×기간 = 사채이자)

No.	구분	차변		대변	
①	기말 결산 시 (할인발행의 경우)	이 자 비 용	12,000	미지급이자 (현금) 사채할인발행차금	10,000 2,000
②	기말 결산 시 (할증발행의 경우)	이 자 비 용 사채할증발행차금	8,000 2,000	미지급이자 (현금)	10,000

(4) 사채의 상환 : 만기 상환과 만기전 상환(수시상환)이 있다.

(가) 만기 상환(액면금액으로 상환) : 사채할인발행차금의 잔액은 이자비용으로 처리한다.

No.	구분	차변		대변	
①	만기 상환 시	사 채 이 자 비 용	××× ×××	당 좌 예 금 사채할인발행차금	××× ×××

---

119 다음 중 사채의 특징으로 옳은 것은?
① 금융부채에 해당한다.
② 경영 참가권을 갖고 있다.
③ 순이익에 따라 배당금을 지급한다.
④ 자본 조달 형태가 자기자본에 해당한다.

120 다음은 한국채택국제회계기준(K-IFRS)에 따른 사채할인발행차금에 대한 설명이다. 틀린 것은?
① 사채할인발행차금은 사채의 액면금액에서 차감하는 형식으로 기재하여야 한다.
② 사채발행금액은 사채발행수수료와 사채발행비를 차감한 금액이다.
③ 사채발행금액이 액면금액보다 낮으면 사채할인발행차금이 발생한다.
④ 사채할인발행차금은 사채발행시부터 최종상환시까지의 기간에 정액법 또는 유효이자율법으로 상각한다.

121 다음 중 사채에 대한 설명으로 틀린 것은?
① 액면이자 < 시장이자 : 할인발행
② 액면이자 > 시장이자 : 할증발행
③ 유효이자율법하에서 사채할인발행차금 상각액은 매년 증가한다.
④ 사채할인발행차금은 발행금액에서 차감하는 형식으로 표시함

122 금강(주)는 사채 액면 ₩2,000,000을 ₩1,900,000에 발행하고, 납입금은 전액 현금으로 받다. 그리고, 사채발행비 ₩30,000을 현금으로 지급하였다. 발행 당시 사채할인발행차금 계정에 기입된 금액은 얼마인가?
① ₩30,000   ② ₩70,000
③ ₩100,000   ④ ₩130,000

123 20×1년 1월 1일 액면금액 ₩2,000,000의 사채를 ₩1,870,000에 발행하였다. 이 사채의 상환일은 20×3년 12월 31일이며, 사채이자는 매년 말 현금으로 지급되고, 액면 이자율은 9%이다. 사채발행과 관련된 유효이자율은 10%이다. 유효이자율법을 이용하는 경우, 20×1년 12월말의 분개는?

① (차) 이 자 비 용 187,000 (대) { 현 금 180,000
사채할인발행차금 7,000 }

② (차) { 이 자 비 용 180,000
사채할인발행차금 7,000 } (대) 현 금 187,000

③ (차) 이 자 비 용 187,000 (대) { 현 금 180,000
사채할증발행차금 7,000 }

④ (차) 이 자 비 용 187,000 (대) 현 금 187,000

124 경기회사는 20×1년 1월 1일 연리 12%, 만기가 5년인 액면금액 ₩100,000인 사채를 ₩95,000에 할인 발행하고, 사채발행비용 ₩1,000을 지급하였다. 사채할인발행차금을 정액법으로 상각할 경우 20×2년 12월 31일에 상각해야 할 금액은 얼마인가?
① ₩1,600   ② ₩1,400
③ ₩1,200   ④ ₩1,000

(나) 만기전 상환(수시 상환) : 연속상환과 매입상환(시가로 상환)

No.	구 분	차 변	대 변
①	매입 상환 시	사 채 ×××	당 좌 예 금 ××× 사채할인발행차금 ××× 사 채 상 환 이 익 ×××

1. 매입상환 사채의 사채할인발행차금 계산 ➡ 사채할인발행차금 미상각잔액 × 상환액면/총액면금액
2. 발행 시의 시장(유효)이자율보다 상환시의 시장(유효)이자율이 상승한다면 상환시점에서의 사채의 현재가치(실질가치)는 하락할 것이므로 상환이익이 생기고, 상환시의 시장(유효)이자율이 하락한다면 상환시점에서의 사채의 현재가치(실질가치)는 상승할 것이므로 상환손실이 생긴다. 사채상환손익은 기타손익이다.

③ **충당부채**(provision liabilities)

확정부채는 매입채무와 같이 부채가 확실히 존재하고, 지급할 금액과 지급시기를 비교적 정확하게 파악이 되는 부채를 말한다. 그러나 과거 사건이나 거래의 결과에 의한 현재의 의무로서 지출시기 또는 금액이 불확실한 부채가 있는데 이를 충당부채라고 한다.

(1) 충당부채는 다음의 세 가지 인식조건을 모두 충족하는 경우에만 인식한다.
 ① 과거 사건의 결과로 현재의무가 존재해야 한다.
 ② 그 의무를 이행하기 위해서는 경제적효익이 내재된 자원이 유출될 가능성이 높아야 한다.
 ③ 그 의무의 이행에 소요되는 금액을 신뢰성있게 추정할 수 있어야 한다.

충당부채의 현재의무 중 법적의무와 의제의무

1. 법적의무란 명시적 또는 묵시적 조항에 따른 계약, 법률, 기타 법적효력에 의하여 발생하는 의무를 말한다. (판매된 제품에 큰 하자가 있어 교환해 주어야 하는 경우)
2. 의제의무란 과거의 실무관행이나 발표된 경영방침 또는 구체적이고 유효한 약속 등을 통하여 기업이 특정 책임을 부담하겠다는 것을 상대방에게 표명하고, 그 결과 기업이 당해 책임을 이행할 것이라는 정당한 기대를 상대방이 가지게 되었을 때 발생하는 의무를 말한다. (판매하고 있는 제품의 홍보를 위해 고급 아파트나 고급 자동차를 경품으로 제공하는 경우 등)

(2) 충당부채의 적용대상이 되는 거래나 사건은 제품보증과 관련된 부채, 판매촉진을 위한 경품 등과 관련된 부채, 계류 중인 소송사건 등이다. 여기서는 제품보증충당부채에 대하여 살펴보기로 한다.

(3) **제품 보증 충당 부채**(product warranty provision liabilities) : 제품보증비는 금액이나 지출시기 및 대상 고객이 확정되지 않은 비용이지만 장차 부채가 발생할 것이 거의 확실하기 때문에 금액을 합리적으로 추정할 수 있다면 수익·비용 대응의 원칙에 의하여 이를 제품 보증 충당 부채(건설업의 경우는 하자보수 충당 부채)로 인식해야 하는 것이다.

No.	구 분	차 변	대 변
①	기말 결산 시 당기 말 제품보증충당부채를 ₩300,000설정한 경우	제 품 보 증 비 300,000	제품보증충당부채 300,000
②	판매한 제품에 대한 보증비용 ₩250,000을 현금으로 지출한 경우	제품보증충당부채 250,000	현 금 250,000

④ **우발부채**(contingent liabilities)

우발부채는 잠재적인 부채로서 자원의 유출을 초래할 현재 의무가 있는지의 여부가 아직 확인되지 않거나 현재 의무가 존재하지만, 그 의무를 이행하는데 자원의 유출가능성이 높지 않거나 그 금액을 신뢰성 있게 추정할 수 없는 것으로 부채의 인식기준을 충족하지 못해 부채로 인식하지 아니하고 주석에 기재한다. 만약, 어떤 의무에 대하여 회사가 직접 이행하기 위하여 자원의 유출이 높으며, 금액을 신뢰성있게 추정할 수 있는 부분에 대하여는 충당부채를 인식한다. (예 타인의 채무보증) 단, 과거에 우발부채로 처리하였더라도 이후 충당부채의 인식조건을 충족하였다면 재무상태표에 충당부채로 인식한다.

⑤ **우발자산**(contingent assets)

우발자산은 과거사건이나 거래의 결과로 발생할 가능성이 있으며, 기업이 전적으로 통제할 수 없는 불확실한 미래사건의 발생 여부에 의하여서만 그 존재 여부가 확인되는 잠재적자산을 말하는 것으로 미래에 확정되기까지 자산으로 인식하지 아니하고 자원의 유입가능성이 매우 높은 경우에만 주석에 기재한다. 단, 상황변화로 인하여 자원이 유입될 것이 확정된 경우에는 그러한 상황변화가 발생한 기간에 관련 자산과 이익을 인식한다. (예 기업이 제기하였으나 그 결과가 불확실한 소송)

---

125 (주)한라는 20×1년 12월 31일 장부금액 ₩91,322 (액면금액 ₩100,000 액면이자율 5%, 이자지급일 매년 12월 31일 후급, 만기 20×3년 12월 31일)인 사채를 20×2년 12월 31일 현금이자를 포함하여 총 ₩101,000에 상환하였다. (주)한라가 사채상환과 관련하여 인식할 손익은?(단, 발행 당시 사채의 유효이자율은 10%이고, 금액은 소수점 첫째자리에서 반올림한다.)

① 사채상환손실 ₩546   ② 사채상환손실 ₩684
③ 사채상환손실 ₩726   ④ 사채상환이익 ₩684

126 한국채택국제회계기준(K-IFRS)에 의한 충당부채의 설정 요건으로서 가장 거리가 먼 것은?

① 과거 사건이나 거래의 결과로 현재 의무가 존재한다.
② 당해 의무를 이행하기 위한 자원 유출가능성이 높다.
③ 과거 사건과 관계없이 미래에 발생할 비용이어야 한다.
④ 그 의무이행에 소요되는 금액을 신뢰성있게 추정할 수 있어야 한다.

127 다음 중 부채로 인식할 수 있는 것으로 묶은 것은?

㉠ 손해배상충당부채	㉡ 공사보증충당부채
㉢ 대손충당금	㉣ 판매보증충당부채

① ㉢   ② ㉠, ㉢
③ ㉠, ㉡, ㉢   ④ ㉠, ㉡, ㉣

128 충당부채의 적용대상에 해당되지 않는 것은?

① 타인의 채무보증   ② 제품판매보증
③ 판매촉진을 위한 경품 ④ 계류 중인 소송사건

129 충당부채와 우발부채, 우발자산에 대한 설명으로 틀린 것은?

① 우발자산은 어떠한 경우에도 재무상태표에 자산으로 인식할 수 없다.
② 우발부채는 어떠한 경우에도 재무상태표에 부채로 인식할 수 없다.
③ 우발자산은 신중성의 관점(보수적 관점)에서 재무상태표에 자산으로 인식하지 않지만 우발부채는 재무상태표에 부채로 인식한다.
④ 충당부채는 부채의 인식기준이 충족하였으나 우발부채는 부채의 인식기준을 충족하지 못한다.

130 다음은 부채에 대한 설명이다. 이 중에서 틀린 것은?

① 충당부채는 재무상태표에 표시되는 부채이다.
② 충당부채는 인식하는 현재의무에는 법적의무만 포함되며, 의제의무는 포함되지 않는다.
③ 기업이 제품을 판매하면서 소비자에게 일정 기간 동안 품질보증서비스를 무상으로 제공하기로 약속하였다면 수익인식시점에 충당부채를 인식해야 한다.
④ 우발부채는 현재의무의 존재여부가 확인되지 않는 잠재적 의무이다.

실전대비 모의고사

제01회 실전대비 모의고사
제02회 실전대비 모의고사
제03회 실전대비 모의고사
제04회 실전대비 모의고사
제05회 실전대비 모의고사
제06회 실전대비 모의고사
제07회 실전대비 모의고사
제08회 실전대비 모의고사
제09회 실전대비 모의고사

국 가 기 술 자 격 검 정
상시 전산회계운용사 3급필기 모의고사
대한상공회의소 시행 대비

01회

3급	A형	시험일(소요시간)	문항수
		00월 00일(총40분)	총25개

수험번호 :
성   명 :

※ 다음 문제를 읽고 알맞은 것을 골라 답안카드의 답란(①, ②, ③, ④)에 표기하시오.

< 회 계 원 리 >

1. 다음 중 회계상의 자산·부채·자본에 관한 설명으로 틀린 것은?
   ① 기업이 소유하고 있는 각종 재화나 채권 등의 경제적 자원을 자산이라 한다.
   ② 자산·부채·자본은 재무상태표 구성요소이다.
   ③ 자산총액과 부채총액을 합한 금액이 자본이다.
   ④ 부채는 장래 일정한 금액을 타인에게 지급하여야 할 의무이다.

2. 다음 거래에 대한 거래의 결합관계가 바르게 표시된 것은?

비품 ₩50,000을 구입하고 대금은 외상으로 하다.

   ① 차변요소 : 자산의 증가, 대변요소 : 부채의 증가
   ② 차변요소 : 자산의 증가, 대변요소 : 자본의 증가
   ③ 차변요소 : 부채의 증가, 대변요소 : 자산의 증가
   ④ 차변요소 : 부채의 감소, 대변요소 : 자산의 증가

3. 다음 중 현금 ₩200,000과 약속어음 ₩300,000을 발행하여 지급하고, 기계장치를 구입한 경우의 영향으로 옳은 것은?
   ① 총자산과 총자본이 증가한다.
   ② 총부채가 증가하고, 총자본이 감소한다.
   ③ 총자산이 감소하고, 총부채가 증가한다.
   ④ 총자산과 총부채가 증가한다.

4. 다음의 거래에서 발생하지 않는 거래요소는?

인천상사는 사용중이던 비품 장부금액 ₩300,000을 ₩350,000에 처분하고 대금은 자기앞수표로 받다.

   ① 자산의 증가   ② 자산의 감소
   ③ 수익의 발생   ④ 부채의 증가

5. 회계정보이용자 중 내부이용자에 해당하는 것은?
   ① 채권자   ② 경영자
   ③ 주주   ④ 정부

6. 다음 중 재고자산에 포함될 수 없는 것은?
   ① 제품생산에 투입되기 위하여 보관중인 원재료
   ② 건설회사가 분양목적으로 공사 중인 아파트
   ③ 생산이 완료되어 창고에 보관 중인 제품
   ④ 공장신축을 위하여 보유중인 공장부지

7. "현금과부족의 원인을 조사한 결과 회계담당자가 실수하여 전화요금 ₩20,000 지급한 것이 누락되었음이 발견되었다." 분개로 옳은 것은?
   ① (차) 현 금 과 부 족 20,000   (대) 통 신 비   20,000
   ② (차) 현 금 과 부 족 20,000   (대) 잡 이 익   20,000
   ③ (차) 통 신 비   20,000   (대) 현 금 과 부 족 20,000
   ④ (차) 잡 손 실   20,000   (대) 현 금 과 부 족 20,000

8. 다음 자료에 의한 결산절차가 올바른 것은?

㉠ 총계정원장의 마감	㉡ 시산표의 작성
㉢ 손익계정의 설정	㉣ 재무제표의 작성
㉤ 결산정리사항의 수정	㉥ 순손익의 대체

   ① ㉠, ㉡, ㉢, ㉣, ㉤, ㉥
   ② ㉡, ㉠, ㉢, ㉤, ㉥, ㉣
   ③ ㉡, ㉢, ㉤, ㉥, ㉠, ㉣
   ④ ㉡, ㉤, ㉢, ㉥, ㉠, ㉣

9. 다음 자료에 의하여 산출한 매출총이익은 얼마인가?

총 매 출 액 ₩ 200,000	환 입 액 ₩ 20,000
기초상품재고액 40,000	총 매 입 액 160,000
환 출 액 10,000	기말상품재고액 50,000

   ① ₩30,000   ② ₩40,000
   ③ ₩42,000   ④ ₩50,000

10. 다음 중 자본의 감소 원인이 되는 거래는?
   ① 외상매출금을 현금으로 회수하다.
   ② 액면금액이 ₩5,000이고, 장부금액이 ₩6,000인 당기손익-공정가치측정금융자산을 ₩5,500에 처분하다.
   ③ 원가가 ₩2,000인 상품을 ₩3,500에 판매하다.
   ④ 건물을 외상으로 취득하다.

11. 다음은 20×1년 (주)한국의 재무제표와 거래 자료 중 일부이다. 20×1년 손익계산서상 당기 매출액은?

- 기초 매입채무 ₩4,000
- 기말 매입채무 ₩6,000
- 현금지급에 의한 매입채무 감소액 ₩17,500
- 기초상품재고액 ₩6,000
- 기말상품재고액 ₩5,500
- 매출총이익 ₩5,000

① ₩24,000 ② ₩25,000
③ ₩26,000 ④ ₩27,000

12. 시산표를 작성함으로써 발견할 수 있는 오류는?

① 상품을 판매한 거래에 대하여 두 번 분개한 경우
② 거래를 분개함에 있어서 단기차입금 계정의 차변에 기록하여야 하는데 단기대여금 계정의 차변에 기록한 경우
③ 실제 거래한 금액과 다르게 대변과 차변에 동일한 금액을 전기한 경우
④ 매출채권 계정의 차변에 전기해야 하는데 대변으로 전기한 경우

13. 상공상사의 결산 결과 당기순이익이 ₩100,000이 산출되었으나, 다음과 같은 사항이 누락되었음을 발견하였다. 수정 후의 당기순이익을 계산하면 얼마인가?

가. 보험료 선급액 ₩5,000   나. 이자 미수액 ₩3,000
다. 임대료 선수액 ₩10,000

① ₩98,000 ② ₩102,000
③ ₩108,000 ④ ₩112,000

14. 다음 거래에 대하여 당점에서 행할 분개로 옳은 것은?

매입처 서울상사 발행, 부산상사 수취의 당점앞 환어음 ₩200,000에 대하여 제시가 있어 이를 인수하다.

① (차) 외상매입금 200,000 (대) 지급어음 200,000
② (차) 받을어음 200,000 (대) 지급어음 200,000
③ (차) 외상매출금 200,000 (대) 지급어음 200,000
④ (차) 받을어음 200,000 (대) 외상매입금 200,000

15. (주)상공은 아래와 같이 (주)대한상사의 주식을 매입하고 순차적으로 매각하였다. (주)상공의 당기순손익에 미치는 영향으로 옳은 것은?

가. 주식 20주를 주당 ₩3,000에 매입
나. 주식 5주를 주당 ₩3,000에 매각
다. 주식 10주를 주당 ₩2,000에 매각
라. 주식 5주를 주당 ₩4,000에 매각

① 순손실 ₩5,000 ② 순이익 ₩5,000
③ 순이익 ₩20,000 ④ 순손실 ₩20,000

16. 다음과 같은 내용을 모두 포함하고 있는 계정과목은?

- 주된 영업활동 이외의 활동에서 발생한다.
- 총계정원장 잔액은 항상 대변에 남는다.
- 중단사업이 없는 경우에는 법인세비용차감전순이익의 직접적인 증가원인이 된다.

① 기부금, 이자비용 ② 임대료, 배당금수익
③ 채무면제이익, 감자차익 ④ 종업원급여, 임차료

17. 다음은 유형자산의 취득후 지출에 관련된 내용이다. 자본적지출에 해당하는 것은?

가. 건물의 확장을 위한 증축비
나. 기계장치의 윤활유 교체비
다. 엘리베이터와 냉·난방설비 설치비
라. 건물 현관의 파손된 유리의 교체비
마. 영업용 차량의 엔진오일 교체비

① 가, 다 ② 가, 다, 마
③ 나, 라, 마 ④ 다, 라

18. "대한상사는 서울상사로부터 상품 ₩200을 외상으로 매입하였다. 단, 서울상사가 부담하기로 한 운임 ₩20을 대한상사가 대신 현금으로 지급하다."에서 대한상사 입장에서 행할 분개로 맞는 것은?

① (차) 매입 200 (대) 외상매입금 200
   운반비 20   현금 20
② (차) 매입 220 (대) 외상매입금 200
                    현금 20
③ (차) 매입 200 (대) 외상매입금 180
                    현금 20
④ (차) 매입 180 (대) 외상매입금 180
   운반비 20   현금 20

19. 다음 계정기입에 대한 거래의 추정으로 올바른 것은?

당좌예금			
7/1 현금	40,000	7/2 현금	25,000
7/3 외상매출금	80,000	7/4 외상매입금	50,000

① 7/3 외상매출금 ₩80,000을 거래처 발행의 수표로 회수하다.
② 7/4 수표 ₩50,000을 발행하여 외상매입금을 지급하다.
③ 7/1 수표 ₩40,000을 발행하여 현금을 인출하다.
④ 7/2 현금 ₩25,000을 당좌예입하다.

20. 다음은 개인기업인 ○○상사의 재무상태와 재무성과를 나타낸 것이다. (가)의 금액으로 옳은 것은?(단, 제시된 자료 외에는 고려하지 않는다.)

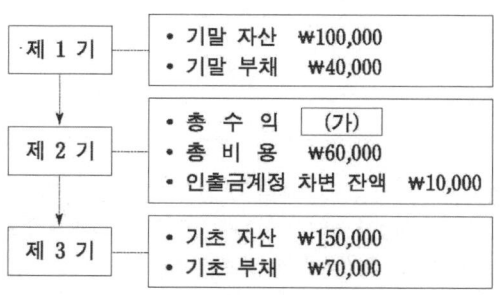

① ₩60,000 ② ₩70,000
③ ₩80,000 ④ ₩90,000

21. 한국채택국제회계기준(K-IFRS)에서 부채 중 금융부채로 분류되는 항목을 모두 고른 것은?

| 가. 매입채무 | 나. 선수금 |
| 다. 사채 | 라. 선수수익 |

① 가, 나, 다   ② 가, 다
③ 가, 나, 다, 라   ④ 가, 다, 라

22. 다음과 같이 부채총액과 수익총액의 변동을 동시에 발생시키는 회계 기간 말 결산정리사항으로 옳은 것은?

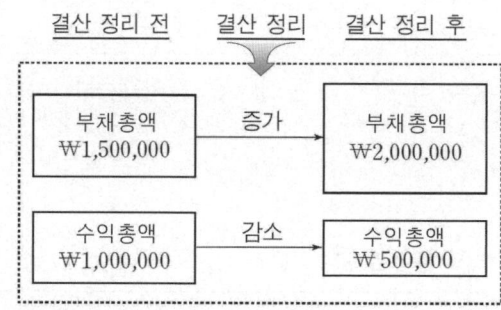

① 임대료 미수액은 ₩500,000이다.
② 수수료 선수액은 ₩500,000이다.
③ 보험료 미경과액은 ₩500,000이다.
④ 임차료 미지급액은 ₩500,000이다.

23. 다음은 20×1년 하나상사의 매출채권과 대손충당금 관련 사항들이다. 설명 중 맞는 것은? (충당금 설정법)

- 기초 대손충당금 잔액   ₩100,000
- 5월 매출채권 대손처리액   ₩500,000
- 기말 매출채권 잔액   ₩30,000,000
- 대손충당금은 매출채권의 1%로 한다.

① 대손충당금 당기 감소액은 ₩600,000이다.
② 기말 대손충당금 설정액은 ₩300,000이다.
③ 20×2년도로 이월되는 대손충당금 잔액은 ₩800,000이다.
④ 20×1년 대손상각비는 ₩300,000이다.

24. 다음 (주)상공의 9월 매출처원장의 기록내용으로 옳은 것은?

대 한 상 사

9/1 전기이월	20,000	9/3 현 금	( )
10 매 출	( )	30 차기이월	240,000
	250,000		250,000

민 국 상 사

9/1 전기이월	( )	9/17 현 금	100,000
12 매 출	30,000	30 차기이월	( )
	120,000		120,000

① 9월 외상매출금 기초잔액은 ₩240,000이다.
② 9월 외상매출금 기말잔액은 ₩40,000이다.
③ 9월에 회수한 외상매출금은 ₩110,000이다.
④ 9월에 외상으로 매출한 상품은 ₩230,000이다.

25. 다음은 (주)설악의 이자수익과 받을어음 계정의 장부 마감 전 계정별 원장이다. 영미식으로 장부 마감 시 각 계정별 원장에 기입할 내용으로 옳은 것은?

이 자 수 익

| 선 수 수 익 | 40,000 | 현 금 | 50,000 |

받 을 어 음

| 상 품 매 출 | 70,000 | | |

① 이자수익 계정 원장의 차변에 차기이월 ₩10,000으로 마감한다.
② 이자수익 계정 원장의 차변에 집합손익 ₩50,000으로 마감한다.
③ 받을어음 계정 원장의 대변에 차기이월 ₩70,000으로 마감한다.
④ 받을어음 계정 원장의 대변에 집합손익 ₩70,000으로 마감한다.

국가기술자격검정
상시 전산회계운용사 3급필기 모의고사
대한상공회의소 시행 대비

 02회

3급	A형	시험일(소요시간)	문항수
		00월 00일(총40분)	총25개

수험번호 :
성   명 :

※ 다음 문제를 읽고 알맞은 것을 골라 답안카드의 답란(①, ②, ③, ④)에 표기하시오.

< 제1과목 : 회계원리 >

1. 다음 거래에 대한 거래요소의 결합관계를 바르게 나타낸 것은?

> 채무를 면제 받았다.

① 자산의 증가와 자본의 증가
② 부채의 감소와 자산의 감소
③ 자산의 증가와 수익의 발생
④ 부채의 감소와 수익의 발생

2. 현금이 수입되었으나 회계 처리할 계정과목이나 금액이 불확실하여 확정이 될 때까지 일시적으로 처리하는 가계정은 다음 중 어느 것인가?

① 가수금 ② 가지급금
③ 선수금 ④ 예수금

3. 포괄손익계산서를 보고식으로 작성할 경우 매출총이익에서 판매비와관리비를 차감하여 산출하는 이익은?

① 법인세비용차감전순이익 ② 영업이익
③ 경상이익 ④ 당기순이익

4. 12월 31일 현재 다음 자료에 의하여 당기손익-공정가치측정금융자산을 평가하였을 경우, 재무상태표에 보고되는 당기손익-공정가치측정금융자산의 장부금액은 얼마인가?

주식종류	취득원가	공정가치
갑 주식	₩300,000	₩370,000
을 주식	₩250,000	₩200,000

① ₩550,000 ② ₩570,000
③ ₩670,000 ④ ₩450,000

5. 상품을 매입하면서 발생하는 비용들 중에서 상품의 취득원가에 포함되지 않는 것은?

① 매입상품의 운송비용 ② 상품의 매입수수료
③ 상품운송 중 보험료 ④ 상품 판매업자에 대한 접대비

6. (주)충남은 (주)강원에서 받은 어음 ₩300,000을 할인하고 할인료 ₩15,000을 차감한 금액을 당좌예금하였다. 회계처리로 옳은 것은? (단, 상기 거래는 매각거래에 해당한다.)

① (차) { 당 좌 예 금 300,000   (대) { 받 을 어 음 300,000
         이 자 비 용   15,000   현   금   15,000

② (차) { 당 좌 예 금 285,000   (대) 단기차입금 300,000
         이 자 비 용   15,000

③ (차) 당 좌 예 금 300,000   (대) 받 을 어 음 300,000

④ (차) { 당 좌 예 금   285,000   (대) 받 을 어 음 300,000
         매출채권처분손실   15,000

7. 다음 중 재무상태표에만 영향을 주는 거래는?

① 당월분 화재보험료 현금 납부
② 단기대여금에 대한 이자 현금 수입
③ 매입채무의 현금 지급
④ 종업원 당월분 급여 현금 지급

8. 한국채택국제회계기준(K-IFRS)에서 유동자산 중 금융자산으로 분류되는 항목을 모두 고른 것은?

| 가. 매출채권 | 나. 선급비용 |
| 다. 현금및현금성자산 | 라. 단기대여금 |

① 가, 나, 다, 라 ② 가, 나, 다
③ 가, 다, 라 ④ 나, 다, 라

9. 다음 거래의 분개로 옳은 것은?

> 상공상사에서 상품 ₩300,000을 외상으로 매입하고, 당점 부담의 운임 ₩10,000은 현금으로 지급하였다.

① (차) 매   입 310,000   (대) 외상매입금 310,000

② (차) { 매   입 300,000   (대) 외상매입금 310,000
         운 반 비   10,000

③ (차) 매   입 310,000   (대) { 외상매입금 300,000
                                        현   금   10,000

④ (차) { 매   입 300,000   (대) { 외상매입금 300,000
         운 반 비   10,000   현   금   10,000

10. 다음 자료에 의하여 매입채무 지급액을 계산하면 얼마인가?

㉠ 매입채무 기초잔액	₩ 30,000
㉡ 당기 외상 매입액	850,000
㉢ 매입채무 기말잔액	65,000
㉣ 외상매입액 중 환출액	20,000

① ₩785,000 ② ₩835,000
③ ₩795,000 ④ ₩815,000

11. 상품 판매업을 영위하는 (주)상공의 재무상태표를 다음과 같이 작성하였을 때 잘못한 것은?

① 서로 다른 거래처에서 발생한 외상매출금과 외상매입금을 서로 상계하여 순액으로 표시하였다.
② 자산을 유동자산과 비유동자산으로 구분 표시하였다.
③ 매출채권에 대한 대손충당금을 차감하여 매출채권을 순액으로 측정하였다.
④ 업무용 차량운반구를 비유동자산으로 구분 표시하였다.

12. 다음과 같은 거래가 발생하였을 경우의 옳은 분개는?

거래처 상공상사가 파산하여 동점에 대한 외상매출금 잔액 ₩100,000이 회수불능되다.(단, 대손충당금 잔액은 없음)

① (차) 대손상각비 100,000 (대) 외상매출금 100,000
② (차) 외상매출금 100,000 (대) 대손상각비 100,000
③ (차) 대손충당금 100,000 (대) 외상매출금 100,000
④ (차) 외상매출금 100,000 (대) 대손충당금 100,000

13. 다음 가수금 계정을 보고 5월 20일 거래를 추정한 것으로 옳은 것은?

```
              가    수    금
5/31 외상매출금 50,000 | 5/20 현    금 50,000
```

① 사원에게 출장을 명하고 여비로 ₩50,000을 현금으로 지급하다.
② 출장 중인 사원이 본사에 내용 불명의 ₩50,000을 송금해 오다.
③ 외상매출금 ₩50,000을 현금으로 받다.
④ 출장간 사원이 귀사하여 내용불명의 송금액 ₩50,000이 외상매출금으로 판명되다.

14. 재무상태표에 대한 다음 설명 중 틀린 것은?

① 기업이 소유 또는 지배하고 있는 경제적 자원을 표시한다.
② 일정기간 동안의 자산·부채·자본의 변동내용을 표시한다.
③ 채권자 및 소유주 청구권을 표시한다.
④ 재무상태표 등식에 의하여 작성한다.

15. 다음 자료를 이용하여 제2기 기말자본금을 계산하면?

구 분	기초자본금	추가출자액	기업주인출액	당기순이익
제1기	100,000원	20,000원	10,000원	5,000원
제2기	( )	30,000원	20,000원	10,000원

① 105,000원 ② 115,000원
③ 125,000원 ④ 135,000원

16. 다음은 비용의 인식기준에 대한 설명이다. 가장 잘못된 것은?

① 원인과 결과의 직접 대응
② 발생 즉시 기간비용으로 인식
③ 수익과 비용의 상계 표시
④ 합리적이고 체계적인 방법에 의한 기간 배분

17. 다음 거래 중 자산·부채·자본 총액의 변동이 없는 것은?

① 단기차입금 ₩100,000을 현금 상환하다.
② 주식 ₩100,000을 액면금액으로 발행하고, 납입금액을 현금으로 받다.
③ 토지를 원가 ₩100,000에 처분하고 대금은 현금으로 받다.
④ 건물을 ₩100,000에 취득하고, 대금은 1개월 후에 지급하기로 하다.

18. 다음 자료에 의하여 기말상품재고액은 얼마인가?

| 기초상품재고액 ₩100,000 | 당기매입액 ₩720,000 |
| 당기매출액 950,000 | 매출총이익 280,000 |

① ₩150,000 ② ₩100,000
③ ₩250,000 ④ ₩130,000

19. 다음과 같이 자산총액과 비용총액의 변동을 동시에 발생시키는 회계 기간 말 결산정리사항으로 옳은 것은?

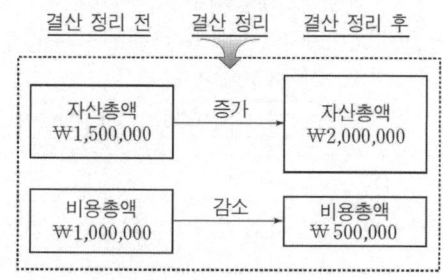

① 임대료 미수액은 ₩500,000이다.
② 수수료 선수액은 ₩500,000이다.
③ 보험료 미경과액은 ₩500,000이다.
④ 광고료 미지급액은 ₩500,000이다.

20. 상공상사의 아래 계정 기입에 의하여 당기 말의 상품재고액을 계산하면 얼마인가? 단, 상품에 관한 모든 거래는 외상이며, 당기의 매출원가는 ₩740,000이고, 기초상품재고액은 ₩150,000이다.

외 상 매 입 금			
3/5 매 입	10,000	1/1 전 기 이 월	150,000
5/20 현 금	670,000	3/2 매 입	700,000
6/30 차 기 이 월	170,000		
	850,000		850,000

① ₩100,000　　② ₩150,000
③ ₩200,000　　④ ₩210,000

21. 다음의 회계 순환 과정 중 회계 담당자의 판단이 요구되어 컴퓨터로는 자동적으로 수행하기 어려운 절차는?

① 재무제표의 작성
② 원장잔액으로부터 시산표 작성
③ 총계정원장의 마감
④ 원장 계정잔액의 수정을 위한 수정분개

22. 본사 건물의 봄맞이 외벽 페인트칠을 하고 지출(수익적지출)한 것을 자본적지출(자산의 원가에 포함되는 지출)로 처리하였을 때 재무제표에 미치는 영향으로 옳은 것은?

① 자산의 과소 계상　　② 이익의 과대 계상
③ 비용의 과대 계상　　④ 자본의 과소 계상

23. 다음은 ○○기업의 연속된 거래와 분개의 일부를 나타낸 것이다. 이를 순수 계정(분기법)으로 회계처리 시 (가)의 계정과목으로 옳은 것은?

| 11월 1일　△△상사에 갑상품 ₩60,000(원가 ₩40,000)을 외상으로 매출하다. |
| 11월 2일　△△상사에 매출한 갑상품 중 불량품이 있어 ₩2,000을 에누리 해 주다. |
| (차)　[(가)]　2,000　　(대) 외상매출금 2,000 |

① 매출　　　② 상품
③ 매출할인　④ 상품매출이익

24. 다음 매출장에 기입된 내용과 관련하여 설명한 것 중 옳지 않은 것은?

매 출 장				
날짜	적 요			대변
4 2	(제주상사)　　외상			
	갑상품 100개 @₩500		50,000	
	을상품 100개 @₩800		80,000	130,000
8	(제주상사)　　환 입			
	갑상품 5개 @₩500			2,500
12	(인천상사)　현금및외상			
	갑상품 200개 @₩600			120,000

① 매출장에는 상품매출, 매출에누리 및 환입, 매출할인의 내용을 기입한다.
② 매출장에 기입된 내용으로 보아 당월 총매출액은 ₩252,500이다.
③ 보조기입장으로서 매출장의 순매출액은 매출계정의 대변잔액과 일치한다.
④ 매출장에 기입된 내용으로 보아 당월 순매출액은 ₩247,500이다.

25. 다음 자료 (가)~(다)의 계정과목이 바르게 짝지어진 것은?

(가) 출장가는 사원에게 여비 명목으로 지급할 때 차변에 기입
(나) 현금 수입은 있었으나 처리할 계정과목이 미확정일 때 대변에 기입
(다) 급여 지급 시 종업원이 납부할 세금을 일시적으로 보관할 때 대변에 기입

	(가)	(나)	(다)
①	가지급금	가 수 금	예 수 금
②	가지급금	선 수 금	미지급금
③	미지급금	선 급 금	예 수 금
④	미지급금	선 급 금	미지급금

국가기술자격검정
상시 전산회계운용사 3급필기 모의고사
대한상공회의소 시행 대비

| 3급 | A형 | 시험일(소요시간)
00월 00일(총40분) | 문항수
총25개 |

수험번호 :
성　　명 :

※ 다음 문제를 읽고 알맞은 것을 골라 답안카드의 답란(①, ②, ③, ④)에 표기하시오.

< 제1과목 : 회계원리 >

1. 거래의 결합관계에 대한 다음의 설명 중 틀린 것은?
① 비품을 구입하고 대금을 나중에 지급하기로 하면, 자산이 증가하고 부채가 증가한다.
② 이자를 현금으로 받으면, 자산이 증가하고 수익이 발생한다.
③ 임차료가 발생했으나 기말 현재 지급하지 않았으면, 비용이 발생하고 부채가 증가한다.
④ 외상매입금을 갚기 위해서 약속어음을 발행하여 지불하면, 부채가 감소하고 자산도 감소한다.

2. 다음 중 약속어음에 관한 설명이 옳지 않은 것은?
① 발행인이 수취인에게 어음에 기재한 금액을 약정한 기일과 장소에서 지급할 것을 약속한 증서이다.
② 수취인은 어음상의 채권이 발생한다.
③ 발행인은 어음상의 채무가 발생한다.
④ 약속어음의 당사자는 발행인, 수취인, 지급인 등 3인이다.

3. 다음 중 상품의 매출수익이 실현되는 시점을 바르게 나타낸 것은?
① 상품을 판매하여 인도하는 시점
② 상품을 판매하기로 하고 계약금을 받은 시점
③ 상품의 견본품을 발송한 시점
④ 상품을 판매하기로 계약을 체결한 시점

4. 다음 거래를 전표에 기입할 경우 해당되는 전표와 금액은 얼마인가? (단, 3전표제에 의한다.)

| 상품 ₩1,000,000을 주문하고 대금 중 ₩100,000을 계약금으로 자기앞수표로 지급하다. |

	전표의 종류	금　액
①	대체전표	₩100,000
②	대체전표	₩1,000,000
③	입금전표	₩1,000,000
④	출금전표	₩100,000

5. 다음 중 '재무보고를 위한 개념 체계'에 대한 설명으로 옳지 않은 것은?
① 재무회계의 기본 가정은 계속기업의 가정이다.
② 재무제표를 통해 제공되는 정보는 정보이용자가 그 정보를 쉽게 이해할 수 있도록 제공되어야 한다.
③ 목적적합성과 표현충실성은 서로 상충 관계가 될 수 있다.
④ 한국채택국제회계기준상 현금주의에 따라 수익을 인식한다.

6. 다음은 9월의 현금 계정 내역이다. 잘못 설명한 것은?

현　　　　금			
9/1 전월이월	1,000	9/22 매　　입	2,000
12 매　　출	3,000	24 당좌예금	1,200
15 단기대여금	2,200		

① 9월 12일 상품 ₩3,000을 현금매출하다.
② 9월 15일 현금 ₩2,200을 단기대여하다.
③ 9월 24일 현금 ₩1,200을 당좌예입하다.
④ 9월 30일의 현금 잔액은 ₩3,000이다.

7. 재무제표의 작성에 대한 1차적 책임을 지는 자로 옳은 것은?
① 주주　　　　　　　　② 경영자
③ 공인회계사　　　　　④ 정부기관

8. 다음 자료에 의하여 기말 결산 시 추가로 설정해야 할 대손충당금을 바르게 계산한 것은?

잔 액 시 산 표	
외 상 매 출 금　200,000 받 을 어 음　400,000	대 손 충 당 금　3,000 가　　수　　금　50,000

[결산정리사항]
· 가수금 ₩50,000은 외상대금 회수로 판명되다.
· 매출채권 잔액의 1%를 대손으로 예상하다.

① ₩2,500　　　　　　② ₩3,000
③ ₩3,500　　　　　　④ ₩5,500

9. 개성상사는 기말 현재 현금계정의 잔액은 ₩324,500이었으나, 금고를 조사한 결과 다음과 같았다. 현금과부족액은 얼마인가?

> ㉠ ₩10,000권 8장
> ㉡ ₩5,000권 10장
> ㉢ 자기앞수표 ₩170,000
> ㉣ 수입인지 ₩5,000
> ㉤ 기타 주화 ₩6,500
> ㉥ 개성상사가 발행하였던 당좌수표 ₩100,000

① 부족액 ₩18,000   ② 부족액 ₩13,000
③ 초과액 ₩18,000   ④ 초과액 ₩82,000

10. 다음 중 금융부채에 대한 설명으로 옳은 것은?

① 금융기관의 상품 종류를 뜻하는 것으로 선수금 등이 있다.
② 기업의 지분상품을 말하며 기업이 매입한 다른 회사의 주식 등이 있다.
③ 매출채권과 같이 거래 상대방에게 현금 등 금융자산을 수취할 계약상의 권리이다.
④ 매입채무와 같이 거래 상대방에게 현금 등 금융자산을 인도하기로 한 계약상의 의무이다.

11. 다음 거래를 분개한 것 중 옳은 것은?

> 앞서 주문받은 상품 ₩200,000을 발송하고, 계약금 ₩50,000을 차감한 잔액은 당점 당좌예금계좌에 입금되었다는 통지를 받다. 단, 상품은 3분법으로 처리한다.

① (차) 당좌예금 150,000 (대) 매 출 200,000
      선 수 금 50,000

② (차) 당좌예금 200,000 (대) 매 출 250,000
      선 수 금 50,000

③ (차) 당좌예금 200,000 (대) 매 출 250,000
      가 수 금 50,000

④ (차) 현   금 150,000 (대) 매 출 200,000
      선 수 금 50,000

12. 포괄손익계산서에 관한 설명으로 옳지 않은 것은?

① 보험료, 감가상각비, 세금과공과, 금융원가 등은 판매비와관리비로 분류한다.
② 매출액에서 매출원가를 차감하여 매출총이익을 표시할 수 있다.
③ 일정 회계기간 동안에 기업의 재무성과를 나타내는 회계보고서이다.
④ 총포괄손익은 당기순손익과 기타포괄손익의 모든 구성요소를 포함한다.

13. 다음 중 수익이 실현된 것으로 볼 수 없는 것은?

① 상품을 매출하고 대금은 3개월 약속어음으로 받다.
② 현금을 대여하고 4개월이 지났으나 이자는 다음달에 받기로 하다.
③ 건물 임대계약을 체결하고 매달 300,000원씩 받기로 하다.
④ 상품을 매출하고 대금은 10개월로 분할하여 받기로 하다.

14. 집합손익 계정에 관한 다음 설명 중 틀린 것은?

① 집합손익 계정은 임시 계정이다.
② 집합손익 계정은 결산정리 후에도 계정잔액들이 소멸하지 않고, 다음 회계 기간으로 이월된다.
③ 집합손익 계정은 마감단계에만 나타난다.
④ 집합손익 계정은 최종적으로 자본 계정으로 마감된다.

15. 다음 자료에 의하여 (가)와 (나)에 기입될 금액으로 옳은 것은?

> 【 20×2 회계연도 재무성과 】
> * 당기 수익총액 ₩70,000
> * 당기 비용총액 ₩50,000
>
> 【 20×2 기중 변동사항 】
> * 20×1년도 말 대비 20×2년도 말 부채가 ₩20,000 감소

재무상태표 20×1년 12월 31일		재무상태표 20×2년 12월 31일	
자산 90,000	부채 60,000	자산 (가)	부채 ( )
	자본 ( )		자본 (나)

        (가)   (나)
① ₩80,000   ₩40,000
② ₩80,000   ₩50,000
③ ₩90,000   ₩50,000
④ ₩90,000   ₩60,000

16. 정액법에 의하여 내용연수 경과에 따른 감가상각비의 변화를 나타낸 그래프로 옳은 것은?

①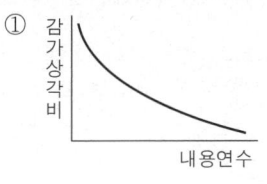
②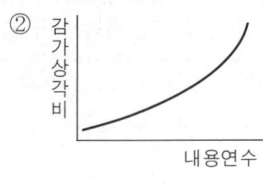
③
④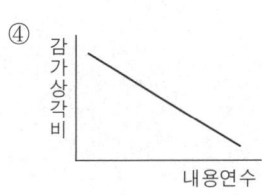

17. 대한가구점의 아래 거래를 분개시 (가), (나)의 대변 계정과목으로 옳은 것은?

• 대한가구점 책상(단가 500,000원) 10대 구입(대금은 월말 지급)
  (가) 판매용 책상 9대   (나) 직원 사무용 책상 1대

① (가) 외상매입금   (나) 외상매입금
② (가) 외상매입금   (나) 미지급금
③ (가) 미지급금   (나) 외상매입금
④ (가) 미지급금   (나) 미지급금

18. 다음의 외상거래 중 매출채권 계정에 계상할 수 없는 항목은?

① 전력회사의 전기 공급액
② 통신회사의 통신서비스 제공액
③ 백화점의 상품 판매액
④ 공장건물의 매각액

19. 20×3년 12월 31일 업무용 차량 1대를 ₩1,500,000에 처분하고 대금은 현금으로 받았다. 동 차량은 20×1년 1월 1일 ₩5,000,000에 취득하였으며, 정액법(내용연수 5년, 잔존가치 0)으로 감가상각하였다. 다음 중 차량 매각에 대한 분개로 옳은 것은?

① (차) 현금및현금성자산 1,500,000 (대) 차량운반구 5,000,000
       감가상각누계액 3,000,000
       유형자산처분손실 500,000

② (차) 현금및현금성자산 1,500,000 (대) 차량운반구 5,000,000
       유형자산처분손실 3,500,000

③ (차) 현금및현금성자산 1,500,000 (대) 차량운반구 5,000,000
       감가상각누계액 2,000,000
       유형자산처분손실 1,500,000

④ (차) 현금및현금성자산 1,500,000 (대) 차량운반구 5,000,000
       감가상각누계액 4,000,000   유형자산처분이익 500,000

20. 상장기업인 (주)서울의 보통주 10,000주(액면 단가 ₩500)를 단기적 매매차익의 목적으로 @₩600씩에 매입하고, 대금은 수수료 ₩50,000과 함께 수표를 발행하여 지급하다. 이 거래의 분개로 올바른 것은?

① (차) 당기손익-공정가치측정금융자산 6,000,000 (대) 당좌예금 6,050,000
       수수료비용 50,000

② (차) 당기손익-공정가치측정금융자산 5,000,000 (대) 당좌예금 5,050,000
       수수료비용 50,000

③ (차) 당기손익-공정가치측정금융자산 6,050,000 (대) 당좌예금 6,050,000

④ (차) 기타포괄손익-공정가치측정금융자산 6,050,000 (대) 당좌예금 6,050,000

21. 다음의 자료로 기말상품재고액을 계산하면 얼마인가? (단, 매출원가는 ₩44,000임)

기초상품재고액 ₩1,000	매입액 ₩50,000
매입제비용 3,000	매출액 70,000
매입에누리 2,000	기말상품재고액 ( )
매출환입액 5,000	

① ₩21,000   ② ₩19,000
③ ₩15,000   ④ ₩8,000

22. 아래의 계정 중 잔액은 항상 차변에 있으며, 임시계정으로 원인이 판명되거나 또는 상품 매매활동 등이 완료되면 없어지는 계정으로 짝지어진 것은?

① 가수금, 선급금   ② 선수금, 가수금
③ 가지급금, 선급금   ④ 선수금, 가지급금

23. (주)서울은 20×1년 1월 1일에 영업을 시작하여 20×1년 12월 31일 다음과 같은 재무정보를 보고하였다. 재무제표의 설명으로 옳지 않은 것은?

현금	₩500,000	자본금	₩200,000
사무용가구	1,000,000	재고자산	350,000
매출	3,000,000	미지급금	200,000
잡비	50,000	매출원가	2,000,000
매입채무	600,000	감가상각비	100,000

① 재무상태표에 보고된 총자산은 ₩1,850,000이다.
② 재무상태표에 보고된 총부채는 ₩800,000이다.
③ 포괄손익계산서에 보고된 당기순이익은 ₩800,000이다.
④ 재무상태표에 보고된 총자본은 ₩1,050,000이다.

24. 다음 거래 중 12월 25일의 분개로 올바른 것은?

10월 15일 외상매출금 ₩50,000이 회수불능되어 대손처리하다. 단, 대손충당금 잔액은 ₩40,000이 있다.
12월 25일 위의 회수불능되었던 금액을 현금으로 회수하다.

① (차) 현금 50,000   (대) 대손충당금 40,000
                        대손상각비 10,000

② (차) 외상매출금 50,000 (대) 대손충당금 40,000
                            대손상각비 10,000

③ (차) 현금 50,000   (대) 외상매출금 50,000

④ (차) 현금 40,000   (대) 대손충당금 40,000

25. 다음 중 주식회사의 자본으로 볼 수 없는 것은?

① 매입채무   ② 자본금
③ 이익잉여금   ④ 자본조정

국가기술자격검정
상시 전산회계운용사 3급필기 모의고사
대한상공회의소 시행 대비

| 3급 | A형 | 시험일(소요시간)
00월 00일(총40분) | 문항수
총25개 |

수험번호 :
성　　명 :

※ 다음 문제를 읽고 알맞은 것을 골라 답안카드의 답란(①, ②, ③, ④)에 표기하시오.

< 제1과목 : 회계원리 >

1. (주)파스칼은 포괄손익계산서에 표시되는 비용을 매출원가, 물류원가, 관리활동원가 등으로 구분하고 있다. 이는 비용항목의 구분표시방법 중 무엇에 해당하는가?
① 성격별 분류
② 기능별 분류
③ 증분별 분류
④ 행태별 분류

2. 다음은 회계의 순환 과정이다. A~C의 내용을 바르게 짝지은 것은?

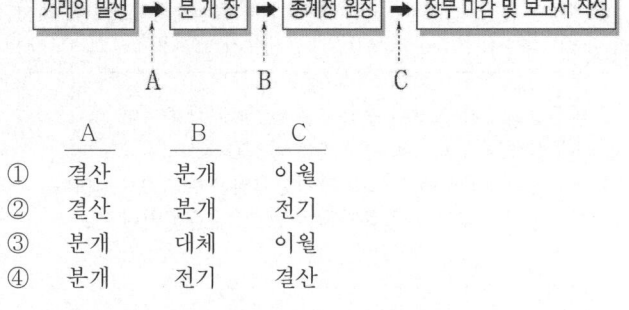

	A	B	C
①	결산	분개	이월
②	결산	분개	전기
③	분개	대체	이월
④	분개	전기	결산

3. 기말의 수정 분개와 관련성이 낮은 것은?
① 기말재고자산, 미수수익
② 선급금, 선수금
③ 대손충당금, 선급비용
④ 당기손익-공정가치측정 금융자산평가손실

4. 다음 중 회계의 궁극적인 목적으로 가장 적합한 것은?
① 기업의 모든 이해관계자에게 의사결정을 위한 유용한 회계정보를 제공한다.
② 기업이 자금조달을 원활히 할 수 있도록 채권자에게 경영상황을 보고한다.
③ 기업 내에서 일어나는 모든 거래 사실을 기록, 분류, 요약한다.
④ 기업의 소유주인 주주를 위해 기업의 경제적 사실을 화폐로 측정하여 보고한다.

5. 다음 중 결산절차의 순서로 옳은 것은?

| 가. 수정 후 시산표 작성 | 나. 수정 전 시산표 작성 |
| 다. 재무제표 작성 | 라. 결산정리와 정리기입 |

① 나→가→다→라
② 라→다→나→가
③ 나→가→라→다
④ 나→라→가→다

6. 상공상사는 상품(취득원가 ₩80,000)을 ₩100,000에 외상으로 매출하고, 발송운임 ₩5,000을 현금으로 지급하였다. 이 경우의 옳은 분개는?(단, 상품은 3분법으로 처리할 것)

① (차) { 매　　출　100,000　　(대) { 외상매출금　100,000
　　　　운　반　비　　5,000　　　　　현　　　금　　5,000
② (차) { 외상매출금　100,000　　(대) { 매　　출　100,000
　　　　운　반　비　　5,000　　　　　현　　　금　　5,000
③ (차) { 외상매출금　 80,000　　(대) { 매　　출　 80,000
　　　　운　반　비　　5,000　　　　　현　　　금　　5,000
④ (차) { 매　　출　 80,000　　(대) { 외상매출금　 80,000
　　　　운　반　비　　5,000　　　　　현　　　금　　5,000

7. 다음 중 자본적지출과 수익적지출을 설명한 것으로 옳은 것은?
① 내용연수를 연장시키거나 생산능력을 증대시키기 위한 지출을 수익적지출이라 한다.
② 유형자산의 능률유지를 위한 유지비 등의 지출은 수익적지출이다.
③ 현상유지를 위하여 지출되는 것은 수선비로 처리하며, 이를 자본적지출이라 한다.
④ 자산의 가치를 증가시키는 지출은 해당 자산의 원가에 가산하며 수익적지출이라 한다.

8. 다음은 회계단위와 회계기간에 대한 설명이다. 틀린 것은?
① 회계기간의 시작을 기초라 하고, 끝나는 날을 기말이라 한다.
② 본점과 지점, 본사와 공장 등은 회계단위에 의한 분류이다.
③ 회계단위는 시간적 개념을 말한다.
④ 회계연도란 회계기간이라고도 하며, 상법상 회계기간은 1년을 넘을 수 없다.

9. 다음 자료에 의하여 환출액을 계산하면 얼마인가?

기초상품재고액 ₩ 1,500	기말상품재고액 ₩ 1,000
당기 총 매입액 7,000	당기총매출액 8,000
매 출 환 입 액 300	상품매출이익 1,300

① ₩1,400   ② ₩1,100
③ ₩1,800   ④ ₩1,500

10. <보기>에서 거래를 분개할 때 (가)와 (나)의 차변 계정과목을 표시한 것 중 옳은 것은?

(가) 사용해오던 사무용 책상을 ₩300,000에 매각처분하고, 대금은 30일 후에 받기로 하다.
(나) 상품 매입대금 중 계약금 10%인 ₩500,000을 현금으로 지급하다.

	(가)	(나)
①	단기대여금	가지급금
②	단기대여금	선급금
③	미수금	가지급금
④	미수금	선급금

11. 20×1년 12월 31일 현재 (주)대한의 재무제표 정보를 이용하여 계산한 유동자산 금액은 얼마인가?

- 결산일 현재 만기가 8개월 남아 있는 정기예금 ₩400,000이 있다.
- 당좌예금 ₩100,000이 있다.
- 만기가 3년 남은 정기적금 ₩1,000,000이 있다.
- ₩200,000에 취득한 당기손익-공정가치측정금융자산의 기말 공정가치가 ₩300,000이다.

① ₩700,000   ② ₩800,000
③ ₩1,700,000   ④ ₩1,800,000

12. 서울상사는 보험료 1년분을 6월 1일에 ₩360,000을 현금으로 지급하고 비용처리하였다. 12월 31일 회계기간 말의 선급보험료는 얼마인가? 단, 보험료는 월할계산 할 것

① ₩180,000   ② ₩210,000
③ ₩240,000   ④ ₩150,000

13. 소액현금제도에 대한 설명으로 잘못된 것은?

① 소액현금을 제반경비 지출액만큼 보충하는 방법을 정액자금전도제라 한다.
② 소액의 경비지출업무를 효과적으로 관리할 수 있는 제도이다.
③ 소액현금출납 담당자는 경비의 지출시 영수증을 받아 두어야 한다.
④ 소액현금(정액자금전도방법)은 소액경비가 지출되는 때마다 회계과는 분개를 하여야 한다.

14. 다음 수정 후 잔액시산표상의 설명으로 틀린 것은?

수정 후 잔액시산표

이 월 상 품	20,000	매 출	560,000
매 입	450,000		

① 기 초 상 품 ₩20,000   ② 기말상품 ₩ 20,000
③ 매출총이익 ₩110,000   ④ 매출원가 ₩450,000

15. 다음은 경기상사의 20×1년도 상반기 대손충당금 계정의 기입면을 나타낸 것이다. 설명으로 올바른 것은?

대 손 충 당 금

2/ 5 외상매출금	600,000	1/ 1 전 기 이 월	2,000,000
5/ 4 외상매출금	900,000	6/30 대손상각비	400,000
6/30 차 기 이 월	900,000		
	2,400,000		2,400,000
		7/ 1 전 기 이 월	900,000

① 당기분 대손추산액은 ₩400,000이다.
② 당기의 대손발생금액은 ₩1,500,000이다.
③ 포괄손익계산서에 기입될 대손상각비는 ₩900,000이다.
④ 대손충당금 기말잔액은 포괄손익계산서 대변에 표시해야 한다.

16. 갑회사는 을회사에게 컴퓨터를 판매하고, 을회사 발행의 당좌수표를 받았다. 두회사의 분개에서 (가)와 (나)에 들어갈 계정과목을 바르게 짝지은 것은?

- 갑회사 : (차) (가) 500,000   (대) 상품매출 500,000
- 을회사 : (차) 비 품 500,000   (대) (나) 500,000

① (가) 현 금   (나) 당좌예금
② (가) 당좌예금   (나) 현 금
③ (가) 당좌예금   (나) 당좌예금
④ (가) 현 금   (나) 현 금

17. 남해상사는 거래처에서 상품대금으로 받은 어음 ₩200,000이 회수 불가능하여 대손처리하였다. 대손 당시 대손충당금 잔액이 없는 경우 해당 거래의 결합관계를 바르게 설명한 것으로 짝지어진 것은?

㉠ 비용이 발생한다.	㉡ 자산이 감소한다.
㉢ 부채가 감소한다.	㉣ 자본이 감소한다.

① ㉠, ㉣   ② ㉠, ㉡
③ ㉡, ㉢   ④ ㉠, ㉡, ㉣

18. 다음 거래로 취득한 금융자산의 세부 분류와 측정 금액으로 옳은 것은?

> (주)상공은 한국거래소에서 투자목적으로 (주)대한의 주식을 ₩1,000에 구입하고 수수료 ₩20을 현금으로 지급하였다. (주)상공은 당해 주식을 단기간 내에 매각할 예정이다.

① 당기손익-공정가치측정금융자산 ₩1,020
② 당기손익-공정가치측정금융자산 ₩1,000
③ 기타포괄손익-공정가치측정금융자산 ₩1,020
④ 기타포괄손익-공정가치측정금융자산 ₩1,000

19. 일정 금액의 이익을 얻고 소유하고 있던 건물을 처분한 거래가 재무제표에 미치는 영향은?

① 자산과 부채의 증가 ② 자산과 자본의 증가
③ 부채와 자본의 감소 ④ 자산과 자본의 감소

20. 다음 상품에 관한 계정기록을 설명한 것으로 바르게 나열한 것은?

이 월 상 품				매 입			
전기이월	2,000	매 입	2,000	현 금	17,000	이월상품	3,000
매 입	3,000	차기이월	3,000	이월상품	2,000	손 익	16,000
	5,000		5,000		19,000		19,000
전기이월	3,000						

매 출				손 익			
손 익	20,000	현 금	20,000	매 입	16,000	매 출	20,000

> ㄱ. 총액법
> ㄴ. 순매입액 ₩19,000
> ㄷ. 순매출액 ₩20,000
> ㄹ. 매출원가 ₩17,000
> ㅁ. 매출총이익 ₩4,000

① ㄱ, ㄴ, ㅁ ② ㄷ, ㅁ
③ ㄱ, ㄷ, ㅁ ④ ㄴ, ㄹ

21. 다음 거래를 분개할 때 차변 계정과목으로 옳은 것은?

> "충무로상사는 기업주에 부과하는 소득세를 신고하고, 현금으로 납부하였다."

① 소득세예수금 ② 세금과공과
③ 잡 비 ④ 인 출 금

22. '거래은행으로부터 ₩600,000을 신용대출을 받고, 선이자 ₩30,000을 차감한 잔액은 당좌예입하다.'의 거래 분개로 옳은 것은? (단, 상환기간은 10개월 임)

① (차) 당좌예금 600,000 (대) 단기차입금 600,000
② (차) { 당좌예금 600,000 / 이자수익 30,000 } (대) 단기차입금 630,000
③ (차) { 당좌예금 570,000 / 이자비용 30,000 } (대) 단기차입금 600,000
④ (차) 당좌예금 570,000 (대) 지급어음 570,000

23. 다음 내용에 모두 해당되는 계정과목이 나타나는 거래로 옳은 것은?

> • 당기순이익을 증가시키는 원인이 된다.
> • 총계정원장의 계정 잔액은 항상 대변에 남는다.
> • 기업의 주된 영업활동 이외의 활동에서 발생한다.

① 거래처로부터 현금 ₩500,000을 차입하다.
② 상품 ₩700,000을 매출하고 대금은 현금으로 받다.
③ 단기대여금에 대한 이자 ₩20,000을 현금으로 받다.
④ 불우이웃돕기 성금 ₩500,000을 현금으로 기부하다.

24. 다음은 본사 건물의 감가상각에 관한 내용이다.

> • 취득일 : 20×1년 1월 1일   • 취득원가 : 20억 원
> • 내용 연수 : 10년   • 잔존가치 : 1억 원
> • 감가상각 방법 : 정액법   • 결산일 : 매년 12월 31일

위 감가상각 방법 대신 정률법을 적용할 때 20×1년의 회계기간 말 재무제표에 나타날 차이를 <보기>에서 고른 것은? (단, 정률법의 상각율은 25.9%임)

> < 보 기 >
> ㄱ. 당기순이익의 증가
> ㄴ. 기타비용의 감소
> ㄷ. 건물 장부금액의 감소
> ㄹ. 판매비와관리비의 증가

① ㄱ, ㄷ ② ㄴ, ㄷ
③ ㄴ, ㄹ ④ ㄷ, ㄹ

25. 다음의 분개장 기록 내역 중 시산표 작성을 통해 항상 자동으로 발견되는 오류만을 모두 고르면?

> ㉠ 기계장치를 ₩5,000에 처분하고, (차) 현금 5,000 (대) 기계장치 500으로 분개하였다.
> ㉡ 건물을 ₩6,000에 처분하고, (차) 현금 6,000 (대) 토지 6,000으로 분개하였다.
> ㉢ 토지를 ₩3,000에 처분하고, (차) 토지 3,000 (대) 현금 3,000으로 분개하였다.
> ㉣ 신입사원과 월 ₩7,000에 고용계약을 체결하고, (차)종업원급여 7,000 (대) 미지급비용 7,000으로 분개하였다.

① ㉠ ② ㉠, ㉡
③ ㉠, ㉡, ㉢ ④ ㉠, ㉡, ㉢, ㉣

국 가 기 술 자 격 검 정

상시 전산회계운용사 3급필기 모의고사

05회

대한상공회의소 시행 대비

3급	A형	시험일(소요시간) 00월 00일(총40분)	문항수 총25개

수험번호 :
성   명 :

※ 다음 문제를 읽고 알맞은 것을 골라 답안카드의 답란(①, ②, ③, ④)에 표기하시오.

< 제1과목 : 회계원리 >

1. 단기차입금에 의해 발생된 이자를 회계기간 말까지 지급하지 않았을 경우의 결산정리분개는?

	(차 변)	(대 변)
①	선수수익	이자수익
②	이자비용	미지급비용
③	미수수익	이자수익
④	선급비용	이자비용

2. 사무용 가구를 판매하는 영동상사의 다음 거래를 분개할 때 (가)와 (나)의 차변 계정과목으로 옳은 것은?

(가) 판매용 책상, 의자 2조를 주문하고 착수금으로 ₩100,000을 현금으로 지급하다.
(나) 판매용 금고 ₩200,000을 매출하고, 대금은 월말에 받기로 하다.

① (가) 선수금,   (나) 외상매출금
② (가) 가지급금, (나) 미수금
③ (가) 선급금,   (나) 외상매출금
④ (가) 선급금,   (나) 미수금

3. 다음 자료를 사용하여 당 회계기간의 상품매출액을 추정하면 얼마인가?

기초의 외상매출금 잔액	₩ 30,000
기말의 외상매출금 잔액	50,000
외상매출금 회수액	200,000
현금매출액	150,000

① ₩220,000   ② ₩150,000
③ ₩370,000   ④ ₩350,000

4. 다음 중 자본잉여금 과목으로 옳지 않은 것은?

① 주식발행초과금   ② 임의적립금
③ 감자차익   ④ 자기주식처분이익

5. 12월 결산법인인 (주)대한상사의 1월 1일 및 12월 31일 현재의 재무상태는 다음과 같다. 당기의 순손익을 계산하면 얼마인가? 단, 당해 기간 중 주주와의 거래로 인한 자본이나 기타포괄손익의 변동은 없다고 가정한다.

	1월 1일	12월 31일
자 산	₩1,000,000	₩2,000,000
부 채	₩ 800,000	₩1,300,000
자 본	₩ 200,000	₩ 700,000

① 순이익 ₩500,000   ② 순이익 ₩1,500,000
③ 순손실 ₩500,000   ④ 순손실 ₩1,500,000

6. 기말 결산 시에 임대료 선수분을 계상하지 않은 상태에서 당기순이익 ₩50,000이었다. 다음 자료와 같이 임대료 선수분을 계상하면 당기순이익의 변동으로 맞는 것은?

5월 1일 임대료 1년분 ₩12,000을 현금으로 받다.
12월 31일 결산 기말에 임대료 선수분 ₩4,000을 계상하지 않았다.

① 당기순이익이 ₩4,000 증가한다.
② 당기순이익이 ₩4,000 감소한다.
③ 당기순이익이 ₩8,000 증가한다.
④ 당기순이익이 ₩8,000 감소한다.

7. 매출처 강원상사로 부터 다음과 같은 50일 만기의 어음을 받다. (강원상사 발행, 여주상사 앞, 당점수취의 환어음 액면금액 ₩500,000) 이 거래의 분개로 올바른 것은?

① (차) 외상매입금 500,000   (대) 지 급 어 음 500,000
② (차) 지 급 어 음 500,000   (대) 외상매출금 500,000
③ (차) 받 을 어 음 500,000   (대) 외상매출금 500,000
④ (차) 받 을 어 음 500,000   (대) 지 급 어 음 500,000

8. 잔액시산표상의 차·대변 총계가 각각 ₩5,000,000일 때 영업용 비품 ₩400,000을 현금구입한 거래가 추가적으로 이루어 질 경우 잔액시산표의 차·대변 총계는 각각 얼마인가?

① ₩5,000,000   ② ₩5,800,000
③ ₩5,400,000   ④ ₩4,600,000

9. 다음 거래에 대한 분개로 옳은 것은?

> 4월 8일 : 외상매입금 ₩50,000을 약속어음으로 발행하여 지급하다.
> 4월 11일 : 사무용 책상과 의자 1조를 ₩200,000에 구입하고, 대금은 월말에 지급하기로 하다.

① 4월 8일 (차) 지급어음 50,000 (대) 외상매입금 50,000
② 4월 8일 (차) 외상매입금 50,000 (대) 당좌예금 50,000
③ 4월 11일 (차) 비 품 200,000 (대) 외상매입금 200,000
④ 4월 11일 (차) 비 품 200,000 (대) 미지급금 200,000

10. 다음 거래에 대한 분개로 잘못된 것은?

① 출장여비 개산액 ₩50,000을 현금으로 지급하다.
　　(차) 가지급금 50,000 (대) 현 금 50,000
② 건물에 대한 수선을 하고 수선비용 ₩60,000을 현금으로 지급하다. 단, 수선비 중 60%는 자본적지출이다.
　　(차) 건 물 24,000 (대) 현 금 60,000
　　　수 선 비 36,000
③ 출장사원으로부터 내용불명의 송금수표 ₩30,000을 받다.
　　(차) 현 금 30,000 (대) 가 수 금 30,000
④ 금강제화는 상품권 ₩80,000을 판매하고 현금으로 받다.
　　(차) 현 금 80,000 (대) 상품권선수금 80,000

11. 다음 거래 중 비용으로 회계처리 할 수 있는 것은?

① 토지 구입 시 지급한 중개수수료
② 당기손익-공정가치측정금융자산 구입 시 지급한 수수료
③ 건물 취득에 따른 취득세
④ 영업용 차량취득에 따른 등록세

12. 다음 자료에 의하여 상품 총매입액을 계산하면 얼마인가?

㉠ 기초상품재고액	₩ 78,000
㉡ 기말상품재고액	61,000
㉢ 환출 및 매입에누리	23,000
㉣ 매출원가	765,000

① ₩771,000　② ₩748,000
③ ₩794,000　④ ₩721,000

13. 거래처 갑상사에 외상매출한 A상품 500개(매출금액 @₩2,500 원가@₩2,000)중 품질불량으로 100개가 환입된 경우의 가장 올바르지 못한 분개는?

① (차) 상 품 200,000 (대) 외상매출금 250,000
　　상품매출이익 50,000
② (차) 상 품 250,000 (대) 외상매출금 250,000
③ (차) 매 출 250,000 (대) 외상매출금 250,000
④ (차) 상 품 250,000 (대) 외상매입금 250,000

14. 다음 자료에 의하여 기말부채를 구하면 얼마인가?

기초자산 ₩810,000	기초부채 ₩260,000
기초자본 ( )	기말자산 1,090,000
기말부채 ( )	기말자본 ( )
수익총액 1,200,000	비용총액 950,000

① ₩190,000　② ₩800,000
③ ₩250,000　④ ₩290,000

15. 다음 중 일반적으로 통제계정과 그 보조원장으로 유지되는 계정이 아닌 것은?

① 외상매출금계정　② 받을어음계정
③ 외상매입금계정　④ 재고자산계정

16. 다음 거래에 대한 회계처리로 옳은 것은?(충당금 설정법)

> 경북상사는 소지하고 있던 약속어음(지급인 : 인천상사) ₩50,000이 인천상사의 파산으로 회수불능되었다. (단, 대손충당금 잔액은 ₩30,000이 있다.)

① (차) 대손충당금 30,000 (대) 받을어음 50,000
　　대손상각비 20,000
② (차) 대손충당금 30,000 (대) 받을어음 30,000
③ (차) 대손상각비 20,000 (대) 받을어음 20,000
④ (차) 대손충당금 50,000 (대) 받을어음 50,000

17. 다음은 (주)인천의 총계정원장 당좌예금계정의 기록 내용이다. 당점의 수표 발행액은 얼마인가?

당 좌 예 금

전 기 이 월	50,000	상 품	90,000
현 금	100,000	외 상 매 입 금	70,000
상 품	150,000	차 기 이 월	140,000
	300,000		300,000

① ₩300,000　② ₩160,000
③ ₩140,000　④ ₩ 70,000

18. 소모품을 매입하였을 때와 회계기간 말에 다음과 같이 분개하였다. 분개에 대한 설명으로 올바른 것은?

| 8/10 : (차) 소 모 품 50,000 (대) 현 금 50,000 |
| 12/31 : (차) 소모품비 35,000 (대) 소 모 품 35,000 |

① 8/10 소모품 매입시 비용처리법으로 처리하였다.
② 당기분 소모품 사용액은 ₩35,000이다.
③ 당기분 소모품 미사용액은 ₩35,000이다.
④ 재무상태표에 기입될 소모품은 ₩50,000이다.

19. 다음 중 상품매매업을 영위하는 기업의 경우 기능별 포괄손익계산서의 관리비로 분류되지 않는 것은?

① 매출채권에 대한 대손상각비
② 유형자산에 대한 감가상각비
③ 차입금에 대한 이자비용
④ 광고선전비

20. 12월 결산법인인 (주)상공은 20×1년 중에 단기매매차익 목적으로 A회사 주식을 ₩550에 취득하고 이를 당기손익-공정가치측정금융자산으로 분류하였다. 20×1년 말 현재 A회사 주식의 공정가치는 ₩520이다. (주)상공은 20×2년 3월 1일에 A회사 주식 전부를 ₩580에 매각하였다. (주)상공이 20×2년 3월 1일에 인식해야 할 A회사 주식에 대한 당기손익-공정가치측정금융자산처분이익은 얼마인가?

① ₩30 ② ₩40 ③ ₩50 ④ ₩60

21. 다음 자료를 회계 처리할 때 (가), (나)에 전기할 내용으로 옳은 것은?

- 매출채권 기말잔액은 ₩1,000,000이다.
- 대손충당금 기말잔액은 ₩15,000이다.
- 회계기간 말(12월 31일) 결산을 맞이하여 매출채권에 대한 3%의 대손을 설정하다.

대 손 상 각 비
12/31 (가)(나)

	(가)	(나)
①	대손충당금	15,000
②	대손충당금	30,000
③	외상매출금	15,000
④	외상매출금	30,000

22. 다음의 거래 중 매입채무로 계상할 수 있는 거래는?

① 제품 생산용 기계를 구입하고 대금을 지급하지 못한 경우
② 상품판매를 약속하고 대금의 10%를 미리 받은 경우
③ 판매용 자동차를 인수하고 그 대금을 지급하지 못한 경우
④ 구입한 기계에 대해서 수선유지비를 지급하지 못한 경우

23. 다음과 같이 자산총액과 수익총액의 변동을 동시에 발생시키는 회계기간 말 결산정리사항으로 옳은 것은?

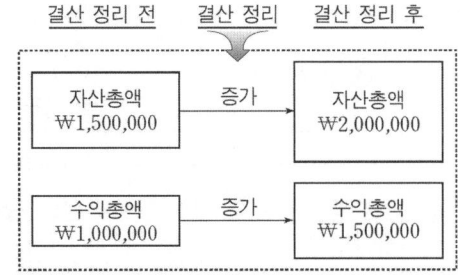

① 임대료 미수액은 ₩500,000이다.
② 수수료 선수액은 ₩500,000이다.
③ 보험료 미경과액은 ₩500,000이다.
④ 소모품 미사용액은 ₩500,000이다.

24. 그림은 감가상각방법에 따른 감가상각비를 나타낸 것이다. (가), (나)와 관련된 설명으로 옳은 것을 <보기>에서 모두 고른 것은?

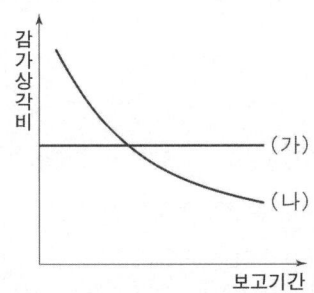

<보기>
ㄱ. (가)의 매기 감가상각비는 감가상각누계액에 정률을 곱하여 계산한다.
ㄴ. (나)는 내용연수가 경과함에 따라 매기 인식할 감가상각비가 체감한다.
ㄷ. (나)의 매기 감가상각비는 취득원가에서 잔존가치를 차감한 금액에 정률을 곱하여 계산한다.

① ㄱ ② ㄴ ③ ㄱ, ㄷ ④ ㄴ, ㄷ

25. 다음은 (주)상공전자의 금월 발생한 비용지출내역이다. 회계처리 시 나타날 수 있는 계정과목으로 옳지 않은 것은?

| 가. 회사 전화요금 | 나. 거래처 직원과 식사 |
| 다. 소모품 구입(비용처리) | 라. 회사 홍보용 기념품 제작비 |

① 광고선전비 ② 복리후생비
③ 통신비 ④ 접대비

국가기술자격검정
상시 전산회계운용사 3급필기 모의고사
대한상공회의소 시행 대비

3급	A형	시험일(소요시간)	문항수
		00월 00일(총40분)	총25개

수험번호 :
성　　명 :

※ 다음 문제를 읽고 알맞은 것을 골라 답안카드의 답란(①, ②, ③, ④)에 표기하시오.

< 제1과목 : 회계원리 >

1. 다음 중 부채를 발생시키는 거래로 옳지 않은 것은?

① 화재보험에 가입하면서 2년 간의 보험료로 현금 ₩20,000을 지급하다.
② 상품 매출을 계약하고 계약금으로 ₩200,000을 자기앞수표로 받다.
③ 거래처에 현금 ₩200,000을 2년간 대여하면서 2년간 이자 ₩20,000을 미리 받다.
④ 은행으로부터 현금 ₩200,000을 대출받다.

2. 다음 중 시산표에서 발견할 수 없는 오류는?

① 대·차 어느 한쪽의 전기 누락
② 총계정원장의 차변 금액을 잘못 전기
③ 계정과목을 대·차 반대로 전기
④ 대·차 어느 한쪽에 이중으로 기장

3. 유형자산은 판매를 목적으로 하지 않고, 장기간에 걸쳐 영업활동에 사용되며 구체적인 형태를 갖춘 자산을 말한다. 다음 중 유형자산이 아닌 것은?

① 비품
② 건설중인자산
③ 기계장치
④ 산업재산권

4. 다음 거래를 보조부에 기록하고자 할 경우 기입할 수 없는 장부는?

(1) 자기앞수표 ₩200,000을 당좌예입하다.
(2) 외상매출한 갑상품 중 파손품이 있어 ₩30,000을 에누리 해 주다.

① 상품재고장
② 매출처원장
③ 현금출납장
④ 매출장

5. 주어진 자료에서 회계 순환 과정 순서로 바르게 나열된 것은?

A. 분 개 장	B. 재무상태표
C. 시 산 표	D. 총계정원장

① A - B - C - D
② A - B - D - C
③ A - D - B - C
④ A - D - C - B

6. 다음에 설명하는 계정과목으로 옳은 것은?

• 판매를 목적으로 하지 않는 자산
• 장기간에 걸쳐 영업활동에 사용되는 물리적 실체가 있는 자산
• 감가상각을 하지 않는 자산

① 영업권
② 차량운반구
③ 상품
④ 토지

7. 다음 밑줄 친 부분과 관련 있는 계정과목을 고르면?

회계는 일정시점에서 기업의 <u>재무상태</u>를 파악하고 일정기간 동안 기업의 재무성과를 밝히는 데 목적이 있다.

① 현금및현금성자산
② 감가상각비
③ 기부금
④ 이자수익

8. 다음 중 당기의 비용으로 처리하는 것은?

① 차량등록세
② 원천징수한 건강보험료
③ 종합소득세
④ 영업용차량 보험료

9. 다음 자료에서 제시하고 있는 계정과목이 속한 비용의 분류 영역은?

• 마케팅부서 종업원의 회식비용
• 영업사무실의 인터넷 사용요금
• 영업용 매장의 월세
• 매출광고를 위한 전단지 제작비용

① 매출원가
② 판매비와관리비
③ 기타비용
④ 중단사업비용

10. 다음 거래에 대한 설명으로 올바른 것은?

> 상공상사에서 상품 ₩500,000을 매입하고 대금은 수표를 발행하여 지급하다. 단, 당좌예금 계정 잔액은 ₩300,000이고 거래은행과 당좌차월계약을 체결하고 있다.(차월한도액은 ₩1,000,000이다.)

① 당좌수표 추가발행 가능금액은 ₩500,000이다.
② 당좌차월이 ₩200,000 증가한다.
③ 당좌예금 계정이 ₩500,000 증가한다.
④ 당좌예금 계정이 ₩1,000,000 감소한다.

11. 상공상사는 기말에 종업원의 급여 미지급분 ₩150,000과 보험료 선급분 ₩120,000을 누락하고, 장부를 마감한 경우 동 오류가 순이익에 미치는 영향 중 옳은 것은?

① 순이익 ₩30,000 과다 표시
② 순이익 ₩30,000 과소 표시
③ 순이익 ₩270,000 과다 표시
④ 순이익 ₩270,000 과소 표시

12. 다음 중 재무제표의 종류에 해당되지 않는 것은?

① 재무상태표　　　② 자본변동표
③ 현금흐름표　　　④ 이익잉여금처분계산서

13. "결산시 현금의 시재액이 현금출납장 잔액보다 ₩500이 남는 것을 발견하다."의 거래를 분개한 것으로 옳은 것은? (단, 현금과부족 계정 잔액은 없다.)

① (차) 현　　　금　　500　　(대) 현금과부족　　500
② (차) 현금과부족　　500　　(대) 현　　　금　　500
③ (차) 현금과부족　　500　　(대) 잡　이　익　　500
④ (차) 현　　　금　　500　　(대) 잡　이　익　　500

14. 다음 거래의 분개로 옳은 것은?

> (주)상공기업은 10월분 종업원 급여 ₩2,000,000 중 근로소득세 ₩100,000, 국민건강보험료 ₩50,000, 국민연금 ₩50,000을 원천징수하고 잔액은 보통예금 계좌에서 종업원 계좌로 이체하다.

① (차) 종업원급여 1,800,000　(대) 보통예금 1,800,000
② (차) { 종업원급여 1,800,000 / 세금과공과 200,000 }　(대) { 보통예금 1,800,000 / 예 수 금 200,000 }
③ (차) 종업원급여 2,000,000　(대) { 보통예금 1,800,000 / 예 수 금 200,000 }
④ (차) 종업원급여 2,000,000　(대) { 보통예금 1,800,000 / 가 수 금 200,000 }

15. 다음은 (주)상공기업이 사용 중이던 영업용 차량의 처분과 관련된 자료이다. 아래 거래 관련 회계처리로 옳은 것은?

> 가. 취득원가　　　　　　　　　　₩ 5,000
> 나. 감가상각누계액(차량운반구)　　1,500
> 다. 현금판매 금액　　　　　　　　3,000

① (차) 현　　　금　3,000　(대) 차량운반구 3,000
② (차) { 현　　　금　3,000 / 유형자산처분손실 500 }　(대) 차량운반구 3,500
③ (차) { 현　　　금　3,000 / 유형자산처분손실 2,000 }　(대) 차량운반구 5,000
④ (차) { 현　　　금　3,000 / 감가상각누계액 1,500 / 유형자산처분손실 500 }　(대) 차량운반구 5,000

16. 대한상사는 단기적 자금운용 목적으로 A사 주식을 다음과 같이 취득하였다. 이 경우 당기손익-공정가치측정금융자산의 취득원가는 얼마인가?

> - A회사 주식 100주를 주당 ₩6,000에 취득
> - A회사 주식의 주당 액면금액 ₩5,000
> - 취득시 매매수수료 ₩6,000 지급

① ₩500,000　　② ₩506,000
③ ₩600,000　　④ ₩606,000

17. 상공상사는 갑상품 ₩100,000을 외상으로 매입하였는 바, 동 상품에 결함이 발견되어 ₩3,000을 에누리 받았을 경우의 옳은 분개는? (단, 상품은 3분법으로 처리하였음)

① (차) 외상매입금 3,000　(대) 매　　입 3,000
② (차) 매　　입 3,000　(대) 외상매입금 3,000
③ (차) 매　　입 3,000　(대) 매입에누리 3,000
④ (차) 매입에누리 3,000　(대) 외상매입금 3,000

18. 다음 중 현금및현금성자산에 속하지 않는 것은?

① 취득 당시 1년 만기의 정기예금
② 취득 당시 상환일까지의 기간이 3개월 이내인 상환주
③ 해외 바이어에게 수령한 달러 현금
④ 취득 당시 만기가 3개월 이내인 양도성예금

19. 거래은행에 추심의뢰한 약속어음 ₩100,000이 추심되어 당점의 당좌예금에 입금되었다는 통지를 받았을 경우의 옳은 분개는?

① (차) 당 좌 예 금 100,000　(대) 받 을 어 음 100,000
② (차) 받 을 어 음 100,000　(대) 당 좌 예 금 100,000
③ (차) 지 급 어 음 100,000　(대) 당 좌 예 금 100,000
④ (차) 당 좌 예 금 100,000　(대) 지 급 어 음 100,000

20. '(주)서울은 주문한 상품 ₩50,000이 도착하여 이를 인수하고, 대금은 외상으로 하다. 인수 시 운임 ₩3,000을 현금으로 지급하다.' 의 분개로 옳은 것은? 단, (주)서울은 상품을 주문 시 계약금 ₩10,000을 지급했음.

① (차) 매　　　입 50,000　(대) 외상매입금 50,000

② (차) 매　　　입 53,000　(대) { 외상매입금 40,000 / 현　　　금 3,000 }

③ (차) { 매　　　입 50,000 / 운 반 비 3,000 }　(대) { 외상매입금 50,000 / 현　　　금 3,000 }

④ (차) { 매　　　입 50,000 / 운 반 비 3,000 }　(대) { 선 급 금 10,000 / 외상매입금 40,000 / 현　　　금 3,000 }

21. 다음 자료에 의하여 당기 말의 대손충당금 차감 전 매출채권을 계산하면 얼마인가?

- 전기이월 대손충당금 계정 잔액 ₩80,000
- 전기이월 대손충당금 잔액 중 당기 상각액 ₩60,000
- 당기 결산 시 계상한 대손상각비 ₩100,000
- 대손충당금 차감 후 매출채권 잔액 ₩640,000

① ₩760,000　② ₩800,000
③ ₩840,000　④ ₩880,000

22. 다음 자료에 의하여 판매가능상품 순액을 계산하면 얼마인가?

매 입 액	₩2,000,000	매출환입액	₩400,000
매 출 액	2,400,000	매입환출액	600,000
기말상품재고액	800,000	기초상품재고액	600,000

① ₩2,600,000　② ₩2,800,000
③ ₩2,400,000　④ ₩2,000,000

23. 한강상사는 20×1년 4월 20일 화재로 인하여 상품이 소실되었다. 따라서 재고액을 추정하기 위하여 조사한 결과 다음과 같은 자료를 얻을 수 있었다. 4월 20일의 재고액은 얼마인가? 단, 매출총이익률은 30%이다.

- 20×1년 1월 1일 기초재고　₩30,000
- 20×1년 4월 20일까지의 매입액　250,000
- 20×1년 4월 20일까지의 매출액　300,000

① ₩30,000　② ₩50,000
③ ₩70,000　④ ₩90,000

24. 다음은 상품매매업을 영위하는 (주)상공의 거래들이다. 이들 거래에 대한 분개가 올바르지 않은 것은? (각 거래는 독립적이다.)

가. 영업용으로 사용하던 토지를 ₩200,000에 A사에 매각하고 그 대금은 A사 발행 약속어음을 받았다. 토지의 취득원가는 ₩200,000이다.
나. B사에 상품 ₩200,000을 매출하고 그 대금은 B사발행 약속어음을 받았다.(매출원가 분개는 생략)
다. B사에게 현금 ₩200,000을 단기대여하고, B사발행의 약속어음을 받았다.
라. C사에 대한 외상매입금 ₩200,000을 결제하기 위하여 (주)상공이 상품매출 대가로 받아 보유하고 있던 D사의 약속어음 ₩200,000을 배서하여 지급하다.

① 가. (차) 미 수 금 200,000　(대) 토　　지 200,000
② 나. (차) 받 을 어 음 200,000　(대) 매　　출 200,000
③ 다. (차) 받 을 어 음 200,000　(대) 현　　금 200,000
④ 라. (차) 외상매입금 200,000　(대) 받 을 어 음 200,000

25. 다음은 ○○상사의 결산 전 잔액시산표와 마감 후의 이월시산표의 일부를 나타낸 것이다. 이를 근거로 결산 정리의 내용을 설명한 것으로 옳은 것은?

잔 액 시 산 표
20×1년 12월 31일

외 상 매 출 금	700,000	대 손 충 당 금	6,000
FVPL금융자산	100,000	비품감가상각누계액	24,000
비　　　　품	120,000		
보　험　료	32,000		
임　차　료	30,000		

이 월 시 산 표

외 상 매 출 금	700,000	대 손 충 당 금	16,000
FVPL금융자산	90,000	비품감가상각누계액	36,000
비　　　　품	120,000	미지급임차료	8,000
선 급 보 험 료	5,000		

① 당기손익-공정가치측정금융자산(FVPL금융자산)의 당기 말 공정가치는 ₩10,000이다.
② 당기 말 대손충당금의 설정분개는 (차) 대손상각비 16,000 (대) 대손충당금 16,000이다.
③ 20×1년 당기 비품 감가상각비 계상액은 ₩12,000이다.
④ 포괄손익계산서에 표시되는 보험료는 ₩27,000이고, 임차료는 ₩22,000이다.

국가기술자격검정

상시 전산회계운용사 3급필기 모의고사

07회

대한상공회의소 시행 대비

3급	A형	시험일(소요시간)	문항수
		00월 00일(총40분)	총25개

수험번호 :
성　　명 :

※ 다음 문제를 읽고 알맞은 것을 골라 답안카드의 답란(①, ②, ③, ④)에 표기하시오.

< 제1과목 : 회계원리 >

1. (주)한국은 주주총회 결의에 따라 5%의 현금배당금을 지급하였다. (주)한국의 주식(200주, 취득가액 @₩6,000, 액면가액 @₩5,000)을 보유중인 (주)건국의 배당금 수취와 관련된 회계처리이다. 다음 중 옳은 것은?

① (차) 현　　　금 60,000　(대) 이 자 수 익 60,000
② (차) 현　　　금 60,000　(대) 배당금수익 60,000
③ (차) 현　　　금 50,000　(대) 이 자 수 익 50,000
④ (차) 현　　　금 50,000　(대) 배당금수익 50,000

2. 다음 중 회계상 거래인 것은?
① 상품 주문　　　　② 부동산 임대차계약 체결
③ 건물 구입　　　　④ 상품 보관 의뢰

3. 제조업을 영위하는 (주)상공전자의 영업이익이 증가할 수 있는 요인으로 옳은 것은?
① 매출액의 증가　　② 접대비의 증가
③ 매출원가의 증가　④ 배당금수익의 증가

4. 당기매출액이 ₩260,000, 당기매입액이 ₩130,000, 기말상품 재고액이 ₩90,000, 매출총이익이 ₩50,000일 때 판매가능액과 기초상품재고액을 구하면 얼마인가?
① 판매가능액 ₩300,000, 기초상품재고액 ₩430,000
② 판매가능액 ₩170,000, 기초상품재고액 ₩300,000
③ 판매가능액 ₩210,000, 기초상품재고액 ₩170,000
④ 판매가능액 ₩300,000, 기초상품재고액 ₩170,000

5. 다음의 내용 중 올바른 것은?
① 매입상품의 인수운임은 운반비계정으로 처리한다.
② 매입상품의 에누리는 매입장에 기록되지만, 매출상품의 에누리는 매출장에 기록되지 않는다.
③ 상품재고장이 작성되어도 실지 재고조사는 하여야 한다.
④ 매입상품을 반품한 경우 매출계정에 기록한다.

6. 부산상사의 20×5년말 현재의 자산총액은 ₩150,0000이고, 부채총액은 ₩80,0000이다. 이 회사는 20×1년 초 설립되어 5년 동안 매년 ₩5,000의 당기순이익을 냈다. 부산상사의 설립 당시 자본금은 얼마였나?
① ₩40,000　　② ₩45,000
③ ₩65,000　　④ ₩25,000

7. 구매자인 상공상사가 상품을 매입하면서 선적지인도가격(F.O.B)조건으로 운임 ₩5,000을 현금으로 지급하였을 경우의 옳은 분개는? (단, 상품은 3분법으로 처리할 것)
① (차) 매　　　입 5,000　(대) 현　　　금 5,000
② (차) 현　　　금 5,000　(대) 매　　　입 5,000
③ (차) 현　　　금 5,000　(대) 운 반 비 5,000
④ (차) 현　　　금 5,000　(대) 운 송 비 5,000

8. 다음은 20×1년 12월 31일(결산일) 대한상사의 재무상태표에서 얻은 자료이다. 자료를 이용하여 20×1년 12월 31일의 자본금을 구하면 얼마인가?

현　　　금	₩4,000	외 상 매 출 금	₩3,000
단 기 차 입 금	2,000	건　　　물	3,500
선 급 금	2,300	미 수 금	800
예 수 금	600	단 기 대 여 금	1,200
장 기 차 입 금	1,400	지 급 어 음	1,600
당기손익-공정가치측정금융자산 ₩900			

① ₩10,100　　② ₩11,300
③ ₩21,300　　④ ₩ 5,500

9. 다음 중 계정기입 내용의 설명으로 옳은 것은?

```
            비        품
1/ 1 전기이월 300,000 │ 12/31 차기이월 300,000

           감 가 상 각 누 계 액
12/31 차기이월  40,000 │ 1/ 1 전기이월  20,000
                      │ 12/31 감가상각비 20,000
              40,000 │            40,000

            감 가 상 각 비
12/31 감가상각누계액 20,000 │ 12/31 손   익 20,000
```

① 당기분 감가상각비 계상액은 ₩20,000이다.
② 비품의 취득원가는 ₩260,000이다.
③ 회계기간 말 현재 비품의 미상각액은 ₩300,000이다.
④ 감가상각비를 직접법으로 기장한 것이다.

10. 다음은 (주)상공의 20×1년 12월 31일 결산 정리 분개의 일부이다. 손익의 이연과 예상 중에서 아래의 분개에 해당하는 것으로 옳은 것은?

| (차) 선급보험료 30,000 (대) 보험료 30,000 |

① 비용의 예상 ② 수익의 예상
③ 비용의 이연 ④ 수익의 이연

11. 다음 거래에 대한 회계 처리로 올바른 것은?

| 거래처의 파산으로 인하여 전기에 대손처리 하였던 매출채권 ₩50,000을 동점발행 당좌수표로 회수하였다. |

① (차) 대손상각비 50,000 (대) 대손충당금 50,000
② (차) 대손충당금 50,000 (대) 당 좌 예 금 50,000
③ (차) 당 좌 예 금 50,000 (대) 대손충당금 50,000
④ (차) 현   금 50,000 (대) 대손충당금 50,000

12. 다음은 매출처원장에 대한 설명이다. 옳지 않은 것은?
① 매출처원장에 대한 통제계정은 외상매출금계정이다.
② 상품을 외상으로 매출한 경우 매출처원장의 대변에 기입한다.
③ 거래처(매출처) 수가 많을 경우 사용하는 보조장부이다.
④ 매출처원장의 각 인명계정의 차변잔액 합계와 외상매출금계정의 차변잔액은 일치한다.

13. 매출채권 발생액을 매출채권계정 차변에 기록하지 않고 매입채무계정 차변에 잘못 기록한 경우 나타나는 영향으로 옳은 것은?
① 자산이 과소계상되고 부채는 과대계상된다.
② 자산이 과대계상되고 부채는 과소계상된다.
③ 자산과 부채가 과소계상된다.
④ 자산과 부채가 과대계상된다.

14. 다음 중 회계의 순환 과정에 대한 설명으로 옳은 것은?
① 회계에 있어서 측정, 보고가 매 회계기간 반복되는 과정을 말한다.
② 회계상의 거래를 식별하는 과정을 말한다.
③ 정보이용자와 경영자 사이의 정보전달이 반복되는 과정을 말한다.
④ 기업의 경영실적이 호황기, 불황기로 반복되는 과정을 말한다.

15. 다음 항목 중 비용에 해당하지 않는 것은?
① 상품의 매출원가 ② 비품구입에 따른 배달료
③ 종업원의 급여   ④ 받을어음 추심수수료

16. 다음 중 한국채택국제회계기준 제1115호 '고객과의 계약에서 생기는 수익' 기준서에서 규정하고 있는 내용으로 옳지 않은 것은?
① 고객과의 계약은 둘 이상의 당사자 사이에 집행 가능한 권리와 의무가 생기게 하는 합의이다.
② 거래 가격은 고객에게 약속한 재화나 용역을 이전하고 그 대가로 기업이 받을 권리를 갖게 될 것으로 예상하는 금액이다.
③ 기업이 고객에게서 받은 대가는 약속한 재화나 용역을 고객에게 이전하기 전에 수익으로 인식한다.
④ 거래 가격은 일반적으로 계약에서 약속한 각 구별되는 재화나 용역의 상대적 개별 판매가격을 기준으로 배분한다.

17. 서울상사의 외상 대금 ₩500,000 중 ₩300,000은 당점발행의 당좌수표로 받고, 잔액은 동점발행의 수표로 받아 즉시 거래은행에 당좌예입하다. 의 올바른 분개는?

① (차) { 당 좌 예 금 300,000 / 현   금 200,000 } (대) 외상매출금 500,000
② (차) 당 좌 예 금 500,000 (대) 외상매출금 500,000
③ (차) 현   금 500,000 (대) 외상매출금 500,000
④ (차) { 당 좌 예 금 200,000 / 현   금 300,000 } (대) 외상매출금 500,000

18. 다음 거래의 회계 처리 결과로 옳은 것을 <보기>에서 고른 것은?

| 회계부장은 출장 중인 영업부장이 ₩50,000,000의 판매계약을 체결하고, 계약금 ₩5,000,000과 상품외상대금 회수액 ₩3,000,000을 당좌예금계좌에 입금한 것을 확인하다. |

― <보 기> ―
ㄱ. 가수금의 증가   ㄴ. 선수금의 증가
ㄷ. 외상매입금의 감소 ㄹ. 외상매출금의 감소

① ㄱ, ㄴ ② ㄱ, ㄷ
③ ㄴ, ㄷ ④ ㄴ, ㄹ

19. 상품 원가 ₩100,000을 ₩120,000에 외상으로 매출하였다. 이 거래에서 발생하지 않는 거래요소는? (분기법으로 처리)
① 자산의 증가 ② 부채의 증가
③ 수익의 발생 ④ 자산의 감소

20. (주)대한은 20×1년 초에 (주)민국의 주식 10주를 ₩500,000(@₩50,000)에 취득하고 수수료 ₩30,000을 별도로 지급하였으며, 동 주식을 당기손익-공정가치측정 금융자산으로 분류하였다. 20×1년 말 동 주식의 공정가치가 주당 ₩54,000인 경우, (주)대한이 동 주식에 대하여 인식해야 할 평가이익은 얼마인가?
① ₩10,000 ② ₩20,000
③ ₩30,000 ④ ₩40,000

21. (주) 서울의 계정잔액 중 일부는 다음과 같다. 재무상태표에 보고될 금액으로 알맞지 않은 것은?

• 통화	₩ 713,800
• 수입인지, 우표	3,200
• 양도성예금증서(만기 4개월 후 도래)	1,520,000
• 가불증	64,000
• 거래처발행 가계수표	378,000
• 소액현금	32,000
• 외상대금으로 받은 약속어음	740,000

① 현금및현금성자산은 ₩1,127,000이다.
② 단기금융상품은 ₩1,520,000이다.
③ 매출채권은 ₩740,000이다.
④ 단기대여금은 ₩64,000이다.

22. 다음의 거래가 해당 회계 기간의 포괄손익계산서에 미치는 영향으로 옳은 것은?

8월 5일 W회사 주식 500주를 주당 ₩1,000에 구입
10월 9일 W회사 주식 200주를 주당 ₩2,000에 매각
12월 31일 기말의 W회사 주식 공정가치 : 주당 ₩500

단, W회사의 주식은 당사가 당기손익-공정가치측정 금융자산으로 분류하고 있다.

① 순손실 ₩ 50,000 ② 순이익 ₩ 50,000
③ 순손실 ₩250,000 ④ 순이익 ₩200,000

23. 다음과 같이 부채총액과 비용총액의 변동을 동시에 발생시키는 회계 기간 말 결산정리사항으로 옳은 것은?

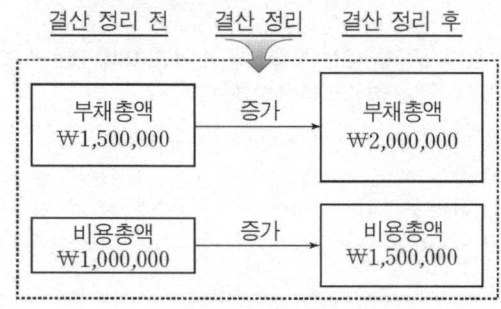

① 임대료 미수액은 ₩500,000이다.
② 수수료 선수액은 ₩500,000이다.
③ 보험료 미경과액은 ₩500,000이다.
④ 임차료 미지급액은 ₩500,000이다.

24. 다음 대화 내용을 보고 수익인식 5단계 중 매출수익을 언제 기록하는 것이 타당한 것인가?

대표이사 : 현재 저희가 납품하고 있는 할인매장 외에도 이번에 신규 개점하는 ○○ 마트에도 영업을 하였는지요?
영업부장 : 예! 당연히 8월 28일에 ○○ 마트의 실무자를 만나서 9월 중에 저희 갑상품을 공급하기로 계약을 맺었습니다.
대표이사 : 수고하셨습니다. 그런데, 문제는 수금입니다. 언제 수금하기로 하였나요?
영업부장 : 예! 계약대로 9월 16일에 ₩5,000,000 상당의 상품을 공급하고 10월 1일과 11월 1일에 각각 ₩2,500,000씩 현금으로 수금하기로 하였습니다.

① 8월 28일에 매출 수익으로 인식한다.
② 10월 1일과 11월 1일에 각각 ₩2,500,000씩 매출 수익으로 인식한다.
③ ○○ 마트에서 소비자에게 갑상품을 판매하는 날에 매출 수익으로 인식한다.
④ 9월 16일에 매출 수익으로 인식한다.

25. 기초상품 재고액이 ₩20,000, 기말상품 재고액이 ₩30,000인 경우 매입장과 매출장 자료에 의하여 매출총이익을 계산하면 얼마인가?

매 입 장

월일	적 요	금 액
31	총매입액	300,000
〃	매입에누리및환출액	10,000
〃	순매입액	290,000

매 출 장

월일	적 요	금 액
31	총매출액	500,000
〃	매출에누리및환입액	20,000
〃	순매출액	480,000

① ₩200,000   ② ₩230,000
③ ₩280,000   ④ ₩300,000

국가기술자격검정

상시 전산회계운용사 3급필기 모의고사

08회

대한상공회의소 시행 대비

3급	A형	시험일(소요시간)	문항수
		00월 00일(총40분)	총25개

수험번호 :
성　　명 :

※ 다음 문제를 읽고 알맞은 것을 골라 답안카드의 답란(①, ②, ③, ④)에 표기하시오.

< 제1과목 : 회계원리 >

1. 다음 중 유동성이 높은 자산을 바르게 묶은 것은?

| ㄱ. 현금 | ㄴ. 차량운반구 | ㄷ. 당좌예금 |
| ㄹ. 단기대여금 | ㅁ. 산업재산권 | ㅂ. 건물 |

① ㄱ, ㄷ, ㅁ　　　　　② ㄴ, ㄹ
③ ㄱ, ㄴ, ㄷ　　　　　④ ㄱ, ㄷ, ㄹ

2. 다음 자료를 보고 기말 결산정리분개를 할 때, 차변에 기입할 계정과목으로 바른 것은? 단, 임대료 수입 시 수익 계정으로 처리하였다.

| 11/1　6개월분 임대료 수입(₩900,000) 결산일 12월 31일 |
| 11월 | 12월 | 1월 | 2월 | 3월 | 4월 |
| ← 당기분 ₩300,000 → | ← 　　　차기분 ₩600,000　　　 → |

① 임대료　　　　　　② 선수임대료
③ 선급임차료　　　　④ 미수임대료

3. 한라상사의 외상매입금 ₩20,000을 지급하기 위하여 매출처인 백두상사 앞 환어음을 발행하여 인수받아 지급하였다. 백두상사에 대해서는 한달 전 매출한 외상매출금이 ₩20,000 있었다. 알맞은 분개는?

① (차) 외상매출금 20,000　(대) 외상매입금 20,000
② (차) 외상매입금 20,000　(대) 외상매출금 20,000
③ (차) 받을어음　 20,000　(대) 외상매출금 20,000
④ (차) 외상매입금 20,000　(대) 지급어음　 20,000

4. 다음 중 거래의 이중성에 대한 가장 적절한 설명은?
① 자산이 증가하면 반드시 부채 또는 자본이 증가한다.
② 계정 전체의 차변합계와 대변합계가 일치한다는 것
③ 모든 거래는 현금과 외상으로 이루어진다는 것
④ 모든 거래는 같은 금액으로 차변과 대변에 동시에 발생한다는 것

5. 다음의 수정 전 합계잔액시산표 자료를 이용하여 결산 포괄손익계산서에 계상될 대손상각비를 계산하면 얼마인가? 단, 매출채권 잔액에 대하여 2% 대손충당금을 설정한다. (충당금 설정법)

잔액	합계	과목	합계	잔액
200,000	750,000	매출채권	550,000	
	4,800	대손충당금	6,000	1,200

① ₩2,800　　　　　② ₩4,000
③ ₩5,200　　　　　④ ₩13,800

6. 재고자산에 대한 설명으로 옳은 것은?
① 기초재고자산 금액과 당기매입액이 일정할 때, 기말재고자산 금액이 과대계상될 경우 당기순이익은 과소계상된다.
② 선입선출법은 기말에 재고로 남아있는 항목은 가장 최근에 매입된 항목이라고 가정하는 방법이다.
③ 실지재고조사법을 적용하면 기록유지가 복잡하고 번거롭지만 특정 시점의 재고자산 잔액과 그 시점까지 발생한 매출원가를 적시에 파악할 수 있는 장점이 있다.
④ 도착지인도기준에 의해서 매입이 이루어질 경우, 발생하는 운임은 매입자의 취득원가에 산입해야 한다.

7. 영업사원 홍길동을 대전에 출장을 보내고, 여비 개산액 ₩200,000을 현금으로 지급한 경우의 옳은 분개는?

① (차) 가지급금　 200,000　(대) 현　　　금　 200,000
② (차) 현　　　금　 200,000　(대) 가지급금　 200,000
③ (차) 여비교통비 200,000　(대) 가지급금　 200,000
④ (차) 가지급금　 200,000　(대) 여비교통비 200,000

8. 연말에 미지급된 ₩500 비용의 거래를 누락시켰을 때 나타날 수 있는 결과로 옳은 것은?
① ₩500만큼의 현금 계정 과소평가
② ₩500만큼의 순이익 과대계상
③ ₩500만큼의 비용 계정의 과대계상
④ ₩500만큼의 미지급비용 계정 과대평가

9. 출장 사원이 송금한 금액 중 ₩60,000은 마산상사의 상품 주문 대금이고, ₩40,000은 충무상사의 외상매출대금 회수분으로 판명되다. 이 거래에 대한 분개로 올바른 것은?

① (차) 가 수 금   60,000   (대) { 선 급 금   40,000 / 외상매출금   30,000 }
② (차) 가 수 금   60,000   (대) { 선 수 금   20,000 / 외상매출금   40,000 }
③ (차) 가 수 금 100,000   (대) { 선 급 금   60,000 / 외상매출금   40,000 }
④ (차) 가 수 금 100,000   (대) { 선 수 금   60,000 / 외상매출금   40,000 }

10. 영업용 건물의 리모델링과 관련한 다음 지출 중 자본적지출로 회계처리할 수 있는 것은?

① 건물 외벽에 물청소를 하였다.
② 깨어진 유리창을 교체하였다.
③ 건물에 냉·난방 장치를 교체하였다.
④ 사무실 안쪽에 페인트칠을 하였다.

11. 다음 계정기입의 내용으로 볼 때, 회계 기간 말 결산 시 외상매출금 잔액에 대하여 추산한 대손율은?

외 상 매 출 금

1/ 1 전 기 이 월	20,000	19/30 현 금	50,000
6/30 매 출	130,000	12/31 차 기 이 월	100,000
	150,000		150,000

대 손 충 당 금

12/31 차 기 이 월	3,000	1/ 1 전 기 이 월	1,000
		12/31 대손상각비	2,000
	3,000		3,000

① 1%   ② 2%   ③ 3%   ④ 4%

12. 거래 요소의 결합 관계가 다음과 같은 거래로 옳은 것은?

(차) 부채의 감소	(대) 자산의 감소
비용의 발생	

① 상품 ₩400,000을 매입하고, 대금은 현금 ₩300,000과 약속어음 ₩100,000으로 지급하다.
② 차입금 ₩200,000과 이자 ₩5,000을 현금으로 지급하다.
③ 자본금 ₩50,000,000 중 기업주가 개인용도로 현금 ₩5,000,000을 인출해 가다.
④ 원가 ₩4,000의 상품을 ₩5,000에 외상으로 매출하다.

13. 다음 중 계산등식이 옳지 않은 것은?

① 자산 - 부채 = 자본   ② 부채 = 자산 - 자본
③ 자본 = 부채 - 자산   ④ 자산 = 부채 + 자본

14. 다음 자료에 의한 기초자산은 얼마인가?

기 초 부 채	₩ 5,000	기 말 부 채	₩ 14,000
기 말 자 산	50,000	총 수 익	18,000
총 비 용	12,000		

① ₩35,000   ② ₩30,000
③ ₩42,000   ④ ₩40,000

15. 다음 자료를 이용하여 계산한 매출원가는 얼마인가?

매 입 액	₩190,000	판 매 운 임	₩20,000
매 입 에 누 리	10,000	매 출 할 인	25,000
매 입 운 임	20,000	매 입 수 수 료	10,000
기초상품재고액	300,000	기말상품재고액	100,000

① ₩360,000   ② ₩400,000
③ ₩410,000   ④ ₩420,000

16. 자산의 회계처리에 대한 내용으로 옳지 않은 것은?

① 1년 이내에 소멸되는 소모품은 유동자산이다.
② 자동차회사가 제조한 자동차를 운송하기 위하여 보유하는 차량은 유형자산이고 감가상각을 한다.
③ 커피숍에서 판매를 위해 전시한 커피잔은 재고자산이다.
④ 자체 사용 목적으로 건설 중인 건물은 비유동자산이고 감가상각을 한다.

17. (주)파스칼의 기말조정사항에 대한 수정분개가 당기순이익에 미치는 영향(증가 또는 감소)이 나머지 셋과 다른 것은?

① 당기 7월 1일에 1년 만기 정기예금(연 6% 이자율)에 가입하고 현금 ₩1,000,000을 입금하였으나, 결산일까지 이자 수령일이 도래하지 않아 이자관련 회계처리는 하지 않았다.
② 비품에 대한 당기 감가상각비 ₩30,000을 회계처리 하지 않았다.
③ 당기 11월 1일에 소모품을 ₩50,000에 현금으로 구입하고 자산으로 인식하였다. 기말 결산일에 미사용 소모품 ₩20,000이 남아 있음을 확인하였다.
④ 당기 4월 1일부터 회사 건물을 (주)민국에게 1년간 임대하고, 1개월에 ₩10,000씩 1년분 임대료 ₩120,000을 현금으로 받아 전액 수익으로 기록하였다.

18. 다음 중 자산에 속하는 결산정리사항이 아닌 것은?

① 대손충당금의 설정
② 당기손익-공정가치측정금융자산의 평가
③ 임차료 미지급액의 계상
④ 상품 계정의 정리와 평가

19. 다음과 같은 경우에 적절한 분개는?

> 상품대금으로 지급한 서울상사 앞 약속어음 ₩500,000이 금일 만기가 되어 당좌수표를 발행하여 지급하다. 단, 당점의 당좌예금 잔액은 ₩300,000이고, 당좌차월 한도액은 ₩1,000,000이다.

① (차) 매 입 500,000 (대) 당 좌 예 금 300,000 / 당 좌 차 월 200,000
② (차) 지 급 어 음 500,000 (대) 당 좌 예 금 300,000 / 당 좌 차 월 200,000
③ (차) 지 급 어 음 500,000 (대) 당 좌 예 금 200,000 / 당 좌 차 월 300,000
④ (차) 외상매입금 500,000 (대) 당 좌 예 금 300,000 / 당 좌 차 월 200,000

20. 다음 자료에 의하여 재무상태표에 기입될 당기손익-공정가치측정 금융자산 금액으로 알맞은 것은?

| 당기말 평가액 ₩200,000 | 당기의 취득액 ₩300,000 |
| 당기의 처분액 ₩400,000 | 당기의 액면액 ₩500,000 |

① ₩200,000　　② ₩300,000
③ ₩400,000　　④ ₩500,000

21. 다음 거래에 대한 분개로 옳은 것은?

> 상품 ₩300,000을 매입하고, ₩100,000을 당좌수표를 발행한 후 잔액은 외상으로 하다. 또한 당점 부담 운임 ₩10,000은 매입처에서 지급하였다는 통지를 받다.

① (차) 매 입 300,000 (대) 당좌예금 100,000 / 매입채무 200,000
② (차) 매 입 310,000 (대) 당좌예금 100,000 / 매입채무 210,000
③ (차) 매 입 300,000 / 운 반 비 10,000 (대) 당좌예금 100,000 / 매입채무 200,000 / 미지급금 10,000
④ (차) 매 입 300,000 / 운 반 비 10,000 (대) 당좌예금 100,000 / 매입채무 210,000

22. 다음 거래에 대한 분개로 옳은 것은?

> • 9월 5일 : 종업원 급여 지급 시 원천징수한 소득세 ₩5,000을 관할 세무서에 현금으로 납부하다.
> • 9월 12일 : 앞서 구입하였던 비품 외상구입 대금 ₩5,000을 수표를 발행하여 지급하다.

① 9월 5일 (차) 종업원급여 5,000 (대) 현 금 5,000
② 9월 12일 (차) 비 품 5,000 (대) 당 좌 예 금 5,000
③ 9월 12일 (차) 미 지 급 금 5,000 (대) 당 좌 예 금 5,000
④ 9월 12일 (차) 외상매입금 5,000 (대) 당 좌 예 금 5,000

23. 다음 등식이 잘못된 것은?

① 포괄손익계산서등식 : 총비용+순이익=총수익
② 기초재무상태표등식 : 기초자산=기초부채+기초자본
③ 기말재무상태표등식 : 기말자산=기말부채+기초자본+순이익
④ 잔액시산표등식 : 기말자산+총비용=기말부채+기말자본+총수익

24. 다음은 ○○기업 제7기 회계장부의 일부를 나타낸 것이다. 이를 근거로 수익과 비용의 내용을 설명한 것으로 옳은 것은?

손 익
| 보 험 료 | 70,000 | 이 자 수 익 | 70,000 |
| 임 차 료 | 70,000 | 수 수 료 수 익 | 20,000 |

이월 시산표
선 급 보 험 료	50,000	단 기 차 입 금	50,000
미 수 수 수 료	20,000	선 수 이 자	30,000
		미 지 급 임 차 료	50,000

① 보험료 미경과분은 ₩70,000이다.
② 당기의 이자수익은 ₩40,000이다.
③ 당기의 수수료수익은 ₩40,000이다.
④ 임차료계정 차변합계액은 ₩70,000이다.

25. 다음 자료에 의하여 선입선출법으로 상품재고장을 기록하는 경우의 매출총이익은 얼마인가?

4월 1일	전월이월	400개	@₩200
12일	매 입	100개	@₩300
20일	매 입	200개	@₩350
4월 중 상품 500개를 ₩200,000에 매출하다.			

① ₩60,000　　② ₩90,000
③ ₩50,000　　④ ₩80,000

국가기술자격검정
상시 전산회계운용사 3급필기 모의고사
대한상공회의소 시행 대비

09회

3급	A형	시험일(소요시간)	문항수
		00월 00일(총40분)	총25개

수험번호 :
성　명 :

※ 다음 문제를 읽고 알맞은 것을 골라 답안카드의 답란(①, ②, ③, ④)에 표기하시오.

< 제1과목 : 회계원리 >

1. 다음과 같은 내용을 모두 포함하고 있는 계정과목은?

- 주된 영업활동에서 발생한다.
- 총계정원장 잔액은 항상 차변에 남는다.
- 영업이익의 계산에 직접적인 영향을 미친다.

① 기부금　　　　　　　② 이자비용
③ 감가상각비　　　　　④ 유형자산처분손실

2. (주)광화문은 본사 사옥의 신축을 위해 (주)현대건설과 공사계약을 맺고 총공사대금 ₩5,000 중 착수금으로 ₩2,000을 수표를 발행하여 지급하다. 의 분개로 옳은 것은?

① (차) 선　급　금　5,000　(대) 당 좌 예 금　5,000
② (차) 선　급　금　2,000　(대) 당 좌 예 금　2,000
③ (차) 건설중인자산　5,000　(대) 당 좌 예 금　5,000
④ (차) 건설중인자산　2,000　(대) 당 좌 예 금　2,000

3. 상공상사는 20×1년도에 ₩600,000의 당기손익-공정가치측정금융자산을 취득하였는 바, 다음 자료에 의하여 공정가치로 평가한 경우, 20×2년도 회계 기간 말 당기손익-공정가치측정금융자산평가손익은 얼마인가?

	20×1년도말	20×2년도말
공정가치	₩ 650,000	₩ 620,000

① ₩20,000(손실)　　② ₩20,000(이익)
③ ₩30,000(손실)　　④ ₩30,000(이익)

4. 자본적 지출(자산의 원가에 포함되는 지출)을 수익적 지출(자산의 원가에 포함되지 않는 지출)로 처리하였을 때 재무제표에 미치는 영향으로 옳은 것은?

① 이익의 과소계상　　② 비용의 과소계상
③ 자산의 과대계상　　④ 수익의 과대계상

5. 다음은 수익의 인식시점에 대한 설명이다. 옳은 것은?

① 상품을 주문받은 날에 수익으로 인식한다.
② 상품을 판매한 날에 수익으로 인식한다.
③ 상품을 매출하고 대금을 회수한 날에 수익으로 인식한다.
④ 배당수익은 배당금을 현금으로 수취한 날에 수익으로 인식한다.

6. 다음 거래를 회계처리한 결과에 대한 설명으로 옳은 것은?

(주)대한상공은 3년 만기 정기예금 ₩1,000,000과 이자 ₩50,000을 현금 수령하여 그 중 ₩700,000은 보통예금에 입금하였다.

① 대변에 현금 계정 ₩350,000이 기입된다.
② 차변에 보통예금 계정 ₩700,000이 기입된다.
③ 차변에 정기예금 계정 ₩1,000,000이 기입된다.
④ 대변에 이자비용 계정 ₩50,000이 기입된다.

7. 회계기간에 관한 설명 중 옳지 않은 것은?

① 회계기간은 1년을 초과할 수 없다.
② 인위적으로 구분한 기간으로, 회계연도라고도 한다.
③ 기업의 재무성과와 재무상태를 파악하기 위하여 설정한 시간적인 구분이다.
④ 유동자산과 비유동자산을 구분하기 위한 것이다.

8. 다음 중 결산절차에 속하지 않는 것은?

(가) 총계정원장에의 전기　　(나) 재무상태표의 작성
(다) 분개장의 작성　　　　　(라) 합계잔액시산표의 작성
(마) 이월시산표의 작성　　　(바) 총계정원장의 마감

① (가), (다)　　　　　② (가), (다), (라)
③ (나), (라), (마), (바)　④ (가), (다), (마)

9. 다음 포괄손익계산서 계정 중 성격이 다른 하나는?

① 이자수익　　　　　② 배당금수익
③ 유형자산처분이익　④ 대손충당금환입

10. 12월 결산법인인 (주)상공은 10월 1일 새로운 건물을 임차하였다. 임차료는 매 6개월마다 후급하기로 하였다. 12월말 결산을 할 때 거래의 요소에 어떤 변경을 가져오는가?

① 자산의 감소와 비용의 발생
② 자산의 증가와 부채의 증가
③ 비용의 발생과 부채의 증가
④ 자본의 증가와 비용의 발생

11. 다음 자료를 이용하여 포괄손익계산서에 계상 될 순매입액을 구하면 얼마인가?

총 매 입 액	₩30,000	매 출 환 입	₩1,000
매 입 에 누 리	2,000	매 출 에 누 리	3,000
매 입 할 인	1,500	매 입 환 출	800

① ₩25,700
② ₩24,700
③ ₩22,700
④ ₩21,700

12. 다음은 (주)강남의 기계구입과 관련된 자료이다. (주)강남의 재무제표에 표시될 기계의 취득원가는 얼마인가? 단, 보험료는 구입 시 지급한 구입관련비용이다.

가. 기계구입금액	₩1,500,000	나. 운 반 비	₩50,000
다. 시 운 전 비	100,000	라. 보 험 료	30,000

① ₩1,600,000
② ₩1,650,000
③ ₩1,680,000
④ ₩1,580,000

13. 다음은 상품계정을 총액법으로 기장한 속초상사의 손익계정이다. 회계담당자의 실수로 인하여 기초상품재고액이 ₩20,000 과대계상되고, 기말상품재고액이 ₩30,000 과소계상된 경우 정확한 매출총이익은 얼마인가?

손		익	
매 입	150,000	매 출	250,000

① ₩50,000
② ₩90,000
③ ₩110,000
④ ₩150,000

14. 서대문상사에서 외상으로 매입한 상품 중 파손품(5개, @₩1,000)이 있어 반품하다. 3분법에 의할 경우 옳은 분개는?

① (차) 매   입 5,000 (대) 외상매입금 5,000
② (차) 상   품 5,000 (대) 외상매입금 5,000
③ (차) 상   품 5,000 (대) 매   입 5,000
④ (차) 외상매입금 5,000 (대) 매   입 5,000

15. 다음 지출내역서상의 판매비와관리비는 얼마인가?

지출내역서(20×1년 5월 10일)	
• 전화요금	₩50,000
• 종업원 회식비용	100,000
• 장애인단체에 대한 기부	700,000
• 차입금 이자 지급	30,000

① ₩150,000
② ₩180,000
③ ₩750,000
④ ₩780,000

16. 소모품을 구입하였을 때와 결산 기말에 다음과 같이 분개하였다. 분개에 대한 설명으로 올바른 것은?

| 10/15 : (차) 소모품비 75,000 (대) 현   금 75,000 |
| 12/31 : (차) 소 모 품 20,000 (대) 소모품비 20,000 |

① 10/15 매입 시 자산처리법으로 처리하였다.
② 당기분 소모품 사용액은 ₩75,000이다.
③ 회계기간 말 소모품 재고액 ₩55,000을 계상하였다.
④ 포괄손익계산서에 기입될 소모품비는 ₩55,000이다.

17. 다음과 같은 거래가 발생한 경우에 12월 31일 회계기간 말의 분개로 옳은 것은?

| 7/ 1 : 단기자금운용 목적으로 상장회사인 (주)상공의 발행 주식 100주(액면 @₩20,000)를 수표를 발행하여 구입하다. |
| 12/31 : 기말 결산 시 위 주식을 공정가치 @₩15,000으로 평가하다. |

① (차) 당기손익-공정가치측정금융자산평가손실 500,000 (대) 당기손익-공정가치측정금융자산 500,000
② (차) 당기손익-공정가치측정금융자산 500,000 (대) 당기손익-공정가치측정금융자산평가이익 500,000
③ (차) 당기손익-공정가치측정금융자산 500,000 (대) 이 자 수 익 500,000
④ (차) 이 자 비 용 500,000 (대) 당기손익-공정가치측정금융자산 500,000

18. 20×1년 1월 1일에 영업을 개시한 상공상사는 20×1년 12월 31일 다음과 같은 정보를 얻었다. 상품 판매 거래는 모두 원가에 30%의 이익을 가산하여 외상매출하는 경우 20×1년도 외상매출금의 회수액을 계산하면 얼마인가? 단, 기중에 대손의 발생액은 없었다.

20×1년도(1월 1일~12월 31일) 상품 총매입액	₩500,000
20×1년 12월 31일 상품재고액	100,000
20×1년 12월 31일 외상매출금 잔액	200,000

① ₩120,000
② ₩250,000
③ ₩320,000
④ ₩350,000

19. 다음 당좌예금 계정 기입에 대한 거래의 추정이 옳지 않은 것은?

당 좌 예 금	
① 받을어음 300,000	② 현 금 50,000
③ 보통예금 100,000	④ 외상매입금 200,000

① 약속어음 대금 ₩300,000이 당좌예입 되었음을 확인하다.
② 당좌수표 ₩50,000을 발행하여 현금을 인출하다.
③ 당좌수표 ₩100,000을 발행하여 보통예금으로 입금하다.
④ 외상매입금 ₩200,000을 수표를 발행하여 지급하다.

20. 자산과 관련된 내용을 설명한 다음 항목 중 옳지 않은 것은?
① 자산은 기업이 통제하고 있는 경제적 자원이다.
② 자산은 기업에 미래의 경제적 효익을 가져다 줄 수 있어야 한다.
③ 자산은 소멸되지 않은 원가이다.
④ 자산합계는 자본합계에서 부채합계를 차감한 금액이다.

21. 다음 내용에 모두 해당되는 계정과목이 나타나는 거래로 옳은 것은?

- 당기순이익을 감소시키는 원인이 된다.
- 총계정원장의 계정잔액은 항상 차변에 남는다.
- 기업의 주된 영업활동 이외의 활동에서 발생한다.

① 단기차입금에 대한 이자 ₩30,000을 현금으로 지급하다.
② 상품 ₩500,000을 매입하고 대금은 현금으로 지급하다.
③ 거래처에 현금 ₩600,000을 대여하다.
④ 신문광고료 ₩100,000을 현금으로 지급하다.

22. 기초재고자산이 ₩80,000, 기말재고자산이 ₩85,000이며, 판매가능액이 ₩320,000이라면, 매출원가는 얼마인가?
① ₩240,000 ② ₩320,000
③ ₩235,000 ④ ₩315,000

23. 다음은 외상매입금 계정의 일부를 나타낸 것이다. A에 대한 내용을 추정한 결과로 옳은 것을 <보기>에서 고른 것은?

외상매입금			
1/ 8 매 입	10,000	1/ 1 전기이월	100,000
A → 10 현 금	150,000	5 매 입	200,000

< 보기 >
ㄱ. 자본금이 증가한다.   ㄴ. 당좌자산이 감소한다.
ㄷ. 재고자산이 감소한다.   ㄹ. 유동부채가 감소한다.

① ㄱ, ㄴ   ② ㄱ, ㄷ
③ ㄴ, ㄷ   ④ ㄴ, ㄹ

24. 다음은 (주)한국과 관련된 거래이다. 기말 수정분개가 재무제표에 미치는 영향으로 옳은 것은? (단, 기간은 월할 계산한다)

- 8월 1일 건물을 1년간 임대하기로 하고, 현금 ₩2,400을 수취하면서 임대수익으로 기록하였다.
- 10월 1일 거래처에 현금 ₩10,000을 대여하고, 1년 후 원금과 이자(연 이자율 4%)를 회수하기로 하였다.
- 11월 1일 보험료 2년분 ₩2,400을 현금지급하고, 보험료로 회계처리하였다.

① 자산이 ₩2,100만큼 증가한다.
② 비용이 ₩200만큼 증가한다.
③ 수익이 ₩100만큼 증가한다.
④ 당기순이익이 ₩900만큼 증가한다.

25. 다음 매입처원장의 기록 내용이 잘못 설명된 것은?

매 입 처 원 장

대 한 상 사			
7/29 현 금	150,000	7/ 3 매 입	300,000
31 차기이월	150,000		

상 공 상 사			
7/29 현 금	150,000	7/ 3 매 입	280,000
31 차기이월	130,000		

① 당기에 외상으로 매입한 총액은 ₩580,000이다.
② 당기의 외상매입금 지급총액은 ₩300,000이다.
③ 당기의 외상매입금 기말잔액은 ₩280,000이다.
④ 외상매입금 기초잔액은 ₩150,000이다.

기출문제

제01회 기출문제 (2016년 02월 20일 시행)
제02회 기출문제 (2016년 05월 21일 시행)
제03회 기출문제 (2016년 10월 08일 시행)
제04회 기출문제 (2017년 02월 18일 시행)
제05회 기출문제 (2017년 05월 27일 시행)
제06회 기출문제 (2017년 09월 16일 시행)
제07회 기출문제 (2018년 02월 10일 시행)
제08회 기출문제 (2018년 05월 19일 시행)
제09회 기출문제 (2018년 09월 08일 시행)
제10회 기출문제 (2019년 02월 09일 시행)
제11회 기출문제 (2019년 05월 18일 시행)
제12회 기출문제 (2019년 09월 07일 시행)
제13회 기출문제 (2020년 02월 09일 시행)
제14회 기출문제 (2020년 05월 17일 시행)
제15회 기출문제 (2020년 10월 09일 시행)

국가기술자격검정
상시 전산회계운용사 3급필기 시험

2016년 1회기출 대한상공회의소 시행

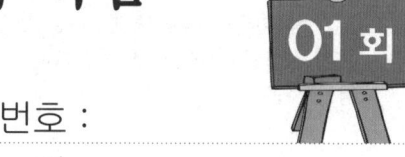

| 3급 | A형 | 시험일(소요시간) 2월 20일(총40분) | 문항수 총25개 | 수험번호 : 성 명 : |

※ 다음 문제를 읽고 알맞은 것을 골라 답안카드의 답란(①, ②, ③, ④)에 표기하시오.

< 제1과목 : 회계원리 >

01. 다음 중 시산표에 대한 설명으로 옳지 않은 것은?
① 결산 예비 절차에서 작성한다.
② 잔액시산표, 합계시산표, 합계잔액시산표가 있다.
③ 총계정원장에 정확하게 전기되었는가를 검증하기 위해 작성한다.
④ 시산표 등식은 '기말자산+총비용=기말부채+기말자본+총수익' 이다.

02. 거래의 이중성에 따라 거래 하나 하나의 차변과 대변 금액은 일치 한다. 아무리 많은 거래가 발생하여도 전체 거래의 차변과 대변의 합계 금액은 항상 일치하는 것을 무엇이라 하는가?
① 발생주의　　　　　　② 복식부기
③ 대차평균의 원리　　　④ 일반기업회계기준

03. 다음 자료의 결산 정리 사항을 반영 후 당기순이익 금액으로 옳은 것은?

가. 결산 정리 전 순이익	₩500,000
나. 결산 정리 사항	
- 이자 미수액	₩10,000
- 급여 미지급액	₩50,000
- 보험료 선급액	₩20,000

① ₩420,000　　② ₩480,000
③ ₩500,000　　④ ₩520,000

04. 결산 수정 사항에 대한 내용으로 적절하지 않은 것은?
① 광고선전비 ₩100,000을 현금으로 지급하고 장부에 계상하다.
② 원인을 알 수 없는 현금부족액 ₩10,000이 발생하다.
③ 매출채권에 대하여 ₩50,000을 대손금액으로 추정하다.
④ 단기매매를 목적으로 보유 중인 주식 100주(장부금액 @₩5,000)를 @₩6,000으로 평가하다.

05. 다음 분개를 통해 거래 내용을 추정한 것으로 옳은 것은?

| (차) 상　　품 ₩100,000 (대) 당좌예금 ₩100,000 |

① 상품 ₩100,000을 매입하고, 대금은 현금으로 지급하다.
② 상품 ₩100,000을 매입하고, 대금은 당좌수표를 발행하여 지급하다.
③ 상품 ₩100,000을 매입하고, 대금은 1개월 후에 지급하기로 하다.
④ 상품 ₩100,000을 매입하고, 국민은행 발행의 자기앞수표로 지급하다.

06. 유동부채와 비유동부채의 분류가 바르게 짝지어진 것은?

	유동부채	비유동부채
①	사채	선수수익
②	매입채무	미지급비용
③	선수수익	미지급법인세
④	예수금	장기차입금

07. 현금 ₩500,000을 출자하여 영업을 개시한 상공상사의 1년 후 자산총액은 ₩1,800,000이고, 부채총액은 ₩1,200,000이다. 당기순손익을 계산한 금액으로 옳은 것은? 단, 출자 후 당기순손익 외의 자본의 변동은 없다.
① 당기순이익 ₩100,000　　② 당기순이익 ₩600,000
③ 당기순손실 ₩100,000　　④ 당기순손실 ₩600,000

08. 다음은 유통업을 영위하는 A사의 수익 및 비용이다. 포괄손익계산서(기능별)상 기타수익 금액을 계산하면 얼마인가?

영업이익	₩200,000	기부금	₩30,000
이자수익	₩10,000	이자비용	₩50,000
법인세차감전순이익	₩150,000		

① ₩10,000　　② ₩20,000
③ ₩50,000　　④ ₩60,000

09. 시장성이 있는 당기손익-공정가치측정금융자산(FVPL금융자산)의 설명으로 옳지 않은 것은? 단, 당해 주식은 20×1년 중에 취득했다.

| 종목 | 취득원가 | 20×1년말 공정가치 | 20×2년말 공정가치 |
| (주)상공 | ₩2,000,000 | ₩2,500,000 | ₩2,200,000 |

① 20×1년 말 평가이익은 ₩500,000이다.
② 20×2년 말 평가손실은 ₩300,000이다.
③ 20×1년 말 재무상태표에 반영될 당기손익-공정가치측정금융자산의 금액은 ₩2,000,000이다.
④ 20×2년 말 재무상태표에 반영될 당기손익-공정가치측정금융자산의 금액은 ₩2,200,000이다.

10. 결산 시 현금의 장부 금액 ₩100,000과 실제금액 ₩90,000의 차이가 발생하였음을 발견하였으나, 그 원인을 알 수 없었다. 분개로 옳은 것은?

① (차) 현　　　금　10,000　(대) 잡　이　익　10,000
② (차) 현　　　금　10,000　(대) 현금과부족　10,000
③ (차) 잡　손　실　10,000　(대) 현　　　금　10,000
④ (차) 현금과부족　10,000　(대) 현　　　금　10,000

11. 다음 중 기타포괄손익으로 옳지 않은 것은?

① 유형자산처분손익
② 자산재평가잉여금
③ 해외사업환산이익
④ 기타포괄손익-공정가치측정금융자산평가손익

12. 다음 거래의 회계처리 시 차변 계정과목과 금액으로 옳은 것은?

(가) 상품 ₩500,000을 외상매입하고, 운반비 ₩50,000 현금으로 지급하다.
(나) 상품 ₩200,000을 외상매출하고, 운반비 ₩20,000 현금으로 지급하다.

① (가) 상　　품　500,000　(나) 외상매출금　200,000
② (가) 상　　품　550,000　(나) {외상매출금 200,000 / 운반비 20,000}
③ (가) {상품 500,000 / 운반비 50,000}　(나) 외상매출금 220,000
④ (가) 상　　품　550,000　(나) 외상매출금 220,000

13. 다음 중 단기금융상품으로 처리할 수 있는 것은?(기출 수정)

① 단기자금운용 목적으로 취득한 양도성예금증서
② 보고기간 종료일로부터 만기가 3년 후에 도래하는 정기적금
③ 보고기간 종료일로부터 만기가 3년 후에 도래하는 대여금
④ 보고기간 종료일로부터 상환기간이 1년 이내에 도래하는 은행 대출금

14. 다음 거래의 분개로 옳은 것은?

(주)상공기업은 10월분 종업원급여 ₩2,000,000 중 근로소득세 ₩100,000, 국민건강보험료 ₩50,000, 국민연금 ₩50,000을 원천징수하고, 잔액은 보통예금 계좌에서 종업원 계좌로 이체하다.

① (차) 종업원급여 1,800,000　(대) 보통예금 1,800,000
② (차) {종업원급여 1,800,000 / 세금과공과 200,000}　(대) {보통예금 1,800,000 / 예수금 200,000}
③ (차) 종업원급여 2,000,000　(대) {보통예금 1,800,000 / 예수금 200,000}
④ (차) 종업원급여 2,000,000　(대) {보통예금 1,800,000 / 가수금 200,000}

15. 다음의 설명에 해당하는 자산의 분류로 옳은 것은?

· 정상적인 영업 과정에서 판매를 위하여 보유중인 자산
· 정상적인 영업 과정에서 판매를 위하여 생산중인 자산
· 생산이나 용역 제공에 사용될 원재료와 소모품

① 당좌자산　② 유형자산
③ 투자자산　④ 재고자산

16. 다음 거래의 분개로 옳은 것은?

출장중인 사원 이대한으로부터 받은 내용 불명의 송금액 ₩300,000 중 ₩270,000은 매출처 상공상사에 대한 외상매출금 회수분이고, 나머지는 상품 주문 대금으로 받은 것임이 확인되다.

① (차) 가 수 금 300,000　(대) {외상매출금 270,000 / 선 수 금 30,000}
② (차) {외상매출금 270,000 / 선 수 금 30,000}　(대) 가 지 급 금 300,000
③ (차) 가 지 급 금 300,000　(대) {외상매출금 270,000 / 선 수 금 30,000}
④ (차) {외상매출금 270,000 / 선 수 금 30,000}　(대) 가 수 금 300,000

17. 먼저 매입한 상품을 먼저 매출하는 방식으로써 기말재고자산이 최근에 구입한 가격으로 표시되는 단가 결정 방법은?

① 선입선출법　② 후입선출법
③ 이동평균법　④ 총평균법

18. 다음 자료는 상공기업의 매입장 일부이다. 관련 자료를 이용하여 6월 11일 현재 외상매입금 잔액을 계산하면 얼마인가? 단, 제시된 자료 외에는 고려하지 않는다.

매　입　장

월	일	적　요			금 액
6	9	(대한기업)　　　　외　상			
		A상품　100개　@₩3,000	300,000		
		운반비 현금 지급	2,000		302,000
	11	(대한기업)　　　　환　출			
		A상품　10개　@₩3,000			30,000

① ₩30,000　② ₩270,000
③ ₩272,000　④ ₩332,000

19. 다음은 개인기업인 대한상사의 회계정보를 나타낸 것이다. (가)의 금액을 추정한 것으로 옳은 것은?

가. 기초자본금	₩1,000,000
나. 추가 출자액	(가)
다. 당기 수익총액	₩2,500,000
라. 당기 비용총액	₩1,800,000

기말 재무상태표	
자 산 3,500,000	부 채 1,000,000
	자 본 2,500,000

① ₩500,000　　② ₩700,000
③ ₩800,000　　④ ₩900,000

20. 상공상사의 거래 중 매출채권이 증가하는 거래로 옳은 것은?

① 상품 ₩150,000을 매입하고, 대금은 외상으로 하다.
② 상품 ₩200,000을 매출하고, 대금은 동점 발행 약속어음으로 받다.
③ 사용 중이던 비품을 ₩100,000에 처분하고, 대금은 1달 후에 받기로 하다.
④ 외상매입금 ₩250,000을 지급하기 위하여 소유하고 있던 일등상사 발행의 약속어음을 배서양도하다.

21. 다음은 (주)상공의 거래 내역이다. (가), (나)의 차변 계정과목에 해당하는 것으로 옳은 것은?

| (가) 영업부 사원 결혼축의금 ₩500,000을 현금으로 지급하다. |
| (나) 경리부 직원 회식비 ₩300,000을 현금으로 지급하다. |

① 기부금　　② 잡손실
③ 접대비　　④ 복리후생비

22. 자본의 분류 중 이익잉여금에 해당하지 않는 것은?

① 이익준비금　　② 임의적립금
③ 미처분이익잉여금　　④ 자기주식처분이익

23. 다음 자료를 토대로 건물(업무용으로 사용함)을 처분할 경우 유형자산처분손익은?

가. 건물의 취득가액	₩ 5,000,000
나. 건물감가상각누계액	3,000,000
다. 건물의 처분가액(현금 수취)	2,500,000

① 유형자산처분이익 ₩500,000
② 유형자산처분손실 ₩500,000
③ 유형자산처분이익 ₩2,500,000
④ 유형자산처분손실 ₩2,500,000

24. 주식과 사채에 대한 설명으로 옳지 않은 것은?

① 주식을 발행하면 자기자본이 증가하고 사채를 발행하면 타인자본이 증가한다.
② 주식에 투자하면 배당금을 받고 사채에 투자하면 이자를 받는다.
③ 회사 청산시에 사채권자는 주주에 비해 우선적으로 잔여재산을 분배받을 수 있다.
④ 주주는 경영에 참가할 수 없지만, 사채권자는 참가할 수 있다.

25. 다음 자료와 관련하여 수익 인식 5단계에 의한 수익이 인식되는 시기로 옳은 것은?

| 도매업을 하는 상공전자는 수원전자로부터 5월에 에어컨 10대(@₩1,450,000)을 매입하겠다는 전화를 받았다. 6월 납품일자가 되어 7월에 대금을 받기로 하고 에어컨 10대를 거래처에 발송하였다. 7월 수원전자로부터 외상대금 전액을 보통예금계좌로 송금받았다. |

① 5월　　② 6월
③ 7월　　④ 8월

국 가 기 술 자 격 검 정

상시 전산회계운용사 3급필기 시험

2016년 2회기출

대한상공회의소 시행

02회

3급	A형	시험일(소요시간)	문항수
		9월 7일(총40분)	총25개

수험번호 :
성   명 :

※ 다음 문제를 읽고 알맞은 것을 골라 답안카드의 답란(①, ②, ③, ④)에 표기하시오.

< 제1과목 : 회계원리 >

01. 다음 중 계산 수식이 옳지 않은 것은?

① 총수익 − 총비용 = 당기순손익
② 순매출액 − 매출원가 = 매출총손익
③ 기말상품재고액 + 당기순매입액 − 기초상품재고액 = 매출원가
④ 매출총손익 − 판매비와관리비 = 영업손익

02. 다음 중 금융자산에 속하지 않는 것은?

① 현금
② 선급비용
③ 단기대여금
④ 외상매출금

03. 다음은 (주)대한상공의 당좌예금 계정의 기입 내용이다. (가)에 해당하는 거래 내용으로 옳은 것은? 단, 거래금액 표시는 생략됨.

당 좌 예 금
(가) |

① 현금을 당좌예입하다.
② 당좌수표를 발행하여 현금으로 인출하다.
③ 상품 매입 대금을 당좌수표로 지급하다.
④ 비품 구입 대금을 동점 발행 수표로 지급하다.

04. 결산절차 중에서 예비절차에 해당하는 것은?

① 시산표 작성
② 분개장의 마감
③ 재무상태표 작성
④ 총계정원장의 마감

05. 다음 (주)대한상공의 회계담당자가 결산 후 오류를 발견한 내용이다. 이를 정정하지 않았을 경우 재무제표에 나타난 결과로 옳은 것은?

결산일에 장기차입금에 대한 이자 미지급분 ₩50,000을 계상하지 않는다.

① 비용이 ₩50,000 과대 계상되었다.
② 수익이 ₩50,000 과소 계상되었다.
③ 부채가 ₩50,000 과소 계상되었다.
④ 자산이 ₩50,000 과소 계상되었다.

06. 다음 자료를 이용하여 도매업을 영위하는 (주)대한의 영업이익을 계산한 금액으로 옳은 것은?

가. 매출원가	₩500,000	나. 당기 순매출액	₩800,000
다. 급여	₩100,000	라. 광고선전비	₩50,000
마. 접대비	₩20,000	바. 이자수익	₩50,000

① ₩100,000
② ₩150,000
③ ₩200,000
④ ₩400,000

07. 비용을 기능별로 분류할 때 관리비에 속하는 계정과목으로 옳지 않은 것은?

① 이자비용
② 감가상각비
③ 대손상각비
④ 여비교통비

08. 회계상 현금으로 처리하는 통화대용증권을 나열한 것으로 옳은 것은?

① 수입인지, 우편환증서
② 환어음, 송금수표, 타인발행수표
③ 공사채만기이자표, 송금수표, 타인발행수표
④ 약속어음, 우편환증서

09. 다음은 상공상사의 8월 중 당좌예금출납장의 내용이다. 당월에 당좌예금에서 인출한 총액은 얼마인가?

당 좌 예 금 출 납 장

날짜		적요	예입액	인출액	차·대	잔액
8	1	전월이월	300,000		차	300,000
	⋮	⋮	⋮	⋮	⋮	⋮
	31	차월이월		200,000		
		합 계	1,000,000	1,000,000		

① ₩200,000
② ₩300,000
③ ₩800,000
④ ₩1,000,000

10. 상공상사의 결산 결과 당기순이익이 ₩100,000이 산출되었으나, 다음과 같은 사항이 누락되었음을 발견하였다. 수정 후의 당기순이익을 계산하면 얼마인가? 단, 보험료 지급 시 비용 계정으로, 임대료는 수입 시 수익 계정으로 처리하였다.

가. 보험료 선급액	₩ 5,000
나. 이자 미수액	3,000
다. 임대료 선수액	10,000

① ₩98,000　　② ₩102,000
③ ₩108,000　　④ ₩112,000

11. 다음 중 금융부채에 대한 설명으로 옳은 것은?
① 금융기관의 상품 종류를 뜻하는 것으로 선수금 등이 있다.
② 기업의 지분상품을 뜻하는 것으로, 기업이 매입한 다른 회사의 주식 등이 있다.
③ 거래 상대방에게 현금 등 금융자산을 수취할 계약상의 권리를 뜻하는 것으로 매출채권 등이 있다.
④ 거래 상대방에게 현금 등 금융자산을 인도하기로 한 계약상의 의무를 뜻하는 것으로 매입채무 등이 있다.

12. 다음의 결산 정리 분개로 옳은 것은?

기말 결산 시 단기매매차익 목적으로 보유 중인 주식 100주를 @₩15,000으로 평가하다. 단, 주식의 액면가액은 @₩10,000이고, 결산 전 장부금액은 @₩11,000이다.

① (차) 당기손익-공정가치측정금융자산평가손실　400,000　(대) 당기손익-공정가치측정금융자산　400,000
② (차) 당기손익-공정가치측정금융자산평가손실　500,000　(대) 당기손익-공정가치측정금융자산　500,000
③ (차) 당기손익-공정가치측정금융자산　400,000　(대) 당기손익-공정가치측정금융자산평가이익　400,000
④ (차) 당기손익-공정가치측정금융자산　500,000　(대) 당기손익-공정가치측정금융자산평가이익　500,000

13. 다음 거래의 분개로 옳은 것은?

가전마트에서 사무실용 벽걸이 선풍기를 ₩160,000에 구입하고, 대금은 보통예금 직불카드로 결제하였다.

① (차) 비 품 160,000 (대) 보 통 예 금 160,000
② (차) 비 품 160,000 (대) 미 지 급 금 160,000
③ (차) 상 품 160,000 (대) 미 지 급 금 160,000
④ (차) 상 품 160,000 (대) 보 통 예 금 160,000

14. 다음은 상공상사의 7월 중 갑상품 거래 내역이다. 선입선출법에 의한 갑상품의 7월 말 재고금액은 얼마인가?

가. 7월 1일	전월이월	100개	@₩1,000	₩100,000
나. 7월 10일	매 입	100개	@₩1,200	₩120,000
다. 7월 15일	매 출	50개	@₩2,000	₩100,000

① ₩120,000　　② ₩160,000
③ ₩165,000　　④ ₩170,000

15. 다음은 소모품에 대한 회계 처리 분개이다. 분개에 대한 설명으로 옳은 것은?

10월 2일 (차) 소 모 품 100,000 (대) 현 금 100,000
12월 31일 (차) 소모품비 60,000 (대) 소 모 품 60,000

① 10월 2일 소모품 매입 시 비용처리법으로 처리하였다.
② 당기분 소모품 사용액은 ₩40,000이다.
③ 결산 시 소모품 재고액은 ₩60,000이다.
④ 포괄손익계산서에 기입될 소모품비는 ₩60,000이다.

16. 다음 거래를 분개 시 차변에 해당하는 계정과목과 금액으로 옳은 것은? 단, 상품에 관한 거래는 3분법에 의하며, 부가가치세는 고려하지 않는다.

상공가구는 대한가구로부터 판매용 책상 20대 @₩50,000을 외상으로 매입하고, 운임과 하역료 ₩100,000은 현금으로 지급하였다.

① 매입 ₩1,000,000　　② 매입 ₩1,100,000
③ 비품 ₩1,000,000　　④ 비품 ₩1,100,000

17. 다음 거래를 알맞게 분개한 것으로 옳은 것은?

영업부 직원들이 상공회관에서 저녁식사 후 식대 ₩150,000을 법인신용카드로 결제하다.

① (차) 복리후생비 150,000 (대) 단기차입금 150,000
② (차) 복리후생비 150,000 (대) 미 수 금 150,000
③ (차) 복리후생비 150,000 (대) 미 지 급 금 150,000
④ (차) 복리후생비 150,000 (대) 외상매입금 150,000

18. 다음 자료에 의하여 순매입액을 계산하면 얼마인가?

가. 기초상품재고액	₩30,000	나. 총매입액	₩500,000
다. 매입환출액	₩30,000	라. 매입에누리액	₩10,000
마. 매입할인액	₩40,000	바. 인수운임	₩20,000
사. 매출할인액	₩10,000		

① ₩400,000　　② ₩420,000
③ ₩440,000　　④ ₩500,000

19. 다음은 상공상사의 유형자산 취득, 감가상각 및 처분에 대한 내역이다. 유형자산처분손익을 계산한 금액으로 옳은 것은?

취득내역	감가상각	처분내역
- 취득일 : 20×1년 7월 1일 - 취득 금액 : ₩1,000,000	- 상각 방법 : 정액법 - 내용 연수 : 5년 - 잔존 가치 : ₩0 - 결산일 : 12월 31일 - 월할 상각	- 처분일 : 20×2년 6월 30일 - 처분 금액 : ₩700,000

① 처분이익 ₩100,000　　② 처분손실 ₩100,000
③ 처분이익 ₩200,000　　④ 처분손실 ₩200,000

20. 다음은 20×1년 초에 개업한 개인기업인 상공상사의 20×1년 12월 31일 재무상태와 당기의 수익과 비용을 나타낸 것이다. 20×1년 초에 출자한 자본금을 계산한 것으로 옳은 것은? 단, 기중의 다른 자본거래는 없는 것으로 가정한다.

가. 12월 31일 재무상태	
- 기말자산 ₩1,000,000	- 기말부채 ₩400,000
나. 당기의 수익과 비용	
- 매출총이익 ₩500,000	- 종업원급여 ₩300,000
- 임차료 ₩100,000	- 이자수익 ₩100,000

① ₩400,000 ② ₩500,000
③ ₩600,000 ④ ₩700,000

21. 주식회사의 자본잉여금에 해당하는 항목으로 옳지 않은 것은?

① 감자차익 ② 이익준비금
③ 주식발행초과금 ④ 자기주식처분이익

22. 수익의 인식에 해당하지 않는 것은?

① 재화의 소유에 따른 유의적인 위험과 보상이 구매자에게 이전된 경우
② 상품을 고객에게 제공하고 상품권을 회수한 경우
③ 상품을 판매하고 대금을 3년에 걸쳐 나누어 받기로 한 경우
④ 새로 개발한 상품을 고객에게 시험적으로 사용하게 하기 위해 발송한 경우

23. 이번 달 종업원급여 ₩10,000을 지급하면서 소득세 ₩200을 차감한 잔액은 현금으로 지급하다. 이 거래에 대한 분개로 옳은 것은?

① (차) 현　　금　10,000　(대) 종업원급여　10,000
② (차) 종업원급여　10,000　(대) { 현　　금　9,800 / 예 수 금　200 }
③ (차) 종업원급여　10,000　(대) 현　　금　10,000
④ (차) 종업원급여　10,000　(대) { 현　　금　10,000 / 예 수 금　200 }

24. 다음은 비유동자산을 분류한 것이다. (가)에 해당하는 계정과목이 나타나는 거래로 옳지 않은 것은?

비유동자산	투 자 자 산
	유 형 자 산
	(가)
	기타비유동자산

① 컴퓨터소프트웨어 ₩500,000을 현금으로 구입하다.
② 건물에 대한 임차보증금 ₩500,000을 현금으로 지급하다.
③ 신제품 개발을 위한 개발비 ₩500,000을 현금으로 지급하다.
④ 신상품에 대한 특허권 ₩500,000을 취득하고, 등록비 ₩10,000과 함께 현금으로 지급하다.

25. 다음 중 물가가 지속적으로 상승하고 있는 경우, 기말재고수량이 기초재고수량보다 많을 때 당기순이익이 크게 계상되는 순서로 옳은 것은?

① 선입선출법 > 이동평균법 > 후입선출법
② 후입선출법 > 이동평균법 > 선입선출법
③ 이동평균법 > 선입선출법 > 후입선출법
④ 이동평균법 > 후입선출법 > 선입선출법

상시 전산회계운용사 3급 필기 시험

대한상공회의소 시행

2016년 3회기출 | 3급 | A형 | 시험일(소요시간) 10월 8일(총40분) | 문항수 총25개

※ 다음 문제를 읽고 알맞은 것을 골라 답안카드의 답란(①, ②, ③, ④)에 표기하시오.

< 제1과목 : 회계원리 >

01. 다음 중 대차 평균의 원리에 관한 설명으로 옳은 것은?
① 자본의 증가는 반드시 자산의 감소를 가져온다.
② 장부 기록에 대한 자기 검증 능력을 갖게 된다.
③ 자산의 총액은 부채 총액에서 자본 총액을 차감한 금액과 일치한다.
④ 모든 거래를 분개하였을 때 차변합계액보다 대변의 합계액이 커야 한다.

02. 다음 중 재무상태표 (가)에 기입되는 계정과목으로 옳은 것은?

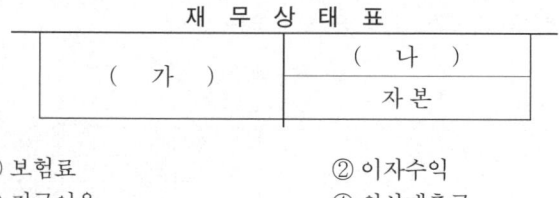

① 보험료
② 이자수익
③ 지급어음
④ 외상매출금

03. 다음 그림은 결산 절차를 나타낸 것이다. (가)에 해당되는 내용으로 옳은 것은?

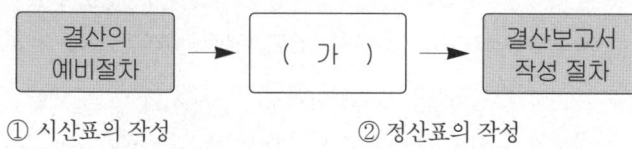

① 시산표의 작성
② 정산표의 작성
③ 재무상태표의 작성
④ 총계정원장의 마감

04. 다음 중 재고자산과 관련된 설명으로 옳지 않은 것은?
① 판매 목적으로 보유하는 자산이다.
② 상품 매입 과정에서 지출되는 부대 비용은 판매관리비로 처리한다.
③ 재고자산의 대표적인 예는 상품, 제품이다.
④ 재고자산은 감가상각을 하지 않는다.

05. 다음 자료에 의하여 계산한 (주)상공의 기말 부채의 금액으로 옳은 것은?

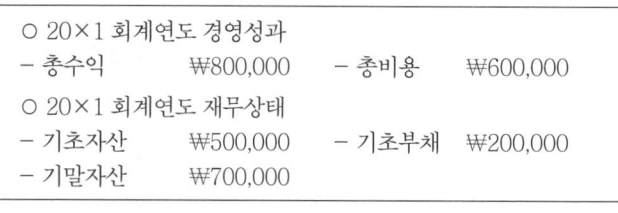

① ₩200,000
② ₩300,000
③ ₩500,000
④ ₩700,000

06. 다음은 (주)상공의 20×1년도 손익계정과 잔액시산표(수정 후)의 일부이다. 이에 대한 설명으로 옳은 것은? 단, 기초상품재고액은 ₩30,000이다.

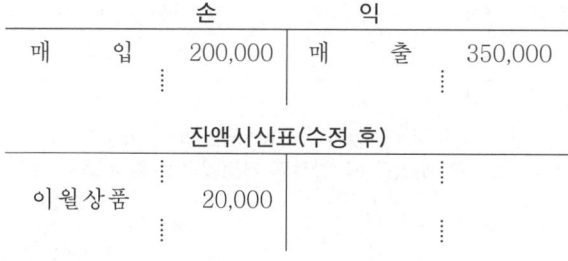

① 순매출액은 ₩200,000이다.
② 매출원가는 ₩180,000이다.
③ 상품매출이익은 ₩70,000이다.
④ 당기순매입액은 ₩190,000이다.

07. 다음 거래를 분개할 경우 대변에 기입될 계정과목은?

상품 ₩500,000을 매입하고 대금은 신용카드로 결제하다.

① 미수금
② 미지급금
③ 외상매입금
④ 외상매출금

08. 다음 중 재무상태표와 관련한 내용으로 옳지 않은 것은?
① 기업 실체의 일정 시점에 재무상태를 나타내는 회계보고서이다.
② 기업의 권리(자산), 의무(부채), 순자산(자본)에 관한 정보를 제공한다.
③ 재무상태표 계정의 차기이월액을 집계한 이월시산표를 기초로 작성한다.
④ 기말 재무상태표의 자본이 기초 자본을 초과하는 경우 당기순손실이 발생한 것이다. 단, 손익 거래 외 자본의 증감거래는 발생하지 않는 것으로 가정한다.

09. 다음은 (주)상공의 20×1년 7월 중 매출처원장이다. 이에 대한 설명으로 옳지 않은 것은?

매 출 처 원 장

(주) 서울

7/1 전월이월	10,000	7/3 매 출	7,000
15 매 출	150,000	31 차월이월	153,000
	160,000		160,000

(주) 경기

7/1 전월이월	20,000	7/7 현 금	80,000
5 매 출	200,000	31 차월이월	140,000
	220,000		220,000

① 7월 중 외상매출금 회수액은 ₩80,000이다.
② 7월 중 외상매출 총액은 ₩350,000이다.
③ 7월 중 외상매출금 미회수액은 ₩140,000이다.
④ 7월 중 매출환입 및 매출에누리액은 ₩7,000이다.

10. 다음 중 한국채택국제회계기준(K-IFRS)에 따른 포괄손익계산서 구성 항목으로 옳은 것은?

① 이익잉여금   ② 당기순손익
③ 유동자산   ④ 자본조정

11. 다음 중 한국채택국제회계기준(K-IFRS)에서 비용을 기능별분류방법에 따라 분류하였을 때, 항목과 계정과목 연결이 옳지 않은 것은?

① 물류원가 - 운반비   ② 관리비 - 감가상각비
③ 기타비용 - 임차료   ④ 금융원가 - 이자비용

12. 다음의 거래를 분개한 것으로 옳은 것은?

(주)상공은 단기매매차익 목적으로 보유하고 있는 (주)서울의 주식 50주를 현금 ₩500,000에 매각하였다. (주)서울의 주식에 대한 직전 연도 말 장부 금액은 ₩400,000이다.

① (차) 현 금 500,000 (대) 당기손익-공정가치측정금융자산 400,000
                                당기손익-공정가치측정금융자산처분이익 100,000

② (차) 현 금 400,000 (대) 당기손익-공정가치측정금융자산 500,000
     당기손익-공정가치측정금융자산처분이익 100,000

③ (차) 현 금 500,000 (대) 당기손익-공정가치측정금융자산 500,000

④ (차) 현 금 500,000 (대) 당기손익-공정가치측정금융자산 400,000
                                이 자 수 익 100,000

13. 다음은 (주)상공의 받을어음 계정의 기입 내용이다. 이를 토대로 거래를 추정한 것으로 옳지 않은 것은?

받 을 어 음

1/10 매 출	100,000	7/15 당좌예금	150,000
5/ 7 외상매출금	200,000	8/21 매 입	50,000

① 1월 10일 상품 ₩100,000을 매출하고 대금은 동점발행 약속어음으로 받다.
② 5월 7일 거래처의 외상대금 ₩200,000을 동점발행 약속어음으로 받다.
③ 7월 15일 소지하고 있던 약속어음 ₩150,000을 현금으로 받아 은행에 당좌예입하다.
④ 8월 21일 상품 ₩50,000을 매입하고 2개월 만기 당점발행 약속어음으로 지급하다.

14. 다음의 결산 절차 중 수정 전 시산표 작성과 동일한 결산절차에서 이루어지는 내용으로 옳은 것은?

① 분개장의 마감   ② 이월시산표 작성
③ 재무상태표의 작성 ④ 결산정리사항 수정

15. 다음 중 수익적 지출에 해당하는 것은?

① 건물에 피난시설 설치   ② 1층에서 2층으로 증축
③ 건물에 엘리베이터 설치 ④ 파손된 유리의 교체

16. 다음은 (주)상공의 20×1년 7월 중 상품재고장과 매출 거래를 나타낸 것이다. 이에 대한 설명으로 옳은 것은?

상 품 재 고 장

(주)상공   품명 : 갑상품   (단위 : 원)

날짜		적요	인 수			인 도			잔 액		
			수량	단가	금액	수량	단가	금액	수량	단가	금액
7	1	전월이월	50	600	30,000				50	600	30,000
	10	매 입	30	700	21,000				50	600	30,000
									30	700	21,000
	24	매 출				50	600	30,000			
						20	700	14,000	10	700	7,000
	31	차월이월				10	700	7,000			
			80		51,000	80		51,000			
8	1	전월이월	10	700	7,000				10	700	7,000

7월 24일 매출거래처 (주)수원에 갑상품 70개(@₩900)를 판매한 것이다.

① 7월 중 갑상품의 매출원가는 ₩51,000이다.
② 7월 중 갑상품의 매출총이익은 ₩19,000이다.
③ 이동평균법으로 인도단가를 결정하여 기입한 것이다.
④ 7월 24일 매출을 후입선출법으로 기입할 경우 매출원가는 더 적어진다.

17. 수익과 비용의 대응원칙에 따라 비용을 인식하는 방법 중 직접대응에 해당하는 비용으로 옳은 것은?

① 임차료   ② 매출원가
③ 광고선전비   ④ 통신비

18. 다음 거래의 회계처리에 대한 설명으로 옳은 것은?

> (주)상공은 3년 만기 정기예금 ₩1,000,000과 이자 ₩50,000을 현금 수령하여 그 중 ₩700,000은 보통예금에 입금하였다.

① 대변에 현금 계정 ₩350,000이 기입된다.
② 차변에 보통예금 계정 ₩700,000이 기입된다.
③ 차변에 정기예금 계정 ₩1,000,000이 기입된다.
④ 대변에 이자비용 계정 ₩50,000이 기입된다.

19. 다음의 거래를 분개할 경우 옳은 것은?

> 종업원에 대한 급여 ₩1,500,000을 자기앞수표로 지급하다.

① (차) 종업원급여 1,500,000 (대) 현　　　금 1,500,000
② (차) 종업원급여 1,500,000 (대) 자기앞수표 1,500,000
③ (차) 종업원급여 1,500,000 (대) 당 좌 예 금 1,500,000
④ (차) 종업원급여 1,500,000 (대) 보 통 예 금 1,500,000

20. 다음은 대한상사의 총계정원장 일부이다. 자료를 통하여 (가)의 계정과목과 (나)의 금액으로 옳은 것은?

총 계 정 원 장
임 대 료
12/31 선수수익 30,000 | 6/1 현　금 100,000
12/31 손　익 70,000 |

(가)
12/31 차기이월 ××× | 12/31 임 대 료 (나)

① 손　익 ₩30,000
② 선수수익 ₩30,000
③ 손　익 ₩70,000
④ 선수수익 ₩70,000

21. 다음은 (주)상공의 재무상태 및 경영성과에 대한 자료이다. 기말자산과 기말자본을 계산한 것으로 옳은 것은?

> 가. 기초자산 ₩500,000　나. 기초부채 ₩200,000
> 다. 기말부채 300,000　라. 기중 수익총액 600,000
> 마. 기중 비용총액 400,000

　　기말자산　기말자본　　　　기말자산　기말자본
① ₩600,000 ₩300,000　② ₩600,000 ₩400,000
③ ₩800,000 ₩400,000　④ ₩800,000 ₩500,000

22. 다음 중 현금및현금성자산에 속하지 않는 것은?

① 취득 당시 1년 만기의 정기예금
② 취득 당시 상환일까지의 기간이 3개월 이내인 상환주
③ 해외 바이어로부터 수령한 외화현금
④ 취득 당시 만기가 3개월 이내인 양도성예금

23. 다음 (가)와 (나)의 거래를 분개할 때 공통으로 기입되는 계정과목으로 옳은 것은?

> (가) 종업원에 대한 급여 ₩1,500,000을 지급하면서 원천징수세액(소득세 등) ₩110,000을 제외한 잔액은 보통예금 계좌에서 이체하여 지급하다.
> (나) 지난 달 종업원 급여 지급 시 원천징수한 세액(소득세등) ₩110,000을 관할세무서 등에 현금으로 납부하다.

① 현금　　　　　　② 예수금
③ 보통예금　　　　④ 종업원급여

24. 다음에서 설명하고 있는 자산으로 분류되는 계정과목으로 옳은 것을 <보기>에서 고른 것은?

> 식별 가능한 비화폐성 자산으로 물리적 실체가 없지만 기업이 통제하고 있으며, 장기에 걸쳐 미래에 기업에 효익을 제공하는 자산이다.

――< 보 기 >――
㉠ 영업권　㉡ 저작권　㉢ 임차료　㉣ 교육훈련비

① ㉠, ㉡　　　② ㉠, ㉢
③ ㉡, ㉢　　　④ ㉢, ㉣

25. 다음 거래 내용에 대한 분개로 옳은 것은?

> (주)상공은 영업용 건물 ₩100,000을 구입하고 대금은 대한은행 앞 자기앞수표로 지급하였다. 그리고 취득세와 중개수수료 ₩5,000은 현금으로 지급하다.

① (차) 건　　물 105,000 (대) 현　　금 105,000
② (차) 건　　물 105,000 (대) {당 좌 예 금 100,000 / 현　금 5,000}
③ (차) {건　　물 100,000 / 수수료비용 5,000} (대) {당 좌 예 금 100,000 / 현　금 5,000}
④ (차) {건　　물 100,000 / 수수료비용 5,000} (대) 현　　금 105,000

국가기술자격검정
상시 전산회계운용사 3급필기 시험

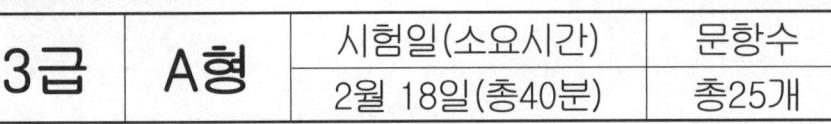

대한상공회의소 시행

2017년 1회기출

04회

3급	A형	시험일(소요시간) 2월 18일(총40분)	문항수 총25개

수험번호 :
성   명 :

※ 다음 문제를 읽고 알맞은 것을 골라 답안카드의 답란(①, ②, ③, ④)에 표기하시오.

< 제1과목 : 회계원리 >

1. 다음 중 회계의 역할에 대한 설명으로 옳지 않은 것은?

① 회계 거래를 기록, 계산하여 유용한 정보로 정리한다.
② 기업의 사회적 책임 수행 정도를 평가하는 기능이 있다.
③ 경영자의 능력을 평가할 수 있는 비계량적 정보를 제공한다.
④ 회계 정보를 이해관계자의 이용 목적에 따라 효과적으로 제공한다.

2. 다음 (주)상공기업의 20×1년 12월 31일 결산 시 결산 정리 분개 후 포괄손익계산서에 표시될 보험료 금액은 얼마인가?

(주)상공기업은 20×1년 4월 1일 자동차 보험에 가입하고 1년분 보험료 ₩120,000을 현금으로 지급하였다.

① ₩30,000   ② ₩60,000
③ ₩90,000   ④ ₩120,000

3. 다음은 결산 전 총계정원장의 잔액이다. 이를 토대로 작성한 잔액시산표 차변 합계 금액은 얼마인가?

가. 현 금	₩100,000	나. 외상매출금	₩50,000
다. 이 월 상 품	30,000	라. 외상매입금	50,000
마. 자 본 금	100,000	바. 매 출	150,000
사. 매 입	50,000	아. 종업원급여	70,000

① ₩150,000   ② ₩180,000
③ ₩250,000   ④ ₩300,000

4. 다음은 결산 절차를 나타낸 것이다. (가)에 해당하는 내용으로 옳지 않은 것은?

예비절차 → 본절차(가) → 재무제표 작성

① 수익과 비용 계정은 집합손익 계정에 대체한다.
② 영미식 마감법에서는 이월시산표를 작성한다.
③ 주요부 및 보조부 장부를 마감하는 단계이다.
④ 본절차의 마지막 단계에서 정산표를 작성한다.

5. 다음 중 회계상 거래에 해당되는 것은?

① 상품을 구입하기로 계약하다.
② 유능한 영업부장을 영입하다.
③ 종업원의 급여 중 일부만 지급하다.
④ 인천에 새로운 영업소 사무실을 임차하기로 결정하다.

6. 다음 자료를 회계처리하기 위한 분개로 옳은 것은?

당기에 발생하였으나, 회계기간 말 현재 지급되지 않은 이자

① (차) 이 자 비 용   ×××   (대) 미지급이자   ×××
② (차) 미지급이자   ×××   (대) 이 자 수 익   ×××
③ (차) 미 수 이 자   ×××   (대) 이 자 수 익   ×××
④ (차) 이 자 비 용   ×××   (대) 미 수 이 자   ×××

7. 당기 말에 임대료 미수액의 계상을 누락하였을 경우, 그 결과 당기의 재무제표에 미치는 영향으로 옳은 것은?

① 수익의 과대 계상   ② 부채의 과대 계상
③ 당기순이익의 과소 계상 ④ 자산의 과대 계상

8. 다음 중 포괄손익계산서 비용의 기능별 분류와 성격별 분류에서 동일한 명칭으로 표시되는 과목은?

① 관리비   ② 물류원가
③ 기타비용   ④ 매출총이익

9. 다음 중 포괄손익계산서에 대한 설명으로 옳지 않은 것은?

① 수익은 매출액과 기타수익 및 금융수익으로 구분·표시된다.
② 일정시점에 있어서 기업의 재무상태를 제공하기 위한 재무제표이다.
③ 비용을 성격별 분류와 기능별 분류 방법을 제시하고 있다.
④ 금융비용은 기업이 재무활동(타인자금의 조달)을 수행함에 따라 발생하는 비용을 말한다.

10. 다음 자료를 토대로 계산한 판매비와관리비의 총금액은 얼마인가?

| • 종업원급여 ₩500,000 | • 광고선전비 ₩30,000 |
| • 이자비용 ₩20,000 | • 기부금 ₩50,000 |

① ₩100,000　　　　　② ₩530,000
③ ₩550,000　　　　　④ ₩600,000

11. 다음의 회계정보이용자 중 내부이용자에 해당하는 것은?

① 채권자　　　　② 경영자
③ 주주　　　　　④ 정부

12. 다음 중 어음에 대한 설명으로 옳지 않은 것은?

① 받을어음은 매출채권에, 지급어음은 매입채무에 포함된다.
② 어음의 만기일에 발행인의 지급거절 또는 지급불능이 된 경우, 이를 부도어음이라 한다.
③ 어음을 받고 현금을 대여한 경우, 받을어음 계정의 차변에 기입한다.
④ 환어음은 발행인이 지명인에 대하여 지급기일에 어음금액을 수취인에게 지급하도록 지시한 증서이다.

13. 다음 계정의 기입 내용을 설명한 것으로 옳지 않은 것은?

현　　금

1/1 전 기 이 월	100,000	4/15 매　　　입	130,000
3/6 매　　　출	300,000	6/30 현금과부족	20,000
9/2 외상매출금	250,000	12/31 차 기 이 월	500,000
	650,000		650,000

현 금 과 부 족

| 6/30 현　　금 | 20,000 | 7/15 수도광열비 | 20,000 |

① 6월 30일 현재 금고 속의 현금 실제액은 ₩250,000이다.
② 6월 30일 현재 현금의 실제액이 장부잔액보다 ₩20,000 많음을 발견하다.
③ 9월 2일 거래처로부터 외상매출금 ₩250,000을 현금으로 회수하다.
④ 7월 15일 현금과부족 ₩20,000이 수도요금 지급의 기장 누락으로 판명되어 정리하다.

14. 다음 중 현금및현금성자산에 해당하지 않는 것은?

① 지급 기일이 도래한 채권의 이자표
② 취득당시 만기가 3개월 이내 도래하는 수익증권
③ 타인이 발행한 수표
④ 취득 당시 만기가 6개월 후인 정기예금

15. (주)상공기업은 단기 시세 차익을 목적으로 1주 액면 ₩5,000의 주식 1,000주를 주당 ₩6,000에 취득하고 수수료 ₩30,000과 함께 현금으로 지급하였다. 주식의 취득원가는 얼마인가?

① ₩5,000,000　　　　② ₩6,000,000
③ ₩5,030,000　　　　④ ₩6,030,000

16. 다음 중 금융자산으로 분류되는 계정과목으로 옳지 않은 것은?

① 선급금
② 현금성자산
③ 단기대여금
④ 당기손익-공정가치측정금융자산

17. "신용카드로 매입한 상품 대금 ₩500,000이 카드 결제일에 보통예금에서 인출되다"의 거래를 분개한 것으로 옳은 것은?

① (차) 매　　　입 500,000 (대) 외상매입금 500,000
② (차) 매　　　입 500,000 (대) 보 통 예 금 500,000
③ (차) 외상매입금 500,000 (대) 보 통 예 금 500,000
④ (차) 보 통 예 금 500,000 (대) 매　　　입 500,000

18. 다음 자료에서 밑줄 친 ㉠과 ㉡에 해당하는 재고자산으로 옳은 것은?

재고자산은 기업이 정상적인 영업활동 과정에서 ㉠ 판매를 목적으로 외부로부터 구입한 물품이나 생산한 물품, ㉡ 생산 중에 있는 물품 또는 판매할 물품을 생산하는 데 사용될 자재 및 저장품 등을 말한다.

① ㉠ 상품 ㉡ 원재료　　② ㉠ 상품 ㉡ 재공품
③ ㉠ 제품 ㉡ 상품　　　④ ㉠ 제품 ㉡ 원재료

19. 다음 거래를 분개할 때 차변 계정과목과 금액으로 옳은 것은? 단, 상품에 관한 거래는 3분법에 의한다.

상공가구는 거래처로부터 판매용 의자 100개 @₩2,000을 외상으로 매입하고 인수운임 ₩10,000은 현금으로 지급하였다.

① 매입 ₩210,000　　　② 상품 ₩200,000
③ 운반비 ₩10,000　　　④ 외상매입금 ₩200,000

20. 다음 제품 생산에 사용할 신형 기계장치를 구입하고 다음의 자료와 같이 대금을 지급하였다. 기계장치의 취득원가를 계산하면 얼마인가?

| 구입대금 | ₩500,000 | 설치비 | ₩20,000 |
| 시운전비 | ₩10,000 | 사용전수리비 | ₩15,000 |

① ₩500,000 ② ₩520,000
③ ₩530,000 ④ ₩545,000

21. 다음은 본사 건물의 감가상각에 관한 내용이다. 20×3년도 말 결산 재무제표에 보고되는 건물의 장부금액은 얼마인가?

가. 취득일 : 20×1년 1월 1일
나. 취득 원가 : ₩1,000,000
다. 내용연수 : 10년
라. 잔존 가치 : 없음
마. 상각 방법 : 정액법
바. 결산일 : 매년 12월 31일

① ₩1,000,000 ② ₩900,000
③ ₩800,000 ④ ₩700,000

22. 다음은 (주)대한의 비유동자산 취득 관련 거래이다. (주)대한이 취득한 자산의 특징으로 옳지 않은 것은? 단, 자산의 인식기준을 충족한 것으로 본다.

4월 5일 (주)대한은 신제품 개발을 위하여 ₩50,000,000을 보통예금계좌에서 이체하여 지급하다.

① 물리적 형체가 없다.
② 식별 가능한 화폐성 자산이다.
③ 자산의 취득원가를 신뢰성 있게 측정할 수 있다.
④ 기업에 미래 경제적 효익이 유입될 가능성이 높다.

23. 다음 중 주식회사의 주식 할증발행에 대한 설명으로 옳은 것은?
① 발행금액과 액면금액이 같다.
② 주식 발행 결과 자본 총액이 증가한다.
③ 할증발행의 결과 자본조정이 변동된다.
④ 발행가액과 액면가액의 차액을 주식할인발행차금으로 처리한다.

24. 다음 중 포괄손익계산서(기능별)의 구성 항목 중 매출원가의 증가로 인하여 변동될 수 있는 내용으로 옳은 것은? 단, 다른 항목은 변동이 없는 것으로 가정한다.
① 매출총이익의 증가 ② 영업이익의 감소
③ 물류원가의 증가 ④ 당기순이익의 증가

25. 다음은 (주)상공의 영업부 종업원에 대한 이달분 급여 지급내역이다. 거래 내용에 대한 분개로 옳은 것은?

총급여액	원천징수세액 (소득세 및 주민세)	차감지급액	지급 수단
₩1,500,000	₩110,000	₩1,390,000	보통예금통장 계좌이체

① (차) 종업원급여 1,390,000 (대) 현 금 1,500,000
   예 수 금 110,000

② (차) 종업원급여 1,500,000 (대) 예 수 금 110,000
                              현 금 1,390,000

③ (차) 종업원급여 1,390,000 (대) 보통예금 1,500,000
   예 수 금 110,000

④ (차) 종업원급여 1,500,000 (대) 예 수 금 110,000
                              보통예금 1,390,000

국가기술자격검정
상시 전산회계운용사 3급필기 시험
대한상공회의소 시행

2017년 2회기출

3급	A형	시험일(소요시간)	문항수
		5월 27일(총40분)	총25개

수험번호 :
성　명 :

※ 다음 문제를 읽고 알맞은 것을 골라 답안카드의 답란(①, ②, ③, ④)에 표기하시오.

< 제1과목 : 회계원리 >

1. 거래의 이중성에 따라 거래 하나하나의 차변과 대변 금액은 일치한다. 아무리 많은 거래가 발생하여도 전체 거래의 차변과 대변의 합계 금액은 항상 일치하는 것을 무엇이라 하는가?

① 발생주의
② 복식부기
③ 대차평균의 원리
④ 현금주의

2. 다음의 거래에 해당하는 거래 요소의 결합 관계로 옳은 것은?

> 건물에 대한 임차료 ₩100,000을 현금으로 지급하다.

① (차변) 자산의 증가 – (대변) 자산의 감소
② (차변) 부채의 감소 – (대변) 자산의 감소
③ (차변) 비용의 발생 – (대변) 자산의 감소
④ (차변) 수익의 발생 – (대변) 자산의 감소

3. 다음은 (주)대한상공의 잘못 기입한 이월시산표이다. 이월시산표를 수정한 후에 이에 대한 설명으로 옳은 것은?

이 월 시 산 표
(주)대한상공　　20×1년 12월 31일 현재　　(단위:원)

차변	원면	계정과목	대변
300,000		현　　　금	
		상　　　품	250,000
100,000	생	받 을 어 음	
80,000		외 상 매 출 금	
	략	지 급 어 음	350,000
200,000		미 지 급 금	
		자 본 금	180,000
680,000			780,000

① 매출채권은 ₩350,000이다.
② 당기순이익은 ₩180,000이다.
③ 기말자산 총액은 ₩680,000이다.
④ 기말상품재고액은 ₩250,000이다.

4. 다음 중 기업이 시산표를 작성하는 이유로 옳은 것은?

① 분개장에서 총계정원장의 전기가 정확한지를 파악하기 위함이다.
② 잔액시산표의 작성을 통해 정확한 당기순이익을 산출하기 위함이다.
③ 회계상 거래가 분개장에 정확히 분개되었는가를 확인하기 위함이다.
④ 거래의 이중성에 의해 분개장의 기록이 정확한지를 파악하기 위함이다.

5. 상공상사의 거래 내용이다. 회계 기간말인 20×1년 12월 31일의 보험료 결산 정리 분개로 옳은 것은?

> 20×1년 11월 1일 1년분 보험료 ₩240,000을 현금으로 지급하다.(단, 지급 시 자산으로 처리하였다.)

① (차) 보 험 료 　40,000　(대) 선급보험료 　40,000
② (차) 보 험 료 200,000　(대) 선급보험료 200,000
③ (차) 선급보험료 　40,000　(대) 보 험 료 　40,000
④ (차) 선급보험료 200,000　(대) 보 험 료 200,000

6. 회계 정보 이용자의 이용 목적에 따라 회계를 분류할 때 밑줄 친 ㉠과 ㉡에 해당하는 회계의 분류로 옳은 것은?

> 회계 정보 활용에 관한 보고서
>
> 이해 관계자에 따라 다양한 회계 정보가 제공되고 활용된다. 예를 들면 ㉠ **기업에 투자를 하고자 하는 외부 투자자에게 회계정보를 제공**하거나 ㉡ **기업의 성장과 발전을 도모하고자 경영자에게 경영의 계획과 통제를 위한 회계 정보를 제공**하기도 한다.(생략)

① ㉠ 관리회계 ㉡ 세무회계
② ㉠ 관리회계 ㉡ 재무회계
③ ㉠ 세무회계 ㉡ 관리회계
④ ㉠ 재무회계 ㉡ 관리회계

7. 제조업을 영위하는 (주)상공전자의 영업이익이 증가될 수 있는 요인으로 옳은 것은?

① 매출액의 증가
② 접대비의 증가
③ 매출원가의 증가
④ 배당금수익의 증가

8. 다음 중 포괄손익계산서의 구성 요소로 볼 수 없는 것은?

① 영업이익 ② 매출채권
③ 매출액 ④ 매출원가

9. 다음의 자료를 토대로 계산한 당기 총포괄손익 금액으로 옳은 것은?

가. 수익(매출) ₩200,000	나. 매출원가 ₩100,000
다. 종업원급여 ₩50,000	라. 보험료 ₩30,000
마. 기타포괄손익-공정가치측정금융자산평가손실 ₩30,000	

① 손실 ₩10,000 ② 이익 ₩20,000
③ 손실 ₩30,000 ④ 이익 ₩100,000

10. 다음 중 현금및현금성자산에 포함되는 내용으로 바르게 짝지어진 것은?

① 자기앞수표, 당좌예금
② 보통예금, 상품
③ 송금수표, 받을어음
④ 송금환, 당기손익-공정가치측정금융자산

11. 금융자산과 금융부채에 대한 설명으로 옳은 것은?

① 금융자산의 종류로는 현금, 당좌예금, 선급금, 매출채권이 있다.
② 금융부채의 종류로는 매입채무, 미지급금, 차입금, 선수수익이 있다.
③ 선급비용은 재화나 용역을 수취할 예정이므로 금융자산에 포함된다.
④ 선수금은 재화나 용역을 제공해야 하는 것이므로 금융부채가 아니다.

12. 다음 자료에서 금융자산의 합계액을 계산하면 얼마인가?

• 선급금 ₩3,000	• 매출채권 ₩20,000
• 선급비용 ₩1,000	• 현금및현금성자산 ₩10,000
• 당기손익-공정가치측정금융자산 ₩4,000	

① ₩14,000 ② ₩23,000
③ ₩34,000 ④ ₩38,000

13. 다음 거래의 분개로 옳은 것은?

(주)서울은 외상매입금 ₩200,000을 지급하기 위해 (주)경기로부터 받아 보관 중인 어음을 배서양도하였다.

① (차) 외상매입금 200,000 (대) 지 급 어 음 200,000
② (차) 외상매입금 200,000 (대) 받 을 어 음 200,000
③ (차) 지 급 어 음 200,000 (대) 외상매입금 200,000
④ (차) 받 을 어 음 200,000 (대) 외상매입금 200,000

14. 다음 매출처원장에 기입된 내용에 대한 설명으로 옳은 것은?

매 출 처 원 장

갑 상 사

| 1/1 전 기 이 월 | 40,000 | 6/3 당좌예금 | 30,000 |
| 6/1 매 출 | 80,000 | | |

을 상 사

| 1/1 전 기 이 월 | 60,000 | 6/3 현 금 | 50,000 |
| 6/7 매 출 | 120,000 | | |

① 당기 외상매출금 증가액은 ₩300,000이다.
② 6월중 외상으로 매출한 금액은 ₩200,000이다.
③ 6월중 외상매출금 회수액은 ₩220,000이다.
④ 6월말 외상매출금 미회수액은 ₩120,000이다.

15. 다음 거래를 분개 시 대변의 계정과목으로 옳은 것은?

거래처에서 상품을 매입하고 대금은 법인신용카드로 결제하였다.

① 미지급금 ② 보통예금
③ 지급어음 ④ 외상매입금

16. 다음의 설명에 해당하는 자산의 분류로 옳은 것은?

• 정상적인 영업 과정에서 판매를 위하여 보유중인 자산
• 정상적인 영업 과정에서 판매를 위하여 생산중인 자산
• 생산이나 용역 제공에 사용될 원재료와 소모품

① 당좌자산 ② 유형자산
③ 투자자산 ④ 재고자산

17. 아래 자료를 보고 차량운반구의 취득원가를 계산하시오.

| 가. 승용차 구입 ₩10,000,000 | 나. 차량취득세 ₩110,000 |
| 다. 자동차세 ₩200,000 | |

① ₩10,000,000 ② ₩10,110,000
③ ₩10,200,000 ④ ₩10,310,000

18. 다음 자료에 의하여 (주)상공기업의 토지 취득원가를 계산하면 얼마인가?

(주)상공기업은 공장용 건물 신축을 위하여 토지를 ₩5,000,000에 구입하고 대금은 수표를 발행하여 지급하였다. 이에 따른 취득세 ₩60,000, 등기비용 ₩40,000, 중개수수료 ₩200,000은 현금으로 지급하였다.

① ₩5,000,000 ② ₩5,100,000
③ ₩5,200,000 ④ ₩5,300,000

19. 다음 자료는 (주)상공전자의 비용 지출 내역이다. 회계처리 시 계정과목으로 사용하지 않는 것은?

| • 회사 전화요금 | • 거래처직원과 식사 |
| • 불우이웃 돕기 성금 | • 회사홍보용 기념품제작비 |

① 광고선전비 ② 복리후생비
③ 통신비   ④ 기부금

20. (주)상공의 7월 중 일부 거래 내용이다. 다음 거래에서 계정과목으로 발생하지 않는 것은?

7월 9일   본사 영업부 사원 김회계의 결혼 축하금 ₩100,000을 현금으로 지급하다.
7월 16일 회사의 업무 수행을 위해 국내 출장을 다녀온 김사원으로부터 식대, 교통비, 숙박비 ₩250,000에 대한 증빙을 제출받아 처리하다.
7월 23일 공장 건물로 사용하고 있는 건물에 대한 사용료 ₩300,000을 현금으로 지급하다.

① 접대비   ② 복리후생비
③ 여비교통비 ④ 임차료

21. 다음 중 회계 처리 시 이자수익에 해당하는 것으로 옳은 것은?
① 부동산을 임대하고 받은 사용료
② 사채를 상환하고 생긴 상환 이익
③ 주식 발행회사로부터 받은 이익 분배금
④ 채권 만기 시 수취액과 액면금액과의 차액

22. 다음은 상공기업의 급여 지급 거래이다. 거래를 분개할 경우, 종업원급여 계정에 기입되는 포괄손익계산서(기능별) 항목과 금액으로 옳은 것은?

5월분 관리팀 종업원 급여 ₩700,000에 대하여 소득세 ₩15,000과 건강보험료 ₩20,000을 원천징수하고 보통예금 계좌에서 이체하여 지급하다.

① 금융비용 ₩665,000
② 기타비용 ₩665,000
③ 매출원가 ₩700,000
④ 판매비와관리비 ₩700,000

23. 다음 거래의 회계처리에 대한 수정 분개로 옳은 것은?

종업원에 대한 급여 ₩1,500,000을 지급하고 원천징수세 액(소득세 등) ₩110,000을 제외한 잔액은 보통예금 계좌에서 이체하여 지급한 거래에 대하여 다음과 같이 분개하였다.
(차) 종업원급여 1,500,000 (대) 가 수 금   110,000
                              보통예금 1,390,000

① (차) 가 수 금 110,000 (대) 가 지 급 금 110,000
② (차) 가 수 금 110,000 (대) 예 수 금 110,000
③ (차) 가 수 금 110,000 (대) 미 지 급 금 110,000
④ (차) 가 수 금 110,000 (대) 미 수 금 110,000

24. 다음 자료와 관련하여 수익 인식의 5단계에 의한 수익이 인식되는 시기로 옳은 것은?

도매업을 하는 상공전자는 수원전자로부터 5월에 에어컨 10대(@₩1,450,000)를 매입하겠다는 전화를 받고, 6월 납품일자가 되어 에어컨 10대를 거래처에 발송하였다. 대금은 2차례로 나누어 받기로 하고 7월에 ₩725,000을 보통예금 계좌로 송금받고, 8월에 ₩725,000을 회수하였다.

① 5월   ② 6월
③ 7월   ④ 8월

25. 다음 거래의 분개로 옳은 것은?

남대문 상사의 파산으로 외상매출금 잔액 ₩100,000이 회수불능되었다. 단, 대손충당금 잔액은 ₩20,000이 있다.

① (차) 대손충당금 20,000 (대) 외상매출금 20,000
② (차) 대손충당금 100,000 (대) 외상매출금 100,000
③ (차) {대손상각비 20,000 / 대손충당금 80,000} (대) 외상매출금 100,000
④ (차) {대손충당금 20,000 / 대손상각비 80,000} (대) 외상매출금 100,000

국가기술자격검정
상시 전산회계운용사 3급 필기 시험

2017년 3회기출

대한상공회의소 시행

06회

| 3급 | A형 | 시험일(소요시간) 9월 16일(총40분) | 문항수 총25개 |

수험번호 :
성 명 :

※ 다음 문제를 읽고 알맞은 것을 골라 답안카드의 답란(①, ②, ③, ④)에 표기하시오.

< 제1과목 : 회계원리 >

1. 재무회계 정보를 통해 경제적 의사결정을 하는 기업의 외부 정보이용자로 옳지 않은 것은?

① 경영자
② 소비자
③ 채권자
④ 투자자

2. 다음 중 기업의 재무상태를 나타내는 항목으로만 짝지어진 것은?

① 부채, 비용
② 자본, 수익
③ 수익, 비용
④ 자산, 자본

3. 다음 중 복식부기에 대한 특징으로 옳지 않은 것은?

① 자기검증기능으로 오류를 발견할 수 있다.
② 기록, 계산 방식이 매우 단순하여 기업의 종합적인 재정 상태를 파악할 수 있다.
③ 대차평균의 원리에 의해 차변과 대변의 합계는 항상 일치한다.
④ 거래의 이중성에 따른 인과관계를 기록한다.

4. 회계상의 거래로 옳지 않은 것은? 단, 거래금액 표시는 생략됨

① 상품이 화재로 소실되다.
② 사원을 채용하기로 하다.
③ 상품을 현금으로 매입하다.
④ 외상대금을 어음으로 지급하다.

5. 시산표에 대한 설명으로 옳은 것은?

① 회계기간 말에 작성하는 재무제표이다.
② 합계시산표는 총계정원장의 각 계정의 잔액을 산출하여 작성한다.
③ 시산표등식은 기말자산+총비용 = 기말부채+기말자본+총수익 이다.
④ 분개장에서 총계정원장으로의 전기가 정확한가를 검증하기 위해 작성하는 계정집계표이다.

6. 당기순손익 외에 자본의 변동이 없다고 가정할 때, 다음 자료를 토대로 당기순손익을 계산한 금액으로 옳은 것은?

| 가. 기초자산 ₩300,000 | 나. 기초부채 ₩200,000 |
| 다. 기말자산 ₩400,000 | 라. 기말부채 ₩250,000 |

① 순이익 ₩50,000
② 순손실 ₩50,000
③ 순이익 ₩150,000
④ 순손실 ₩150,000

7. 다음 (주)대한상공의 소모품과 관련된 거래이다. 결산 수정 분개로 옳은 것은?

7월 1일 사무용 소모품 ₩100,000을 현금으로 구입하다.
  (구입 시 비용으로 처리함)
12월 31일 결산 시 사무용 소모품 미사용액은 ₩10,000이다.

① (차) 소 모 품   10,000 (대) 소 모 품 비   10,000
② (차) 소 모 품   90,000 (대) 소 모 품 비   90,000
③ (차) 소 모 품 비   10,000 (대) 소 모 품   10,000
④ (차) 소 모 품 비   90,000 (대) 소 모 품   90,000

8. 다음 임대료 계정을 통해 알 수 있는 내용으로 옳은 것은?

	임 대 료		
12/31 선수임대료	180,000	10/1 현 금	240,000
12/31 손 익	60,000		
	240,000		240,000

① 임대료 차기분은 ₩180,000이다.
② 재무상태표에 기입될 선수임대료는 ₩60,000이다.
③ 포괄손익계산서에 기입될 임대료는 ₩240,000이다.
④ 임대료 당기분을 차기로 이월하는 것을 수익의 예상이라 한다.

9. 다음은 (주)상공의 자료이다. (주)상공의 판매비와관리비의 금액으로 옳은 것은?

가. 광고선전비 ₩1,000,000	나. 세금과공과 ₩120,000
다. 복리후생비 250,000	라. 이자비용 20,000
마. 기부금 50,000	바. 종업원급여 500,000

① ₩1,750,000
② ₩1,820,000
③ ₩1,870,000
④ ₩1,890,000

10. 한국채택국제회계기준(K-IFRS)에 따른 포괄손익계산서(기능별)에서 영업이익을 계산하는 방법으로 옳은 것은?

① 순매출액 - 매출원가
② 매출총이익 - (물류원가 + 관리비)
③ 법인세비용차감전순이익 - 법인세비용
④ 매출총이익 + 기타수익 - (기타비용 + 금융원가)

11. 한국채택국제회계기준(K-IFRS)에 따른 비용의 기능별 분류 시 관리비에 해당하는 계정과목으로 옳은 것은?

① 접대비
② 이자비용
③ 종업원급여
④ 당기손익-공정가치측정금융자산처분손실

12. 다음은 (주)상공기업의 약식 포괄손익계산서이다. (가)에 들어갈 당기순손익과 관련된 과목으로 옳은 것은?

포 괄 손 익 계 산 서
20×1년 1월 1일부터 12월 31일까지
(주)상공기업   (단위 : 원)

종업원급여	500,000	상품매출이익	800,000
임 차 료	100,000	수 수 료 수 익	200,000
이 자 비 용	200,000		
(가)	200,000		
	1,000,000		1,000,000

① 손익
② 자본금
③ 당기순손실
④ 당기순이익

13. 다음 중 영업외수익으로 옳지 않은 것은?

① 임차료
② 이자수익
③ 유형자산처분이익
④ 당기손익-공정가치측정금융자산평가이익

14. 다음 거래를 분개 시 차변에 나타나는 계정과목으로 옳은 것은?

만기가 60일 남은 채권을 구입하고 대금은 수표를 발행하여 지급하다.

① 사채
② 정기예금
③ 현금성자산
④ 당기손익-공정가치측정금융자산

15. 다음 중 현금성자산으로 옳지 않은 것은?

① 취득 당시 3개월 이내의 환매 조건이 있는 환매채
② 취득 당시 만기가 3개월 이내에 도래하는 정기예금
③ 취득 당시 만기가 3개월 이내에 도래하는 받을어음
④ 취득 당시 상환일까지의 기간이 3개월 이내인 상환 우선주

16. 다음과 같은 특징을 지닌 금융자산의 종류로 옳은 것은?

- 최초 인식 시 공정가치로 측정한다.
- 평가손익을 기타포괄손익으로 인식한다.
- 평가손익 누계액은 재무상태표 자본항목으로 표시한다.

① 당기손익-공정가치측정금융자산
② 기타포괄손익-공정가치측정금융자산
③ 대여금
④ 수취채권

17. 다음 중 금융부채에 해당하지 않는 것은?(수정)

① 선수금
② 미지급금
③ 지급어음
④ 외상매입금

18. 의류도매업을 경영하는 (주)상공이 다음의 거래를 분개할 때 대변 계정과목으로 옳은 것은?

(주)수원가구로부터 사무실 업무용 책상과 의자 5조를 ₩1,000,000에 구입하고, 대금은 외상으로 하다.

① 미수금
② 미지급금
③ 외상매입금
④ 외상매출금

19. 다음 자료의 거래를 분개할 때 (가)와 (나)의 대변 계정과목을 표시한 것 중 옳은 것은?

(가) 대전전자로부터 사무실 업무용 컴퓨터 1대를 ₩800,000에 매입하고, 대금은 신용카드로 결제하다.
(나) 수원문구에서 사무용 소모품 ₩100,000을 매입하고, 대금은 직불카드로 결제하다. 단, 직불카드의 결제계좌는 보통예금이며, 사무용 소모품은 비용으로 처리하다.

① (가) 미수금   (나) 보통예금
② (가) 미지급금   (나) 보통예금
③ (가) 외상매입금 (나) 미지급금
④ (가) 외상매출금 (나) 미수금

20. 그림은 어음과 관련된 거래를 나타낸 것이다. A기업 입장에서 7월 5일 거래를 분개한 것으로 옳은 것은?

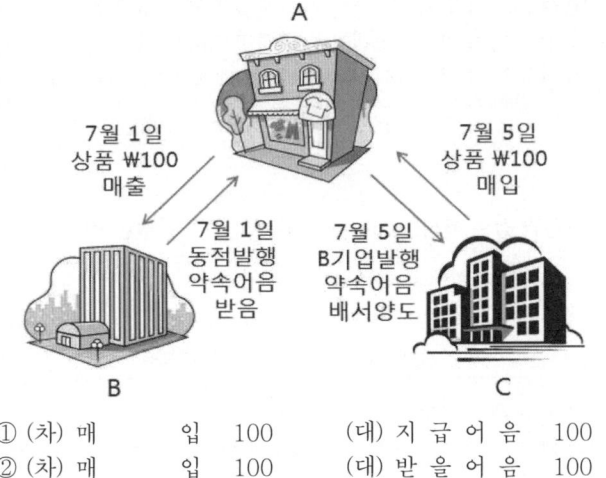

① (차) 매　　　입　100　　(대) 지 급 어 음　100
② (차) 매　　　입　100　　(대) 받 을 어 음　100
③ (차) 지 급 어 음　100　　(대) 매　　　입　100
④ (차) 받 을 어 음　100　　(대) 매　　　입　100

21. 상품매매업을 영위하는 회사인 (주)대한은 (주)상공에서 상품 ₩500,000을 매입하고 대금은 신용카드로 결제하였다. 이를 분개할 때 대변에 기입될 계정과목으로 옳은 것은?

① 미수금　　　　　　② 선급금
③ 미지급금　　　　　④ 외상매입금

22. 다음은 노트북 판매 대리점을 운영하고 있는 상공의 자산내역 일부이다. 재고자산의 합계금액을 계산하시오.

• 판매용 노트북	₩ 10,000,000
• 업무용 노트북	1,000,000
• 건물	15,000,000
• 투자 목적 소유 토지	30,000,000

① ₩56,000,000　　　② ₩26,000,000
③ ₩11,000,000　　　④ ₩10,000,000

23. 한국채택국제회계기준(K-IFRS)에서의 재고자산감모손실 및 재고자산평가손실을 처리하는 기준에 대한 설명으로 옳지 않은 것은?

① 재고자산감모손실이 발생하면 일반적으로 이월상품이 감소한다.
② 재고자산을 순실현가능가치로 감액한 평가손실은 감액이 발생한 기간에 매출원가에 산입한다.
③ 정상적으로 발생한 재고감모손실은 재고자산에 포함한다.
④ 비정상적인 재고자산감모손실은 감모가 발생한 기간에 기타비용으로 인식한다.

▶ 출제 범위를 벗어난 2급 출제 문제이므로 3급에서는 다루지 않아도 된다.

24. 아래 자료는 종업원 박상공의 9월분 급여내역이다. 회계처리 시 나타나는 계정과목과 금액으로 옳지 않은 것은?

• 9월분급여　₩2,000,000	• 급여가불액(8/5) ₩100,000 • 소득세　₩30,000 • 국민연금　₩70,000 • 건강보험료　₩50,000 • 차감지급액(보통예금) ₩1,750,000

① 종업원급여　　　₩1,750,000
② 단기대여금　　　₩100,000
③ 보통예금　　　　₩1,750,000
④ 예수금(항목 통합 시)　₩150,000

25. 다음의 결산 절차 중 수정 전 시산표 작성과 동일한 결산 절차에서 이루어지는 내용으로 옳은 것은?

① 분개장의 마감　　　② 이월시산표 작성
③ 재무상태표의 작성　④ 결산 정리 사항 수정

국가기술자격검정
상시 전산회계운용사 3급필기 시험
대한상공회의소 시행

2018년 1회기출

| 3급 | A형 | 시험일(소요시간) 2월 10일(총40분) | 문항수 총25개 | 수험번호 : 성　　명 : |

07회

※ 다음 문제를 읽고 알맞은 것을 골라 답안카드의 답란(①, ②, ③, ④)에 표기하시오.

< 제1과목 : 회계원리 >

1. 다음 중 계정의 기입 방법에 대한 설명으로 옳은 것은?

① 자산 계정은 증가를 차변에, 감소를 대변에 기입하며, 잔액은 대변에 남는다.
② 부채 계정은 증가를 대변에, 감소를 차변에 기입하며, 잔액은 차변에 남는다.
③ 자본 계정은 증가를 대변에, 감소를 차변에 기입하며, 잔액은 차변에 남는다.
④ 수익 계정은 발생을 대변에, 소멸을 차변에 기입하며, 잔액은 대변에 남는다.

2. 다음 이월시산표와 관련된 내용으로 옳지 않은 것은?

① 결산의 본절차 과정에서 작성한다.
② 영미식으로 마감하였을 때 검증하는 절차이다.
③ 재무상태표를 작성하는 기초자료가 된다.
④ 자산·부채·자본·수익·비용 순으로 작성한다.

3. 다음 중 시산표에 대한 설명으로 옳은 것은?

① 작성시기에 따라 합계, 잔액, 합계잔액 시산표로 분류할 수 있다.
② 분개내용의 정확성을 검증할 수 있다.
③ 시산표를 통해 모든 오류를 검증할 수 있다.
④ 총계정원장에의 전기가 정확한가를 파악할 수 있다.

4. 다음 거래를 전표에 기표할 때 전표의 종류와 계정과목으로 옳은 것은? 단, 상품매매는 3분법, 전표제도는 3전표제에 의한다.

> 청량상점에 상품 100개(@₩2,000)를 매출하고, 대금은 동점 발행 당좌수표로 받다.

① 입금전표, 매출
② 입금전표, 상품
③ 출금전표, 매출
④ 대체전표, 매출

5. 기업의 재무상태표를 통하여 얻는 정보로 옳지 않은 것은?

① 기업의 성공적인 자금조달 방법을 예측하는데 유용한 정보를 제공한다.
② 기업의 재무적 건전성과 재무구조에 대한 유용한 정보를 제공한다.
③ 기업의 유동성과 보유 중인 경제적 자원에 대한 유용한 정보를 제공한다.
④ 기업의 재무성과정보를 통해서 기업이 현재의 자원으로부터 현금을 창출할 수 있는 능력을 예측하는데 유용한 정보를 제공한다.

6. 포괄손익계산서(기능별)에 관한 설명으로 옳지 않은 것은?

① 순매출액에서 매출원가를 차감하여 매출총이익을 계산한다.
② 일정기간에 기업의 재무성과를 나타내는 회계 보고서이다.
③ 총포괄손익은 당기순손익과 기타포괄손익의 모든 구성요소를 포함한다.
④ 보험료, 감가상각비, 세금과공과, 이자비용 등은 관리비로 분류한다.

7. 다음 자료에 의하여 포괄손익을 계산하면 얼마인가?(제시된 자료 외에 법인세 비용 등은 고려하지 말 것)

• 종업원급여	₩25,000	• 매출총이익	₩40,000
• 이자비용	₩2,000	• 보험료	₩4,000
• 기부금	₩5,000	• 유형자산처분이익	₩7,000
• 임차료	₩1,500	• 해외사업환산이익	₩3,000

① 포괄손실 ₩11,000
② 포괄이익 ₩12,500
③ 포괄이익 ₩14,000
④ 포괄손실 ₩12,500

8. 다음은 유동자산으로 분류되는 내용이다. 옳지 않은 것은?

① 주로 단기매매목적으로 보유하고 있다.
② 영업주기내에 결제해야 할 것으로 예상하고 있다.
③ 보고기간 후 12개월 이내에 실현될 것으로 예상한다.
④ 현금이나 현금성자산으로서, 교환이나 부채 상환 목적으로의 사용에 대한 제한 기간이 보고기간 후 12개월 이내이다.

9. 다음 거래의 분개로 옳은 것은?

> 결산 시 현금과부족 계정 대변 잔액 ₩20,000 중 ₩9,000은 임차료 ₩45,000을 지급한 것을 ₩54,000으로 오기하였음을 발견하고, 나머지는 원인이 밝혀지지 않았다.

① (차) 임 차 료　9,000　(대) 현금과부족　9,000
② (차) 현금과부족　9,000　(대) 임 차 료　9,000
③ (차) { 임 차 료　9,000 / 잡 손 실　11,000 }　(대) 현금과부족　20,000
④ (차) 현금과부족　20,000　(대) { 임 차 료　9,000 / 잡 이 익　11,000 }

10. 다음 거래의 분개로 옳은 것은?(단, 정액자금선급법을 사용한다.)

> 회계과는 용도계에 제 경비 지급을 위한 자금으로 당좌수표 ₩200,000을 발행하여 선급하다.

① (차) 선 급 금   200,000   (대) 당 좌 예 금   200,000
② (차) 선 수 금   200,000   (대) 소 액 현 금   200,000
③ (차) 가 지 급 금   200,000   (대) 당 좌 수 표   200,000
④ (차) 소 액 현 금   200,000   (대) 당 좌 예 금   200,000

11. 시장성이 있는 당기손익-공정가치측정금융자산의 설명으로 옳지 않은 것은? 단, 당기손익-공정가치측정금융자산은 20×1년 12월 중에 취득하였다.

종목	취득원가	20×1년 말 공정가치	20×2년 말 공정가치
(주)상공	₩2,000,000	₩2,500,000	₩2,200,000

① 20×1년 말 당기손익-공정가치측정금융자산평가이익은 ₩500,000이다.
② 20×2년 말 당기손익-공정가치측정금융자산평가손실은 ₩300,000이다.
③ 20×1년 말 재무상태표에 반영될 당기손익-공정가치측정금융자산의 금액은 ₩2,000,000이다.
④ 20×2년 말 재무상태표에 반영될 당기손익-공정가치측정금융자산의 금액은 ₩2,200,000이다.

12. 한국(사)은 소액현금제도의 정액자금선급법을 채택하고 있다. 다음 거래의 날짜별 분개로 옳은 것은?

> • 11월 1일 회계과는 용도계에 소액경비 지급을 위하여 ₩1,000,000의 당좌수표를 발행하여 선급하다.
> • 11월 30일 용도계로부터 다음의 경비가 지출되었음을 보고받다.
>   - 사무용품비 : ₩350,000
>   - 교 통 비 : ₩200,000
>   - 통 신 비 : ₩50,000
>   - 소액현금 실제 잔액 : ₩380,000
>   - 소액현금의 과부족액은 원인을 알 수 없음
> • 12월 1일 회계과는 용도계에 전월 말 보고액과 동액의 당좌수표를 발행하여 보급하다.

① 11월 1일 (차) 소액현금 1,000,000 (대) 현 금 1,000,000
② 11월 30일 (차) 소모품비 350,000
          여비교통비 200,000 (대) 소액현금 600,000
          통 신 비 50,000
③ 11월 30일 (차) 소모품비 350,000
          여비교통비 200,000 (대) 당좌예금 620,000
          통 신 비 50,000
          현금과부족 20,000
④ 12월 1일 (차) 소액현금 620,000 (대) 당좌예금 620,000

13. 다음 거래에 대하여 분개할 경우 (   )안에 동일하게 들어갈 계정과목으로 옳은 것은?

> 5월 1일 영업사원 김봉달을 부산에 출장을 보내고, 여비 개산액 ₩100,000을 현금으로 지급하다.
> 5월 20일 출장간 영업사원 김봉달이 돌아와 여비 개산액 전부를 여비교통비로 사용하였음을 정산하다.

분개일자	차 변		대 변	
	계정과목	금액	계정과목	금액
5월 1일	( )	100,000	현 금	100,000
5월 20일	여비교통비	100,000	( )	100,000

① 선급금   ② 가수금
③ 가지급금   ④ 여비교통비

14. 다음 자료를 이용하여 금융자산 총액을 계산하면 얼마인가?

> • 선급금   ₩20,000   • 상품   ₩150,000
> • 특허권   ₩70,000   • 선수수익   ₩50,000
> • 단기대여금   ₩80,000   • 선수금   ₩30,000
> • 당기손익-공정가치측정금융자산 ₩50,000

① ₩130,000   ② ₩150,000
③ ₩220,000   ④ ₩370,000

15. 다음 자료를 토대로 재무상태표에 계상할 현금 및 현금성자산의 금액으로 옳은 것은?(단, 만기는 취득시점에서의 만기이다.)

가. 타인발행수표	₩200,000
나. 양도성예금증서(만기: 2개월 남음)	₩10,000
다. 만기일 전 약속어음	₩100,000
라. 송금수표	₩70,000
마. 정기적금(만기: 6개월 남음)	₩90,000

① ₩270,000   ② ₩280,000
③ ₩370,000   ④ ₩470,000

16. 다음은 (주)대한상의 [결산전 잔액시산표]와 [결산정리사항]의 일부이다. 이를 통해 기말에 대손충당금 설정에 따른 정리 분개로 옳은 것은?

> 【결산전 잔액시산표】
>
> 잔 액 시 산 표
>
> 현   금   182,000   외 상 매 입 금   100,000
> 외 상 매 출 금   150,000   미 지 급 금   200,000
> 받 을 어 음   170,000   대 손 충 당 금   2,000
> 비   품   100,000   자 본 금   300,000
>   ×××   ×××
>
> 【결산정리사항】
> - 기말 매출채권 잔액에 대하여 1%의 대손을 예상하다.

① (차) 대손상각비 1,200   (대) 대손충당금 1,200
② (차) 대손충당금 1,200   (대) 대손상각비 1,200
③ (차) 대손상각비 3,200   (대) 대손충당금 3,200
④ (차) 대손충당금 3,200   (대) 대손상각비 3,200

17. 다음 거래를 분개한 것으로 옳은 것은? 단, 상품계정은 3분법에 의한다.

| 판매용 컴퓨터 1대를 ₩500,000(원가 ₩400,000)에 매출하고, 대금은 신용카드로 결제 받다. |

① (차) 미　수　금　500,000　(대) { 비　　품　400,000 / 유형자산처분이익 100,000
② (차) 외상매출금　500,000　(대) { 상　　품　400,000 / 상품매출이익 100,000
③ (차) 외상매출금　500,000　(대) 매　　　출　500,000
④ (차) 미　수　금　500,000　(대) 매　　　출　500,000

18. 다음 중 상품과 관련된 설명 중 적절하지 않은 것은?
① 매입자가 부담한 운반비는 매입한 자산의 최초원가에 포함시킨다.
② 판매과정에서 발생한 운반비는 당기비용으로 처리한다.
③ 상품구입 시 매입에누리가 발생하면, 상품의 취득원가는 동 금액만큼 증가한다.
④ 기말상품재고액은 판매가능상품원가에서 매출원가를 차감하여 구할 수 있다.

19. 다음은 계정과목에 대한 설명이다. (가)~(다)에 해당하는 계정과목으로 옳은 것은?

(가) 상품을 매입하기 위하여 대금의 일부를 계약금의 형태로 지급하는 금액을 말한다.
(나) 현금의 수입은 있었으나 계정과목이 확정되어 있지 않은 경우를 말한다.
(다) 일반적인 상거래 이외의 거래에서 발생한 채무를 말한다.

	(가)	(나)	(다)
①	선급금	가지급금	미지급금
②	선급금	가수금	미지급금
③	선수금	가수금	미수금
④	선수금	가지급금	미수금

20. 다음 상품의 순매입액으로 옳은 것은?

- 총매입액 : ₩1,000,000
- 운 반 비 : ₩150,000(당사 부담)
- 매출처에서 계속적인 거래를 위하여 ₩100,000 할인해 줌

① ₩1,000,000　② ₩1,050,000
③ ₩1,150,000　④ ₩1,250,000

21. 다음은 상품재고장의 일부이다. 이를 근거로 9월 중 갑상품의 순매입액과 매출원가를 계산한 것으로 옳은 것은? 단, 매입환출 및 에누리는 인수란에 주기하여 차감하였고, 매입할인과 매출할인은 없다.

상 품 재 고 장

선입선출법　　품명 : 갑상품　　단위: 개, 원

월	일	적요	인 수			인 도			잔 액		
			수량	단가	금액	수량	단가	금액	수량	단가	금액
9	1	전월이월	20	1,000	20,000				20	1,000	20,000
	⋮		⋮	⋮	⋮	⋮	⋮	⋮	⋮	⋮	⋮
	30	차월이월				20	1,200	24,000			
			180		360,000	180		360,000			

	순매입액	매출원가
①	₩20,000	₩24,000
②	₩340,000	₩316,000
③	₩340,000	₩336,000
④	₩360,000	₩336,000

22. 다음 거래에 대한 분개를 결산 시에 수정분개한 것으로 옳은 것은?

【거래】
종업원의 급여 ₩1,000,000을 지급할 때 종업원이 부담할 소득세 ₩50,000을 차감하고 현금으로 지급하였다.
【분개】
(차) 종업원급여　950,000　(대) 현　금　950,000

① (차) 종 업 원 급 여　50,000　(대) 현　　　금　50,000
② (차) 종 업 원 급 여　50,000　(대) 소득세예수금　50,000
③ (차) 소　득　세　50,000　(대) 현　　　금　50,000
④ (차) 소득세예수금　50,000　(대) 현　　　금　50,000

23. 다음은 개인기업인 대한상점의 회계정보를 나타낸 것이다. (가)의 금액을 추정한 것으로 옳은 것은?

가. 기초 자본금	₩1,000,000
나. 추가 출자액	₩800,000
다. 당기 수익총액	₩2,500,000
라. 당기 비용총액	(가)

기 말 재 무 상 태 표

자　　산	3,500,000	부　　채	1,000,000
		자　　본	2,500,000

① ₩1,500,000　② ₩1,700,000
③ ₩1,800,000　④ ₩1,900,000

24. 다음 내용에서 상공할인점의 자본금으로 옳은 것은?

> 갑돌씨는 다니던 직장에서 받은 퇴직금 ₩5,000,000과 은행대출금 ₩2,000,000을 원천으로 상공할인점을 창업한 후, ₩3,000,000은 현금으로 보유하고 ₩4,000,000은 건물을 취득하는데 사용하였다.

① ₩3,000,000 ② ₩4,000,000
③ ₩5,000,000 ④ ₩7,000,000

25. 다음 거래에 대한 분개로 옳은 것은?

> 업무용 건물에 대한 재산세 ₩150,000과 상공회의소 회비 ₩100,000을 현금으로 지급하다.

① (차) 인 출 금 250,000 (대) 현 금 250,000
② (차) 세금과공과 250,000 (대) 현 금 250,000
③ (차) { 건   물 150,000
         세금과공과 100,000 } (대) 현 금 250,000
④ (차) { 인 출 금 150,000
         세금과공과 100,000 } (대) 현 금 250,000

상시 전산회계운용사 3급필기 시험

대한상공회의소 시행

2018년 2회기출 | 3급 | A형 | 시험일(소요시간) 5월 19일(총40분) | 문항수 총25개

※ 다음 문제를 읽고 알맞은 것을 골라 답안카드의 답란(①, ②, ③, ④)에 표기하시오.

< 제1과목 : 회계원리 >

1. 다음 자료에 의하여 (가)와 (나)에 기입될 금액으로 옳은 것은?

○ 20×2년 회계연도 경영성과
  - 당기 수익총액 ₩70,000   - 당기 비용총액 ₩50,000
○ 20×2년 기중 변동 사항
  - 20×1년도 말 대비 20×2년도 말 부채가 ₩20,000 감소

재 무 상 태 표
20×1년 12월 31일

| 자 산 | 90,000 | 부 채 | 60,000 |
| | | 자 본 | ( ) |

재 무 상 태 표
20×2년 12월 31일

| 자 산 | (가) | 부 채 | ( ) |
| | | 자 본 | (나) |

	(가)	(나)
①	₩80,000	₩40,000
②	₩80,000	₩50,000
③	₩90,000	₩50,000
④	₩90,000	₩60,000

2. 재무제표의 작성에 대한 1차적 책임자로 옳은 것은?
① 주주   ② 경영자
③ 회계담당자 ④ 정부기관

3. 다음 중 오류검증 과정에서 시산표 작성 시에 발견할 수 있는 오류로 옳은 것은?
① 급여 ₩1,000,000을 현금 지급한 것을 이중으로 두 번 기재하고 전기하였다.
② 상품 외상대금 ₩180,000을 미지급금 ₩180,000으로 잘못 처리하였다.
③ 현금 ₩200,000을 보통예금계좌에 예입한 것을 당좌예금 계정으로 잘못 처리하였다.
④ 소모품 ₩50,000을 현금으로 구입한 후 차변에는 소모품 ₩50,000으로 기입하였으나 대변에는 현금 ₩500,000으로 기입하였다.

4. 다음은 상공상사의 건물 임차와 관련된 거래이다. 결산 시 재무제표에 미치는 영향으로 옳은 것은?

10월 1일 건물을 2년간 임차하기로 계약하고, 임차보증금 ₩1,000,000과 임차료 12개월분 ₩240,000을 현금으로 지급하다.

① 당기순이익 ₩60,000이 증가한다.
② 임차료 선급분 ₩180,000은 유동자산으로 처리한다.
③ 임차보증금 ₩1,000,000은 비유동부채로 처리한다.
④ 당기분 포괄손익계산서에 비용으로 처리되는 금액은 ₩240,000이다.

5. 회계의 순환과정 중 결산의 절차를 바르게 나타낸 것은?
① 결산정리분개 - 시산표 작성 - 보고서 작성 - 원장의 마감
② 보고서 작성 - 결산정리분개 - 원장의 마감 - 시산표 작성
③ 시산표 작성 - 결산정리분개 - 원장의 마감 - 보고서 작성
④ 원장의 마감 - 시산표 작성 - 보고서 작성 - 결산정리분개

6. 다음 설명 내용에 해당하는 것으로 옳은 것은?

결산을 원활하게 하기 위해 작성하는 것으로 분개장에서 총계정원장으로의 전기가 정확하게 이루어졌는지 확인하기 위해 작성하는 계정 집계표를 말한다. 자산과 비용 계정의 잔액은 차변에 기입되고, 부채와 자본, 수익의 잔액은 대변에 기입된다.

① 정산표   ② 잔액시산표
③ 손익계산서   ④ 재무상태표

7. 결산 시 업무용 건물에 대한 임차료 미지급분 ₩60,000에 대한 결산정리분개로 옳은 것은?
① (차) 미지급임차료 60,000 (대) 임 차 료 60,000
② (차) 임 차 료 60,000 (대) 미지급임차료 60,000
③ (차) 임 차 료 60,000 (대) 선 급 임 차 료 60,000
④ (차) 선 급 임 차 료 60,000 (대) 임 차 료 60,000

8. 한국채택국제회계기준(K-IFRS) 상의 재무제표 종류로 옳지 않은 것은?
① 재무상태표   ② 현금흐름표
③ 포괄손익계산서   ④ 이익잉여금처분계산서

9. 다음 중 기능별 포괄손익계산서 작성에 관한 설명으로 옳지 않은 것은?

① 당기 매출액에서 매출원가를 차감하여 매출총손익을 표시한다.
② 당기 매출액은 총매출액에서 매출환입 및 에누리, 매출할인 등을 차감한 금액이다.
③ 당기 상품변동액을 당기 상품매입액에 가감하는 방법으로 표시한다.
④ 포괄손익계산서상 이자수익과 이자비용은 총액에 의하여 기재하여야 하며, 서로 상계하지 아니함을 원칙으로 한다.

10. 다음 거래에 대한 설명으로 옳지 않은 것은?

> (가) 영업활동에 활용할 목적으로 건물 ₩1,000,000을 구입하고 대금은 수표를 발행하여 지급하다.
> (나) 비영업용인 토지 ₩2,000,000을 투자의 목적으로 구입하고 대금은 현금으로 지급하다.

① (가)는 차변에 건물 계정으로 분개한다.
② (가)의 회계 처리로 유형자산이 증가한다.
③ (나)는 차변에 토지 계정으로 분개한다.
④ (나)의 회계 처리로 투자자산이 증가한다.

11. 다음 거래 중 당좌예금 계정에 기입하는 거래로 옳지 않은 것은?

① 상품 ₩50,000을 매출하고 대금은 타인발행 당좌수표로 받다.
② 상품 ₩500,000을 매입하고 당좌수표를 발행하여 지급하다.
③ 외상매출금 ₩50,000을 현금으로 받아 즉시 당좌예금하다.
④ 은행과 당좌거래 계약을 체결하고 현금 ₩50,000을 당좌예금하다.

12. 다음의 금융자산에 대한 설명 중 옳은 것은?

① 채권과 관련되어 발생한 이자를 보고기간 말에 아직 받지 못했으나 기간이 경과해서 이미 발생한 부분에 대해서는 이자수익으로 인식한다.
② 금융자산이 유동자산인지 비유동자산인지 여부는 취득일로 부터 1년 이내에 처분이나 회수기일이 도래하는지 여부로 결정된다.
③ 금융자산을 최초로 취득할 때나 재무제표를 작성하기 위해 보고기간 말에 취득원가로 평가하면 금융자산의 경제적 실질을 잘 나타낼 수 있다.
④ 금융자산은 거래상대방에게 현금 등 금융자산을 인도하기로 한 계약상의 의무를 나타낸다.

13. 다음은 받을어음 계정에 대한 설명이다. 옳지 않은 것은?

① 상품을 매출하고 대금을 약속어음으로 받은 경우 차변에 기록한다.
② 약속어음이 만기가 되어 거래은행에 추심위임 배서한 경우 대변에 기록한다.
③ 상품 매입 대금으로 거래처 발행 약속어음을 배서 양도하는 경우 대변에 기록한다.
④ 거래 은행에 소유하고 있는 약속어음을 매각거래로 할인하는 경우 대변에 기록한다.

14. 다음 자료에 의하여 기말상품재고액을 계산한 것으로 옳은 것은?

가. 당기 총매출액	₩500,000	나. 매출에누리액	₩20,000
다. 당기 총매입액	₩300,000	라. 매입할인액	₩10,000
마. 기초상품재고액	₩100,000	바. 매출총이익	₩200,000

① ₩ 90,000
② ₩100,000
③ ₩110,000
④ ₩120,000

15. (주)상공은 다음 달 급여에서 차감하기로 하고 종업원 갑에게 현금 ₩150,000을 빌려주었다. 이를 분개한 것으로 옳은 것은?

① (차) 장기대여금 150,000 (대) 현 금 150,000
② (차) 장기차입금 150,000 (대) 현 금 150,000
③ (차) 단기대여금 150,000 (대) 현 금 150,000
④ (차) 단기차입금 150,000 (대) 현 금 150,000

16. 다음 A상품 관련 매매 자료에 의하여 총평균법으로 5월 인도단가를 계산한 것으로 옳은 것은?(단, 원미만 버림)

월일	적요	수량	단가	금액
5월 7일	전기이월	300개	@₩500	₩150,000
12일	매 입	200개	@₩700	₩140,000
15일	매 출	300개	@₩1,500	₩450,000
31일	매 입	100개	@₩1,000	₩100,000

① @₩500
② @₩ 933
③ @₩650
④ @₩1,500

17. 다음 중 한국채택국제회계기준(K-IFRS)에서 규정하고 있는 단기종업원급여에 해당하지 않는 것은?

① 국민연금
② 이익분배금
③ 상여금
④ 퇴직급여

18. 상품재고장에 관한 설명으로 옳지 않은 것은?

① 상품의 종류별로 인수, 인도 및 잔액을 알 수 있도록 기입하는 보조 원장이다.
② 상품재고장의 인수, 인도 및 잔액란의 모든 단가와 금액은 매입원가로 기입한다.
③ 매출한 상품에 불량품이 있어 에누리하여 준 금액은 인도란에 붉은 글씨로 기입한다.
④ 매입단가가 다른 경우 인도단가를 결정하는 방법으로는 선입선출법, 이동평균법, 총평균법 등이 있다.

19. 재고자산에 대한 설명으로 옳지 않은 것은?

① 판매되지 않은 위탁품은 기말재고자산에 포함하여야 한다.
② 정상적인 영업활동 과정에서 판매를 위하여 보유 중인 자산을 말한다.
③ 매입 의사표시를 하지 않은 시송품은 기말재고자산에 포함하여야 한다.
④ 도착지인도기준에 의하여 매입할 경우 매입운임은 반드시 매입원가에 포함하여야 한다.

20. 한국상사는 재고자산의 구입원가에 20%의 이윤을 가산하여 판매가를 결정한다. 기초재고액이 ₩300,000, 당기매입액이 ₩1,500,000, 기말재고액 ₩400,000이라면 연간 매출액과 매출총이익은?

① 매출액 : ₩1,320,000, 매출총이익 : ₩220,000
② 매출 : ₩1,680,000, 매출총이익 : ₩280,000
③ 매출 : ₩1,800,000, 매출총이익 : ₩400,000
④ 매출 : ₩2,160,000, 매출총이익 : ₩760,000

21. 다음 중 자본 및 자본금에 대한 설명으로 가장 적절하지 않은 것은?

① 개인기업의 자본금은 자산 총액에서 부채 총액을 차감한 순자산액을 의미한다.
② 주식회사의 자본금은 상법에 의한 법정자본금으로 발행주식의 발행금액으로 표시한다.
③ 잉여금이란 순자산액 중 법정자본금을 초과한 부분으로, 자본잉여금과 이익잉여금으로 구분된다.
④ 한국채택국제회계기준(K-IFRS)에서 자본은 재무상태표에 납입자본, 이익잉여금, 기타자본구성요소로 분류 표시한다.

22. 비용을 기능별로 분류할 경우 그 성격이 다른 계정과목으로 옳은 것은?

① 보험료   ② 임차료
③ 이자비용   ④ 감가상각비

23. 다음 자료에 의하여 (가), (나)에 들어갈 차변 계정과목으로 옳은 것은?

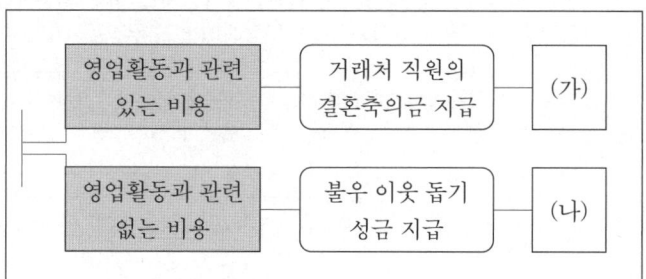

① (가) 접대비   (나) 기부금
② (가) 접대비   (나) 세금과공과
③ (가) 복리후생비   (나) 광고선전비
④ (가) 복리후생비   (나) 기부금

24. 다음 거래를 바르게 분개한 것은?

> 직원 갑에게 이달분 급여 ₩3,000,000을 지급함에 있어 국민연금 ₩100,000, 건강보험료 ₩100,000을 제외한 금액을 당좌수표 발행하여 지급하다.

① (차) 종업원급여 3,000,000   (대) 당 좌 예 금 3,000,000
② (차) 종업원급여 3,000,000   (대) 예 수 금   200,000
                                   당 좌 예 금 2,800,000
③ (차) 종업원급여 2,800,000   (대) 당 좌 예 금 3,000,000
       예 수 금   200,000
④ (차) 종업원급여 2,800,000   (대) 당 좌 예 금 2,800,000

25. 다음의 계산식 중 매출원가가 산출되지 않는 것은?

① 판매가능상품원가 - 기말상품재고원가
② 기초상품재고원가 + 당기상품순매입원가 - 기말상품재고원가
③ 판매가능상품원가 - 매출총이익
④ 순매출액 - 매출총이익

국가기술자격검정
상시 전산회계운용사 3급 필기 시험

2018년 3회기출

대한상공회의소 시행

| 3급 | A형 | 시험일(소요시간)
9월 8일(총40분) | 문항수
총25개 |

수험번호 :
성　　명 :

※ 다음 문제를 읽고 알맞은 것을 골라 답안카드의 답란(①, ②, ③, ④)에 표기하시오.

< 제1과목 : 회계원리 >

1. 다음은 거래요소의 결합관계를 나타낸 것이다. 이에 해당하는 거래로 옳은 것은?

| [차변요소] | [대변요소] |
| 자산의 증가 | 자산의 감소 |

① 현금 ₩1,000,000을 출자하여 영업을 개시하다.
② 사무용 비품 ₩500,000을 구입하고, 대금은 신용카드로 결제하다.
③ 업무용 토지를 ₩8,000,000에 구입하고, 대금은 취득세 등 ₩400,000과 함께 현금으로 지급하다.
④ 단기 매매차익 목적으로 주식 100주를 ₩600,000에 구입하고, 대금은 수수료 ₩2,000과 함께 현금으로 지급하다.

2. 다음과 동일한 거래요소의 결합관계를 나타내는 거래로 옳은 것은?

| 종업원 야근식사비 ₩100,000을 법인신용카드로 결제하다. |

① 상품 ₩200,000을 매출하고 대금은 외상으로 하다.
② 인터넷사용료 ₩100,000을 보통예금에서 이체하다.
③ 비품 ₩120,000을 구입하고 대금은 수표를 발행하여 지급하다.
④ 홍보용 볼펜을 구입하고 대금 ₩400,000을 월말에 지급하기로 하다.

3. 다음 중 시산표에 대한 설명으로 옳지 않은 것은?

① 시산표의 종류에는 합계시산표, 잔액시산표, 합계잔액시산표가 있다.
② 시산표 등식으로는 기말자산 + 총비용 = 기말부채 + 기초자본 + 총수익
③ 대차평균의 원리에 의해 오류를 찾아내는 자기검증의 기능을 가지고 있다.
④ 시산표 계정과목은 자산→부채→자본→비용→수익계정의 순으로 배열한다.

4. 다음의 설명에 해당하는 회계자료는 무엇인가?

| 전기의 정확성을 검증할 목적으로 작성하며 대차평균의 원리에 의해 차변, 대변 금액이 일치하는 가를 확인할 수 있다. |

① 시산표
② 재무상태표
③ 현금흐름표
④ 자본변동표

5. 다음 중 포괄손익계산서에 대한 설명으로 옳지 않은 것은?

① 매출총손익은 매출액에서 매출원가를 차감하여 계산한다.
② 수익항목과 비용항목을 직접 상계하여 잔액만 표시하는 것을 원칙으로 한다.
③ 일정기간 기업의 경영성과에 대한 정보를 제공하는 보고서이다.
④ 기타포괄손익 항목의 구성 항목들은 당기손익에서 제외 된다.

6. 다음 중 부채에 대한 설명 중 옳지 않은 것은?

① 부채의 본질적인 특징은 기업이 미래에 제공해야 할 현재 시점의 의무이다.
② 부채는 과거의 거래나 그 밖의 사건에서 발생한다.
③ 부채의 측정기준으로 사용하는 현재가치는 정상적인 영업과정에서 그 부채를 상환할 때 필요할 것으로 예상되는 미래순현금유출액의 현재가치 할인액을 의미한다.
④ 부채는 미래에 경제적 효익을 창출할 자원이어야 한다.

7. 다음 중 재무상태표에 표시되는 현금및현금성자산의 변동에 영향을 주는 거래로 옳은 것은?

① 현금 ₩500,000을 보통예금계좌에 예입하다.
② 외상매출 대금 ₩200,000을 약속어음으로 받다.
③ 1년 만기 정기예금 ₩1,000,000이 만기가 되어 현금으로 인출하다.
④ 취득 당시 환매조건이 2개월인 환매채 ₩500,000을 매입하고 대금은 수표발행하여 지급하다.

8. 다음은 외상매입금 계정과 당기매입 관련 자료이다. 외상매입금의 지급액을 구하면 얼마인가? (단, 상품매매는 모두 외상 거래이다.)

가. 전기이월액 ₩20,000	나. 총매입액 ₩400,000
다. 환출액 10,000	라. 차기이월액 25,000
마. 인수운임 5,000(현금지급)	

① ₩380,000
② ₩385,000
③ ₩390,000
④ ₩395,000

09. 다음 거래에 대한 분개로 옳은 것은?

> 20×1년 10월 20일 현금의 실제 잔액이 장부 잔액보다 ₩10,000이 많음을 발견하다. 단, 결산일은 12월 31일이다.

① (차) 잡   손   실 10,000 (대) 현   금 10,000
② (차) 현   금 10,000 (대) 잡   손   실 10,000
③ (차) 현 금 과 부 족 10,000 (대) 현   금 10,000
④ (차) 현   금 10,000 (대) 현 금 과 부 족 10,000

10. (주)대한상사는 (주)상공상점에 상품 ₩500,000을 매출하고 대금은 (주)대한상사가 발행하였던 약속어음으로 받은 경우 올바른 분개는?(단, 상품에 관한 거래는 3분법에 의한다.)

① (차) 매   입 500,000 (대) 당 좌 예 금 500,000
② (차) 매   입 500,000 (대) 지 급 어 음 500,000
③ (차) 받 을 어 음 500,000 (대) 매   출 500,000
④ (차) 지 급 어 음 500,000 (대) 매   출 500,000

11. 다음 중 현금및현금성자산으로 분류되지 않는 항목은?

① 통화 및 타인발행수표　② 선일자수표
③ 보통예금　　　　　　　④ 당좌예금

12. 다음 중 금융자산으로 분류되는 항목을 모두 고른 것은?

> ㄱ. 선급금　　ㄴ. 매출채권　　ㄷ. 단기대여금
> ㄹ. 재고자산　　ㅁ. 현금및현금성자산

① ㄱ　　　　　　② ㄱ, ㄴ
③ ㄴ, ㄷ, ㄹ　　　④ ㄴ, ㄷ, ㅁ

13. 다음은 당기 중에 발생한 연속 거래이다. 회계 처리 결과에 따른 당기순손익에 미치는 영향으로 옳은 것은?(단, 세금은 무시한다.)

> 5월 11일 단기 매매차익을 목적으로 (주)대한상사 발행 주식 200주(액면 @₩1,000)를 1주당 ₩1,200에 매입하고, 대금은 매입수수료 ₩10,000과 함께 당좌수표를 발행하여 지급하다.
> 9월 20일 위의 주식 100주를 1주당 ₩1,300에 처분하고, 수수료 ₩5,000을 차감한 실수금은 현금으로 받다.

① ₩5,000(손실)　　② ₩5,000(이익)
③ ₩10,000(손실)　　④ ₩10,000(이익)

14. 다음의 금융자산 중 투자지분상품에 해당하지 않는 것은?

① 상장주식　　　② 비상장주식
③ 주식인수옵션　④ 매출채권

15. 다음의 자료를 반영한 후 당기순이익을 계산한 금액으로 옳은 것은?(단, 세금은 무시한다.)

> 가. 수정 전 당기순이익　₩2,500,000
> 나. 선급보험료　　　　　₩20,000
> 다. 미수이자　　　　　　₩50,000
> 라. 선수임대료　　　　　₩200,000

① ₩2,330,000　　② ₩2,370,000
③ ₩2,630,000　　④ ₩2,770,000

16. 다음은 (주)대한상사의 매출채권과 관련된 자료이다. 20×2년 12월 31일 결산 결과 포괄손익계산서에 계상될 대손상각비의 금액으로 옳은 것은?

> • 20×1년 12월 31일 대손충당금 잔액　₩40,000
> • 20×2년 기중 회수불능으로 대손처리된 매출채권 ₩50,000
> • 20×2년 말 매출채권 잔액　₩2,000,000
> • 20×2년 말 대손 예상액은 매출채권 잔액의 1%이다.

① ₩20,000　　② ₩30,000
③ ₩40,000　　④ ₩50,000

17. 다음 거래에 대한 회계 처리시 (   )안에 기입될 계정과목으로 옳은 것은?

> 종업원의 급여 ₩800,000 중 종업원이 부담할 소득세 ₩50,000을 차감하고, 현금으로 지급하다.
> (차변) 종업원급여 800,000 (대변) 현   금 750,000
> 　　　　　　　　　　　　　　　　　 (   )   50,000

① 가지급금　　② 미지급금
③ 세금과공과　④ 예수금

18. 다음의 회계처리 중 옳지 않은 것은?(단, 모든 거래는 단기거래임)

① 영업용 책상, 의자를 외상으로 매입한 경우 대변에 미지급금 계정으로 처리한다.
② 상품을 매출하고, 신용카드로 결제받은 경우 차변에 외상매출금 계정으로 기입한다.
③ 당월 발생 급여를 지급하지 못한 경우 대변에 외상매입금 계정으로 기입한다.
④ 대표이사가 원인을 밝히지 않고 현금을 인출해 간 경우 차변에 가지급금 계정으로 기입한다.

19. 다음과 같은 특징을 가진 재고자산 평가방법으로 옳은 것은?

> • 매출원가 : 먼저 매입한 원가로 구성
> • 기말재고액 : 최근에 매입한 원가로 구성

① 총평균법　　② 선입선출법
③ 이동평균법　④ 후입선출법

20. 다음 중 유형자산에 대한 설명으로 옳지 않은 것은?

① 유형자산의 취득원가는 순수 구입 금액에 부대 비용을 가산하여 산출한다.
② 유형자산은 영업용으로 1년 이상 사용할 목적으로 취득한 비유동자산에 속한다.
③ 유형자산에는 토지, 건물, 기계장치, 구축물, 차량운반구, 컴퓨터소프트웨어 등이 있다.
④ 자산의 내용연수를 연장하거나 개량, 증축 등을 위한 지출과 사용전 수리비는 취득원가에 가산한다.

21. 다음 중 K-IFRS에 의한 자본요소가 아닌 것은?

① 주식발행초과금
② 당기손익-공정가치측정 금융자산평가이익
③ 이익잉여금
④ 기타포괄손익누계액

22. 다음 중 아래에서 설명하는 자산과 관계 없는 거래는 무엇인가?

> 식별 가능한 비화폐성 자산으로 물리적 형체가 없지만 기업이 통제하고 있으며 장기에 걸쳐 미래에 기업에 효익을 제공하는 자산이다.

① 컴퓨터소프트웨어 ₩500,000을 현금으로 구입하다.
② 건물에 대한 임차보증금 ₩500,000을 현금으로 지급하다.
③ 신제품 개발을 위한 개발비 ₩500,000을 현금으로 지급하다.
④ 신상품에 대한 특허권 ₩500,000을 취득하고 등록비 ₩10,000과 함께 현금으로 지급하다.

23. 다음 자료에 의하여 상공상사의 기말자본을 구하면 얼마인가?

가. 기초자산	₩550,000	나. 기초부채	₩330,000
다. 총수익	300,000	라. 총비용	220,000
마. 당기 중 배당금	30,000		

① ₩200,000
② ₩270,000
③ ₩290,000
④ ₩310,000

24. (주)상공은 악세사리 도소매업자이다. 다음 자료를 토대로 계산한 (주)상공의 영업수익은 얼마인가?

- 악세사리 매출액	₩9,000,000
- 상가임대수익	1,000,000
- 정기예금 이자수익	300,000

① ₩9,000,000
② ₩9,300,000
③ ₩10,000,000
④ ₩10,300,000

25. 다음 중 거래에 따른 회계 처리 시 계정 과목과 그 연결이 옳지 않은 것은?

① 소모품 구입(비용처리 시) – 소모품비
② 업무용차량의 주유비 지출 – 차량유지비
③ 거래처 직원의 결혼 축의금 지출 – 접대비
④ 직원의 회계업무 교육 강사비 지출 – 종업원급여

상시 전산회계운용사 3급 필기 시험

대한상공회의소 시행

2019년 1회기출

3급 / A형 / 시험일(소요시간): 2월 9일(총40분) / 문항수: 총25개

※ 다음 문제를 읽고 알맞은 것을 골라 답안카드의 답란(①, ②, ③, ④)에 표기하시오.

< 제1과목 : 회계원리 >

1. 다음에서 설명하는 회계용어로 옳은 것은?

> 기업의 재무상태와 경영성과를 파악하기 위하여 인위적으로 구분한 시간적 범위를 말한다.

① 회계단위 ② 회계기간
③ 계정과목 ④ 계정계좌

2. (주)상공의 총계정원장 각 계정에 전기한 내용 중 출금전표에 기입되었던 내용으로 옳은 것은?(단, 3전표제에 의한다.)

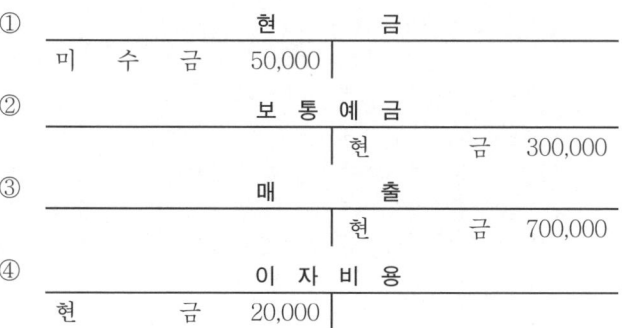

3. 다음 자료에 의하여 개인기업인 상공마트의 기말부채를 계산한 금액으로 옳은 것은?(단, 추가 출자 및 인출액은 없다.)

> ○ 20×1 회계연도 경영성과
> - 총 수 익 ₩800,000   - 총 비 용 ₩600,000
> ○ 20×1 회계연도 재무상태
> - 기초자산 ₩500,000   - 기초부채 ₩200,000
> - 기말자산 ₩700,000

① ₩200,000 ② ₩300,000
③ ₩500,000 ④ ₩700,000

4. 다음 중 회계순환과정의 각 절차에 관한 설명으로 적절하지 않은 것은?

① 회계 거래를 총계정원장에 일단 기입한 후 분개장에 기입하여야 한다.
② 분개장의 차변에 기입된 금액은 해당 원장의 차변계정에 동일한 금액으로 기입된다.
③ 회계거래가 분개장과 원장에 올바르게 기록되고 집계되면, 모든 원장의 차변계정의 합계액과 대변계정의 합계액이 일치된다.
④ 분개장에는 기업의 영업활동에 관한 자료가 발생순서대로 기입되므로 특정일자나 특정기간의 거래에 대한 정보를 얻고자 할 때 거래의 발생일자만으로 분개장을 통한 추적이 가능하다.

5. 다음에서 설명하는 재무제표의 종류로 옳은 것은?

> 일정시점에 있어서 기업의 자산, 부채 및 자본의 금액과 구성요소를 표시하는 재무보고서로 기업이 무엇을 소유하고 있고 자금조달의 원천이 어디서 오는지를 나타낸다.

① 자본변동표 ② 재무상태표
③ 현금흐름표 ④ 포괄손익계산서

6. 다음 중 물가상승 시 당기순이익을 최대화하기 위한 재고자산 단가 결정 방법으로 옳은 것은? 단, 재고청산은 없다고 가정한다.

① 총평균법   ② 이동평균법
③ 후입선출법 ④ 선입선출법

7. 다음 (가)와 (나) 거래 내용을 분개했을 때 차변 계정과목이 재무상태표에 보고되는 계정으로 옳은 것은?

> (가) 현금 ₩100,000을 보통예금에서 인출하다.
> (나) 현금 ₩500,000을 60일 만기 정기예금에 예입하다.

① 기타채권   ② 매출채권
③ 장기금융상품 ④ 현금및현금성자산

8. 다음 중 재무상태표에 표시하는 금융자산의 항목으로 옳지 않은 것은?

① 현금및현금성자산   ② 매출채권
③ 당기손익-공정가치측정금융자산 ④ 선급비용

9. 다음 중 금융부채에 대한 설명으로 옳은 것은?

① 금융기관의 상품 종류를 뜻하는 것으로 선수금 등이 있다.
② 기업의 지분상품을 뜻하는 것으로 기업이 매입한 다른 회사의 주식 등이 있다.
③ 거래 상대방에게 현금 등 금융자산을 수취할 계약상의 권리를 뜻하는 것으로 매출채권 등이 있다.
④ 거래 상대방에게 현금 등 금융자산을 인도하기로 한 계약상의 의무를 뜻하는 것으로 매입채무 등이 있다.

10. 다음 거래를 분개할 때 차변에 기입할 계정과목으로 옳은 것은?

> 상공상점에 상품 ₩500,000을 매출하고, 대금은 동 거래처가 발행한 약속어음으로 받다.

① 당좌예금　② 받을어음
③ 지급어음　④ 미수금

11. 다음 중 통제계정과 보조원장을 작성하는 계정으로 옳은 것은?

① 건물　② 현금
③ 보통주자본금　④ 외상매출금

12. 다음 거래를 분개한 것으로 옳은 것은?

> 소유하고 있던 타인발행 수표 ₩200,000을 은행에 당좌예입하다. 단, 당좌 예입 전 당좌차월 잔액이 ₩500,000이다.

① (차) 장기차입금 200,000　(대) 현　　금 200,000
② (차) 단기차입금 200,000　(대) 현　　금 200,000
③ (차) 단기차입금 200,000　(대) 당 좌 예 금 200,000
④ (차) 당 좌 예 금 200,000　(대) 단기차입금 200,000

13. 다음 중 재무상태표에 표시될 수 없는 계정과목으로 옳은 것은?

> ㄱ. 선급금　　ㄴ. 가수금
> ㄷ. 미지급금　ㄹ. 현금과부족

① ㄱ, ㄷ　② ㄴ, ㄷ　③ ㄴ, ㄹ　④ ㄷ, ㄹ

14. 다음과 같이 상품을 취득하는 과정에서 불가피하게 발생한 보험료를 판매비와관리비로 처리한 경우 재무제표에 미치는 영향으로 옳지 않은 것은?

> (주)상공으로부터 상품 100개(@₩30,000)를 외상으로 매입하고 보험료 ₩7,000은 현금으로 지급하다.

① 순매입액의 과소 계상　② 매출원가의 과소 계상
③ 매출총이익의 과대 계상　④ 기타비용의 과대 계상

15. 다음 거래를 분개 시 차변에 해당하는 계정과목과 금액으로 옳은 것은? 단, 상품에 관한 거래는 3분법에 의하며 부가가치세는 고려하지 않는다.

> 상공가구는 대한가구로부터 판매용 책상 20대, @₩50,000을 외상으로 매입하고 운임과 하역료 ₩100,000은 현금으로 지급하였다.

① 매입 ₩1,000,000　② 매입 ₩1,100,000
③ 비품 ₩1,000,000　④ 비품 ₩1,100,000

16. 상공상사는 회사 업무용으로 사용하는 차량운반구를 개조하였고 개조에 따른 비용은 현금으로 지급하였다. 이에 대한 회계처리로 옳은 것은? 단, 개조에 따른 지출은 유형자산의 인식기준을 충족한다.

① 수익적 지출로 처리한다.
② 수선비 계정으로 처리한다.
③ 차량운반구 계정으로 처리한다.
④ 차량유지비 계정으로 처리한다.

17. (주)대한은 일정기간 근무한 종업원에게 지급하는 이익분배제도를 두고 있다. 다음 자료에 의하여 결산시 이익 분배로 인식해야 할 정리분개로 옳은 것은?

> • 이익분배금 총액은 당기순이익의 2.5%이다.
> • 당기순이익은 ₩10,000,000이다.(단, 해당 회계연도에 퇴사자가 없다고 가정한다.)

① (차) 종업원급여 250,000　(대) 미지급급여 250,000
② (차) 종업원급여 300,000　(대) 미지급급여 300,000
③ (차) 선 급 급 여 250,000　(대) 종업원급여 250,000
④ (차) 선 급 급 여 300,000　(대) 종업원급여 300,000

18. 다음 중 자본을 증가시키는 거래로 옳지 않은 것은?

① 단기대여금에 대한 이자 ₩350,000을 현금으로 받다.
② 건물의 일부를 빌려주고 사용료 ₩750,000을 현금으로 받다.
③ 상품 판매의 중개를 하고 수수료 ₩100,000을 현금으로 받다.
④ 소지하고 있던 약속어음이 만기가 되어 어음대금 ₩800,000을 현금으로 받다.

19. 다음은 급여지급에 관한 거래이다. 분개로 옳은 것은?

> 2월 종업원 급여 ₩2,000,000 중에서 소득세 ₩20,000, 건강보험료 ₩50,000, 국민연금 ₩30,000을 차감하고 보통예금계좌에서 이체하다.

① (차) 종업원급여 1,900,000　(대) 보통예금 1,900,000
② (차) 종업원급여 1,900,000　(대) { 세금과공과 100,000　보통예금 1,800,000 }
③ (차) 종업원급여 2,000,000　(대) { 예 수 금 100,000　보통예금 1,900,000 }
④ (차) 종업원급여 2,000,000　(대) { 소 득 세 50,000　보 험 료 50,000　보통예금 1,900,000 }

20. 다음 기중 거래를 바르게 분개한 것은?

> 거래처의 파산으로 인해 외상매출금 ₩300,000이 회수불능 되었다.(단, 대손충당금 잔액은 ₩350,000이다.)

① (차) 대손충당금 300,000 (대) 외상매출금 300,000
② (차) 대손상각비 300,000 (대) 외상매출금 300,000
③ (차) 외상매출금 300,000 (대) 대손충당금 300,000
④ (차) 대손충당금 300,000 (대) 대손상각비 300,000

21. 비용을 기능별, 성격별로 분류하는 표시방법 중 옳은 것은?

① 기능별 표시방법 : 매출원가를 다른 비용, 즉 물류비, 일반관리비, 마케팅비용 등과 분리해서 표시해야 한다.
② 성격별 표시방법 : 매출액에서 매출원가를 차감한 금액을 매출총이익으로 구분하여 표시한다.
③ 기능별 표시방법 : 당기 상품변동액을 당기 상품매입액에 가감하는 방법으로 표시한다.
④ 성격별 표시방법 : 비용을 종업원 급여, 감가상각비, 이자비용 등과 같이 성격별로 구분한 다음 매출원가를 반드시 구분하여 표시한다.

22. 상품 보관용 창고로 건물 1동을 빌려서 사용하고, 사용료 ₩100,000을 현금으로 지급한 경우 회계 처리시 차변 계정과목으로 옳은 것은?

① 임대료 ② 임차료
③ 이자비용 ④ 세금과공과

23. 다음 자료에 의하여 당기순이익으로 표시될 금액으로 옳은 것은?

> 가. 세금과공과 ₩20,000
> 나. 당기손익-공정가치측정금융자산처분이익 ₩10,000
> 다. 급여 ₩50,000
> 라. 임차료 ₩30,000
> 마. 이자수익 ₩1,000
> 바. 매출총이익 ₩200,000
> 사. 기부금 ₩2,000
> 아. 잡이익 ₩10,000

① ₩81,000 ② ₩98,000
③ ₩119,000 ④ ₩121,000

24. 20×3년도 초의 회계처리 결과가 20×3년도 순이익에 미치는 영향으로 옳은 것은?

> 20×1년도 1월 1일에 사무용 컴퓨터 1대를 ₩500,000에 구입하여 20×3년도 1월 1일에 ₩350,000에 처분하고 대금은 1개월 후에 받기로 하다.(단, 감가상각은 정액법, 내용연수는 5년, 잔존가치는 취득원가의 10%이다.)

① ₩30,000(감소) ② ₩30,000(증가)
③ ₩50,000(증가) ④ ₩60,000(감소)

25. 다음 중 재무제표에 해당되지 않는 것은?

① 재무상태표 ② 현금흐름표
③ 시산표 ④ 포괄손익계산서

국가기술자격검정
상시 전산회계운용사 3급필기 시험

대한상공회의소 시행

2019년 2회기출

| 3급 | A형 | 시험일(소요시간)
5월 18일(총40분) | 문항수
총25개 |

수험번호 :
성　명 :

11회

※ 다음 문제를 읽고 알맞은 것을 골라 답안카드의 답란(①, ②, ③, ④)에 표기하시오.

< 제1과목 : 회계원리 >

1. 다음은 개인기업인 상공상점의 거래와 분개이다. 이에 대한 12월 31일 결산 정리 분개로 옳은 것은?(단, 결산일은 12월 31일이고, 월할계산 한다.)

> 9월 1일　1년분 임대료 ₩120,000을 현금으로 받다.
> 　(차변) 현　금　₩120,000　(대변) 임 대 료　₩120,000

① (차) 임　대　료　　40,000　(대) 선수임대료　　40,000
② (차) 임　대　료　　80,000　(대) 선수임대료　　80,000
③ (차) 미수임대료　　40,000　(대) 임　대　료　　40,000
④ (차) 미수임대료　　80,000　(대) 임　대　료　　80,000

2. 다음은 (주)상공의 결산 시 소모품 관련 자료이다. 이를 기초로 결산 정리 사항을 분개하였을 때 재무제표에 미치는 영향으로 옳은 것은?

> 수정전 잔액시산표 차변에 소모품 계정 금액은 ₩240,000이며, 실제로 소모품을 조사한 결과 재고액이 ₩100,000으로 파악되었다.

① 포괄손익계산서의 비용이 ₩140,000만큼 증가한다.
② 당기순이익은 ₩100,000만큼 감소한다.
③ 재무상태표에 자산이 ₩240,000만큼 감소한다.
④ 자본에는 아무런 영향이 없다.

3. 다음 (주)대한상공의 결산 정리 누락 사항이다. 이를 회계 처리하지 않았을 때 나타날 재무제표의 결과에 대한 설명으로 옳은 것은?

> 결산일에 장기차입금에 대한 이자 미지급분 ₩50,000을 계상하지 않았다.

① 비용이 ₩50,000 과대 계상되었다.
② 수익이 ₩50,000 과소 계상되었다.
③ 부채가 ₩50,000 과소 계상되었다.
④ 자산이 ₩50,000 과소 계상되었다.

4. 다음 거래 중 현금및현금성자산의 금액을 증가시키지 않는 거래는?
① 은행으로부터 현금 ₩100,000을 차입하였다.
② 외상매출금 ₩500,000을 거래처 발행 수표로 받다.
③ 상품 ₩300,000을 매출하고 대금은 당좌예금에 입금되다.
④ 기업어음(만기 1년) ₩1,000,000을 취득하고 금융회사에 수표를 발행하여 입금하다.

5. 다음은 개인기업인 상공상점의 결산절차이다. (가) 절차에 해당하는 내용으로 옳은 것을 <보기>에서 모두 고른 것은?

결산의 예비절차 → (가) → 결산 보고서 작성

<보기>
ㄱ. 주요부와 각종 보조부의 마감
ㄴ. 재무상태표 및 포괄손익계산서 작성
ㄷ. 손익 계정의 대변 잔액을 자본금 계정 대변에 대체
ㄹ. 정확한 당기 순손익 파악을 위하여 결산수정사항 정리

① ㄱ, ㄴ　　② ㄱ, ㄷ
③ ㄴ, ㄹ　　④ ㄷ, ㄹ

6. 재무상태표를 유동성 순서에 따른 표시방법에 따라 작성할 경우, 순서 대로 나열된 것은?
① 현금및현금성자산 → 매출채권 → 상품 → 건물 → 산업재산권
② 매출채권 → 건물 → 산업재산권 → 상품 → 현금및현금성자산
③ 건물 → 산업재산권 → 상품 → 현금및현금성자산 → 매출채권
④ 산업재산권 → 상품 → 건물 → 현금및현금성자산 → 매출채권

7. 다음 중 판매비와 관리비에 포함할 수 없는 항목은?
① 종업원에 대한 급여　　② 사무실 임차료
③ 사무실 전기료　　　　④ 수재의연금

8. 다음 현금과부족 계정의 기입 내용과 관련 자료에 따라 (가)와 (나)에 해당하는 계정과목으로 옳은 것은?

현 금 과 부 족			
12/20 현　　　금	25,000	12/21 (　가　)	20,000
		12/31 (　나　)	5,000

【 관련 자료 】
• 12월 21일 : 현금 부족액 중 ₩20,000은 사무실 인터넷 사용료 납부 내용을 누락한 것임을 확인하다.
• 12월 31일 : 결산일 현재 현금과부족 차변 잔액 ₩5,000에 대한 원인을 파악하지 못하다.

① (가) 현　금,　(나) 잡이익
② (가) 현　금,　(나) 잡손실
③ (가) 통신비,　(나) 잡이익
④ (가) 통신비,　(나) 잡손실

9. 다음 중 당좌예금 계정과 관련된 거래인 것은?

① 소유주식에 대한 배당금 통지표를 받다.
② 상품을 매입하고 약속어음을 발행하여 지급하다.
③ 사무용 컴퓨터를 매입하고 대금은 자기앞수표로 지급하다.
④ 거래처에 대한 외상 매입 대금을 당점 발행 수표로 지급하다.

10. 다음 중 금융자산이 증가하는 내용의 분개로 옳은 것은?

① (차) 보 통 예 금   ×××   (대) 선 수 금   ×××
② (차) 기 계 장 치   ×××   (대) 미 지 급 금   ×××
③ (차) 단 기 차 입 금 ×××   (대) 현   금   ×××
④ (차) 외 상 매 입 금 ×××   (대) 지 급 어 음   ×××

11. 다음 (주)대한의 잔액시산표 내용 중 금융자산의 합계 금액은 얼마인가?

잔 액 시 산 표
(주)대한   20×1년 12월 31일   (단위: 원)

차변	계정과목	대변
150,000	현 금	
40,000	당기손익-공정가치측정금융자산	
30,000	선 급 금	
220,000	외 상 매 출 금	
180,000	상 품	
	외 상 매 입 금	130,000
	선 수 수 익	10,000

① ₩370,000   ② ₩410,000
③ ₩440,000   ④ ₩580,000

12. 다음은 상공상사의 상장주식 관련 자료이다. 아래의 거래와 관련하여 당기 포괄손익계산서에 기타수익(영업외수익)으로 보고될 금액은 얼마인가?(단, 제시된 자료만 고려한다.)

가. 기타포괄손익-공정가치측정 지분상품에 해당함
나. 취득
  - 10월 1일 A사 100주, 매입금액 1주당 ₩5,000(액면가 1주당 ₩2,000)
  - 취득 시 수수료 ₩10,000이 발생되어 현금으로 지급하다.
다. 처분
  - 12월 1일 A사 100주, 매도금액 1주당 ₩7,000
  - 매도 시 수수료 ₩15,000이 차감되어 당좌예입하다.

① ₩0   ② ₩185,000
③ ₩190,000   ④ ₩195,000

13. 다음은 (주)한국의 어음 관련 거래이다. 이에 대한 일자별 회계 처리로 옳은 것은?

10월 25일 : 거래처로부터 받은 약속어음 ₩100,000을 거래은행에 추심의뢰하고, 추심수수료 ₩500을 현금으로 지급하였다.
10월 27일 : 위 어음이 정상적으로 추심되어 당점의 예금계좌에 입금된 것을 확인하였다.

① (차) 10/25 수수료비용   500   (대) 현   금   500
       10/27 매 출 채 권 100,000   은 행 예 금 100,000
② (차) 10/25 수수료비용   500   (대) 현   금   500
       10/27 은 행 예 금 100,000   매 출 채 권 100,000
③ (차) 10/27 수수료비용   500   (대) 현   금   500
              매 출 채 권 100,000   은 행 예 금 100,000
④ (차) 10/27 수수료비용   500   (대) 현   금   500
              은 행 예 금 100,000   매 출 채 권 100,000

14. 다음 중 거래처의 외상매출금이 회수 불능된 거래에 대한 회계처리 시 차변 계정과목으로 옳은 것은?(단, 대손충당금 계정잔액은 없다.)

① 잡손실   ② 외상매출금
③ 감가상각비   ④ 대손상각비

15. 다음은 (주)서울의 거래 내용이다. 9월 16일에 (주)서울이 수행할 회계처리로 옳은 것은?

8월 30일 (주)서울은 (주)인천에 상품 ₩500,000을 외상매출하다.
9월 16일 (주)서울은 매입처인 (주)수원에 외상매입 대금 ₩500,000을 상환하기 위하여 매출처인 (주)인천 앞 환어음을 발행하여 동점의 인수를 받아 (주)수원에 교부하여 주다.

① (차) 매   입 500,000   (대) 지 급 어 음 500,000
② (차) 매   입 500,000   (대) 외 상 매 출 금 500,000
③ (차) 외 상 매 입 금 500,000 (대) 지 급 어 음 500,000
④ (차) 외 상 매 입 금 500,000 (대) 외 상 매 출 금 500,000

16. 다음 중 금융자산 및 금융부채에 대한 설명이 옳지 않은 것은?

① 재고자산은 금융자산이 될 수 없다.
② 선급금은 화폐를 미리 지불한 것이므로 금융자산이다.
③ 선수금은 미래에 재화나 용역을 제공해야 할 의무이므로 금융부채가 아니다.
④ 특허권은 무형자산이므로 금융자산이 아니다.

17. 다음 중 직원의 급여 지급 시 소득세, 국민연금, 건강보험료 등에 대해 일시적으로 차감하여 보관하는 경우 사용하는 계정과목으로 옳은 것은?

① 가수금 ② 미수금
③ 선수금 ④ 예수금

18. 다음 중 상품의 구입원가가 계속 상승하는 경우에 기말상품재고액이 시가에 가장 가깝게 반영되는 재고자산평가방법으로 옳은 것은?

① 총평균법 ② 이동평균법
③ 선입선출법 ④ 후입선출법

19. 원자재 가격 상승으로 상품의 매입단가가 계속 오르고 있다. 이때 선입선출법에 의하여 재고자산을 평가할 경우, 이동평균법과 비교하여 재무제표에 미치는 영향으로 옳지 않은 것은?

① 당기의 순이익이 과소계상된다.
② 당기의 매출원가가 과소계상된다.
③ 당기의 기말상품재고액이 과대계상된다.
④ 차기의 기초상품재고액이 과대계상된다.

20. 무형자산으로 분류하기 위한 조건으로 옳지 않은 것은?

① 물리적 실체는 없지만 식별가능하다.
② 판매목적으로 보유하고 있어야 한다.
③ 미래경제적효익이 있는 비화폐성자산이다.
④ 미래경제적효익에 대한 제3자의 접근에 대하여 통제력이 있다.

21. 다음은 12월 말 결산법인인 (주)상공의 20X1년 12월 31일 현재 재무상태표 일부이다. 20X2년 1월 1일에 건물을 ₩700,000에 처분할 경우 발생하는 손익 계정과목으로 옳은 것은?

재 무 상 태 표
20×1년 12월 31일 현재 (단위: 원)

| 건 물 | 1,000,000 | |
| (감가상각누계액 | 400,000) | 600,000 |

① 유형자산처분손실 ₩300,000
② 유형자산평가손실 ₩300,000
③ 유형자산처분이익 ₩100,000
④ 유형자산평가이익 ₩100,000

22. 다음 설명에 해당하는 자본 항목의 계정과목으로 옳은 것은?

> 자본거래를 통해 자본을 변동시키는 항목이지만 자본금과 자본잉여금 중에서 어느 항목으로도 명확하게 확정할 수 없는 항목을 말하는 것으로 자본 전체에 가감하는 형식으로 표시된다.

① 감자차익 ② 자기주식
③ 이익준비금 ④ 자기주식처분이익

23. 다음 중 <보기>에서 금융자산으로 분류되는 항목만 모두 고른 것은?

<보기>
가. 미수금   나. 선급금
다. 보통예금   라. 매출채권
마. 선급비용   바. 상각후원가측정금융자산

① 가, 나, 다   ② 가, 다, 마
③ 가, 다, 라, 바   ④ 가, 라, 마, 바

24. 다음은 상공상점의 외상매출금 계정 원장이다. (가)에 기입될 거래로 옳은 것은?

외 상 매 출 금

| 전 기 이 월 | 150,000 | 현 금 | 300,000 |
| (가) | | | |

① 외상매출금 ₩10,000이 회수 불능 되다.
② 상품 ₩200,000을 매출하고 대금은 10일후에 받기로 하다.
③ 외상으로 매출한 상품 중 파손품이 있어 ₩20,000이 반품되어 오다.
④ 외상으로 매출한 상품 중 불량품이 있어 ₩30,000을 에누리해 주다.

25. 다음 거래에 대한 회계 처리를 누락하였을 때 나타날 수 있는 영향으로 옳은 것은?

> 이달 분 신문대금 ₩1,000을 미지급하다.

① ₩1,000만큼의 수익계정 과소계상
② 시산표에서 차변과 대변 총계의 불일치
③ ₩1,000만큼의 비용계정의 과대계상
④ ₩1,000만큼의 순이익 과대계상

국가기술자격검정
상시 전산회계운용사 3급 필기 시험
대한상공회의소 시행

2019년 3회기출

| 3급 | A형 | 시험일(소요시간) 9월 7일(총40분) | 문항수 총25개 |

수험번호 :
성　명 :

※ 다음 문제를 읽고 알맞은 것을 골라 답안카드의 답란(①, ②, ③, ④)에 표기하시오.

< 제1과목 : 회계원리 >

1. 다음 등식 중 옳지 않은 것은?
① 자산 + 부채 = 자본
② 자산 - 자본 = 부채
③ 총비용 - 당기순손실 = 총수익
④ 총수익 - 당기순이익 = 총비용

2. 결산이 예비절차, 본절차 및 보고서 작성절차로 이루어 질 경우, 다음 중 결산의 예비절차에 해당하는 것은?
① 분개장의 마감
② 수정전시산표의 작성
③ 총계정 원장의 마감
④ 재무상태표의 작성

3. 시산표에서 발견할 수 있는 오류로 옳지 않은 것은?
① 외상매입금 ₩1,000을 현금으로 지급한 거래 전체를 기장 누락하였다.
② 건물 화재보험료 ₩2,000을 현금으로 지급한 거래를 현금 계정, 보험료 계정 모두 차변에 기입하였다.
③ 소모품 ₩5,000을 외상으로 구입하고 대변에 미지급금은 기장하였으나 차변 소모품 계정 기장 누락하였다.
④ 상품 ₩50,000을 현금으로 구입한 거래를 상품 계정 차변에는 ₩50,000을 기입하였으나, 대변에 ₩5,000을 기입하였다.

4. 다음 중 결산수정사항에 대한 내용으로 옳지 않은 것은?
① 광고선전비를 현금으로 지급하고 장부에 계상하다.
② 기말시점 현재 원인을 알 수 없는 현금 부족액을 발견하다.
③ 기말매출채권에 대한 대손금액을 추정하다.
④ 당기분 감가상각비를 인식하다.

5. 다음 중 기능별분류를 적용한 포괄손익계산서와 성격별분류를 적용한 손익계산서상에서 동일한 명칭으로 표시되는 과목은?
① 관리비
② 물류원가
③ 매출액
④ 매출총이익

6. 다음에서 설명하는 재무제표의 종류로 옳은 것은?

> 일정 시점 현재 기업이 보유하고 있는 경제적 자원인 자산과 경제적 의무인 부채, 그리고 자본에 대한 정보를 제공하는 보고서이다.

① 자본변동표
② 포괄손익계산서
③ 현금흐름표
④ 재무상태표

7. 다음 중 금융부채에 해당하지 않는 것은?
① 외상매입금
② 지급어음
③ 단기차입금
④ 가지급금

8. 다음 자료에 의하여 당기순이익을 계산하면 얼마인가?

가. 세금과공과 ₩20,000	나. 당기손익-공정가치측정금융자산 처분이익 ₩10,000
다. 급여 ₩50,000	라. 임차료 ₩30,000
마. 이자수익 ₩1,000	바. 매출총이익 ₩200,000
사. 기부금 ₩2,000	아. 잡이익 ₩10,000

① ₩81,000
② ₩98,000
③ ₩119,000
④ ₩121,000

9. 다음 중 금융자산으로 볼 수 없는 것은?
① 선급금
② 매출채권
③ 정기예금
④ 현금성자산

10. 다음 거래에 대한 분개로 옳은 것은?

> 20×1년 9월 24일 상공상점에 상품 ₩200,000을 매출하고, 2개월 만기의 동점발행 약속어음으로 받다.

① (차) 받을어음 200,000 (대) 매출 200,000
② (차) 지급어음 200,000 (대) 매출 200,000
③ (차) 당좌예금 200,000 (대) 매출 200,000
④ (차) 현금 200,000 (대) 매출 200,000

11. 다음 거래를 분개할 경우 대변의 계정과목과 금액으로 옳은 것은?

> 상품 ₩1,000,000을 매입하고 대금 중 ₩600,000은 3개월 만기의 약속어음을 발행하여 주고, 잔액은 매출처로부터 받은 환어음을 배서양도하다.

① 지급어음 600,000, 외상매출금 400,000
② 받을어음 600,000, 외상매입금 400,000
③ 받을어음 600,000, 지급어음 400,000
④ 지급어음 600,000, 받을어음 400,000

12. 다음 중 기말재고자산이 기말 현재의 시점에서 가장 가까운 금액으로 평가되는 방법은?

① 선입선출법 ② 후입선출법
③ 이동평균법 ④ 총평균법

13. 토지(원가 ₩100,000)를 갑회사에 ₩120,000 받고 처분하였는데, ₩20,000은 동 회사가 발행한 수표로, 나머지 ₩100,000은 동 회사가 발행한 어음으로 받은 경우 재무상태에 미치는 영향은?

① 자산 증가, 부채 증가
② 부채 증가, 자본 증가
③ 부채 증가, 자산 감소
④ 자산 증가, 자본 증가

14. 다음 거래의 분개에서 공통적으로 사용되는 계정과목은?

> 가. 사원에게 출장을 명하고 여비 명목으로 ₩200,000을 수표로 발행하여 지급하다.
> 나. 출장 간 사원이 돌아와 출장비를 정산하고 잔액 ₩50,000은 현금으로 반납하다.

① 가수금 ② 선급금
③ 가지급금 ④ 여비교통비

15. 재무제표에 계상하는 유형자산의 취득원가에 대한 설명으로 옳지 않은 것은?

① 건물 구입 시 지급한 취득세는 건물의 취득원가에 포함한다.
② 새로운 건물을 짓기 위해서 낡은 건물을 토지와 함께 구입 했다면 기존 건물을 철거하고 제거하는 지출 까지도 토지 취득원가로 본다.
③ 기계의 경우 취득하여 설치하는 과정에서 지출된 조립비, 설치비, 시운전비도 취득원가에 포함한다.
④ 차량 구입 시 가입한 자동차보험료는 차량운반구 취득원가에 포함한다.

16. 이번 달 종업원 급여 ₩10,000을 지급하면서 소득세 ₩200을 차감한 잔액은 현금으로 지급하다. 이 거래에 대한 분개로 옳은 것은?

① (차) 현 금 10,000 (대) 급 여 10,000
② (차) 급 여 10,000 (대) { 현 금 9,800 / 예 수 금 200 }
③ (차) 급 여 10,000 (대) 현 금 10,000
④ (차) 급 여 10,200 (대) { 현 금 10,000 / 예 수 금 200 }

17. 수익과 비용의 대응원칙에 따라 비용을 인식하는 방법 중 인과 관계에 의한 직접 대응에 해당하는 비용으로 옳은 것은?

① 임차료 ② 매출원가
③ 광고선전비 ④ 통신비

18. 다음 자료에 의하여 당기 중의 매출채권 회수액을 계산한 것으로 옳은 것은? 단, 상품매매는 모두 외상 거래이다.

가. 매출채권 기초잔액	₩150,000
나. 매출채권 기말잔액	₩200,000
다. 당기 총 매출액	₩270,000
라. 당기 중 매출환입액	₩50,000
마. 당기 중 대손액	₩50,000

① ₩120,000 ② ₩150,000
③ ₩200,000 ④ ₩220,000

19. 다음 중 관리회계와 비교할 때, 재무회계의 특징이 아닌 것은?

① 재무회계는 재무제표 작성을 위해 일반적으로 인정된 회계 원칙을 준수한다.
② 재무제표는 정보의 비교가능성을 위해 통일된 형식에 따라 작성 보고된다.
③ 재무회계는 수시로 정보를 제공하기 보다는 정기적으로 재무제표를 보고한다.
④ 재무회계에서는 경영자의 경영의사결정만을 중요시 한다.

20. 다음 수정전 잔액시산표와 결산정리사항에 의하여 기말의 대손설정 분개 내용으로 옳은 것은??

수정전 잔액시산표
갑상사   20×1년 12월 31일 현재   (단위:원)

차 변	계 정 과 목	대 변
50,000	현 금	
100,000	외 상 매 출 금	
	대 손 충 당 금	1,500
80,000	이 월 상 품	
	지 급 어 음	70,000
	자 본 금	130,000
⋮	⋮	⋮

[결산 정리 사항]
기말 매출채권 잔액에 대하여 2%의 대손을 예상하다.

① (차) 대손상각비 500 (대) 대손충당금 500
② (차) 대손상각비 1,500 (대) 대손충당금 1,500
③ (차) 대손상각비 2,000 (대) 대손충당금 2,000
④ (차) 대손충당금 2,000 (대) 대손상각비 2,000

21. 유형자산 취득 후 지출 중에서 자본적 지출로 처리해야 하는 것은?

① 공장설비 유지비 ② 기계의 보수비
③ 기계부품의 성능개선비 ④ 공장 청소비

22. 서울(주)는 7월 15일 사무용 소모품 ₩70,000을 현금으로 구입했다. 12월 31일 결산 시점에 미사용 소모품을 재고 조사한 결과 ₩12,000이 아직 남아 있었다. 다음의 설명 중 옳지 않은 것은? (단. 회계처리는 자산처리법으로 한다.)

① 7월 15일 분개는 차변에 ₩소모품 70,000 대변에 현금 ₩70,000이다.
② 12월 31일 분개는 차변에 소모품비 ₩12,000 대변에 소모품 ₩12,000이다.
③ 소모품비 ₩58,000이 손익계산서의 비용 항목에 기록된다.
④ 12월 31일 현재 소모품 ₩12,000이 재무상태표 자산 항목에 기록된다.

23. 다음 중 주식회사의 주식 할증발행에 대한 설명으로 옳은 것은?

① 발행금액과 액면금액이 같다.
② 주식할증발행 결과 자본 총액이 증가한다.
③ 할증발행의 결과 이익잉여금이 변동된다.
④ 발행가액과 액면가액의 차액을 주식할인발행차금으로 처리한다.

24. (주)상공상사는 외상매출금 ₩100,000을 약정일보다 미리 회수하게 되어 ₩2,000을 할인해 주고 잔액은 현금으로 회수하였다. 이 거래와 관련된 올바른 분개는?

① (차) { 현 금 98,000 / 매 출 2,000 }   (대) 외상매출금 100,000
② (차) 현 금 98,000   (대) 외상매출금 98,000
③ (차) { 현 금 98,000 / 이 자 비 용 2,000 }   (대) 외상매출금 100,000
④ (차) 외상매출금 100,000   (대) { 매 출 98,000 / 현 금 2,000 }

25. 다음 중 현금계정에 포함되지 않는 것은?

① 자기앞수표 ② 타인발행당좌수표
③ 배당금수령통지표 ④ 수입인지

국가기술자격검정
상시 전산회계운용사 3급필기 시험

대한상공회의소 시행

2020년 1회기출

| 3급 | A형 | 시험일(소요시간) 2월 9일(총40분) | 문항수 총25개 |

수험번호 :
성　　명 :

※ 다음 문제를 읽고 알맞은 것을 골라 답안카드의 답란(①, ②, ③, ④)에 표기하시오.

< 제1과목 : 회계원리 >

1. 회계의 궁극적인 목적으로 가장 적절한 것은?

① 채권자들에게 과세 결정의 기초 자료를 제공한다.
② 투자자들에게 경영 방침 및 경영 계획 수립을 위한 자료를 제공한다.
③ 경영자에게 기업의 수익성과 지급 능력을 측정하는 데 필요한 기준 정보를 제공한다.
④ 기업의 모든 이해관계자들이 합리적인 의사결정을 할 수 있도록 유용한 회계정보를 제공한다.

2. (주)상공의 10월 거래를 전표에 기입한 내용은 다음과 같다. 이 전표를 통해서 알 수 있는 내용이 아닌 것은?

입금전표	매　　출	₩100,000
입금전표	외상매출금	₩20,000
출금전표	종업원급여	₩30,000
대체전표	(차) 토지 500,000 (대) 미지급금 500,000

① 현금 계정의 증가액은 ₩90,000이다.
② 거래의 발생건수는 4건이다.
③ 입금전표 외상매출금 ₩20,000의 의미는 '상품 ₩20,000을 매출하고 대금을 외상으로 하다' 이다.
④ 토지를 ₩500,000에 구입하고 대금을 아직 지급하지 않았다.

3. 20X1년 4월 1일에 1년분 보험료 ₩240,000을 현금으로 지급하고, 이를 자산(선급보험료)으로 기록하였다. 결산일 20X1년 12월 31일 보험료와 관련한 결산정리분개로 옳은 것은? 단, 보험료는 월할 계산한다.

① (차) 보　험　료　60,000　　(대) 선급보험료　60,000
② (차) 선급보험료　60,000　　(대) 보　험　료　60,000
③ (차) 보　험　료　180,000　(대) 선급보험료　180,000
④ (차) 선급보험료　180,000　(대) 보　험　료　180,000

4. 결산 시 현금의 장부금액 ₩100,000과 실제금액 ₩90,000의 차이가 발생하였음을 발견하였으나 그 원인을 알 수 없었다. 분개로 옳은 것은?

① (차) 현　　　금　10,000　(대) 잡　이　익　10,000
② (차) 현　　　금　10,000　(대) 현금과부족　10,000
③ (차) 잡　손　실　10,000　(대) 현　　　금　10,000
④ (차) 현금과부족　10,000　(대) 현　　　금　10,000

5. 다음은 회계순환과정을 나타낸 것이다. (가)~(라)에 들어갈 용어로 옳은 것은?

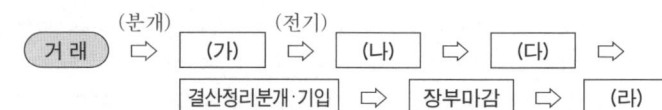

	(가)	(나)	(다)	(라)
①	분개장	총계정원장	시산표	재무제표
②	분개장	시산표	총계정원장	재무제표
③	총계정원장	분개장	시산표	재무제표
④	시산표	재무제표	분개장	총계정원장

6. 다음 중 비유동자산으로 분류되는 기타자산에 해당하는 계정과목으로 옳은 것은?

① 선급금　　　　　② 임차보증금
③ 선급비용　　　　④ 미수수익

7. 다음 자산의 분류에서 (가)에 해당하는 계정과목으로 옳은 것은?

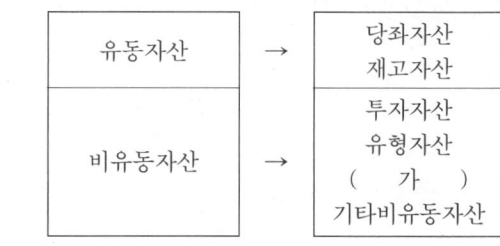

① 비품　　　　　② 상품
③ 미수금　　　　④ 산업재산권

8. 다음 중 포괄손익계산서 구성항목으로 옳은 것은?

① 이익잉여금　　② 당기순손익
③ 유동자산　　　④ 자본조정

9. 다음 거래를 분개할 경우 대변에 기입될 계정과목은?

| 상품 ₩500,000을 매입하고 대금은 신용카드로 결제하다. |

① 미수금　　　　② 미지급금
③ 외상매입금　　④ 외상매출금

10. 다음 중 금융자산에 해당하는 계정과목으로 옳게 짝지어진 것은?

① 상품, 비품
② 예수금, 미지급금
③ 외상매출금, 받을어음
④ 미수수익, 미지급비용

11. 약속어음과 환어음에 대한 다음 설명 중 옳은 것은?

① 매입처에서 제시한 환어음을 인수하면 어음상의 채권이 발생한다.
② 상품 매출 대금으로 약속어음을 받으면 현금및현금성자산이 증가한다.
③ 상품 매입 대금으로 약속어음을 발행해 주면 어음상의 채권이 발생한다.
④ 상품을 매입하고 매출처앞 환어음을 발행하면 어음상의 채권 채무는 발생하지 않는다.

12. 매출처 (주)상공으로부터 상품의 주문을 받고 계약금 ₩50,000을 현금으로 받은 경우 회계 처리 시 대변 계정과목으로 옳은 것은?

① 가수금
② 선수금
③ 선급금
④ 미수금

13. 다음은 (주)상공의 당좌거래와 관련된 거래이다. 결산 후 재무상태표에 표시될 단기차입금의 금액을 계산한 것으로 옳은 것은? 단, 당좌차월 한도액은 ₩2,000,000이다.

- 9/1 당좌예금 잔액 ₩500,000
- 9/15 비품 ₩1,000,000을 구입하고 대금은 당좌수표를 발행하여 지급하다.
- 9/20 상품 ₩300,000을 매출하고 대금은 현금으로 받아 즉시 당좌예입하다.
- 9/30 상품 ₩200,000을 매입하고 대금은 당좌수표를 발행하여 지급하다.

① ₩200,000
② ₩300,000
③ ₩400,000
④ ₩500,000

14. 다음 중 매입 계정을 증가시키는 내용으로 옳지 않은 것은? (단, 상품거래는 3분법에 의한다.)

① 상품의 운송비
② 상품의 하역비
③ 상품의 구입원가
④ 상품의 불량으로 에누리 받은 금액

15. 다음 거래의 분개로 옳은 것은?

(주)서울은 취득원가 ₩1,000,000(감가상각누계액 ₩300,000)의 비품을 ₩700,000에 처분하고, 대금은 월말에 받기로 하다.

① (차) 감가상각누계액 300,000 (대) 비품 1,000,000
　　　 미 수 금 700,000
② (차) 미 수 금 700,000 (대) 비품 700,000
③ (차) 감가상각누계액 1,000,000 (대) 비품 1,000,000
④ (차) 미 지 급 금 700,000 (대) 비품 1,000,000
　　　 감가상각누계액 300,000

16. 다음은 자본에 대한 설명이다. 옳지 않은 것은?

① 주식회사의 자본은 그 성격상 자본금, 자본잉여금, 자본조정, 기타포괄손익누계액, 이익잉여금으로 분류되는데, 기말 재무상태표에는 납입자본, 이익잉여금, 기타자본구성 요소로 분류 표시한다.
② 주식할인발행차금은 발생할 당시에 장부상 주식발행초과금 계정 잔액이 있는 경우 그 범위 내에서 주식발행초과금과 상계처리하고 잔액은 자본조정으로 분류한다.
③ 회계기간 말 재무상태표상의 이익잉여금은 주주총회 승인 후의 금액으로 나타내야 한다.
④ 회사가 이미 발행한 주식을 주주로부터 취득한 경우 그 취득 가액으로 자기주식 계정 차변에 기록하며 자본의 차감항목 이다.

17. 다음의 거래를 분개할 경우 옳은 것은? 단, 제시된 자료만 고려한다.

종업원에 대한 급여 ₩1,500,000을 자기앞수표로 지급하다.

① (차) 종업원급여 1,500,000 (대) 현 금 1,500,000
② (차) 종업원급여 1,500,000 (대) 자기앞수표 1,500,000
③ (차) 종업원급여 1,500,000 (대) 당 좌 예 금 1,500,000
④ (차) 종업원급여 1,500,000 (대) 보 통 예 금 1,500,000

18. 어떤 지출이 수익 창출을 기대할 것이 확실하나 특정한 수익과 관련 짓기가 어렵거나 혹은 수익 창출을 기대하기 어려울 것으로 판단되면 발생 시점에 비용으로 인식하는데 이를 비용의 간접 대응이라고 한다. 이에 대한 설명으로 옳지 않은 것은?

① 임원급여 등과 같은 관리비가 이에 해당된다.
② 일반적으로 취득과 동시에 혹은 취득 직후 소비되므로 취득 시점에 비용으로 인식된다.
③ 광고비, 판매촉진비 등과 같은 판매비가 이에 해당된다.
④ 상품을 판매할 때 비용인 매출원가가 이에 해당된다.

19. 20X1년 6월 1일에 임대료 1년분 ₩120,000을 현금으로 받았으며, 결산일인 20X1년 12월 31일 임대료와 관련 결산정리분개 및 차기 초에 재수정분개 결과를 임대료 계정에 기입한 내용이다. 다음 (가)와 (나)에 해당하는 계정과목과 금액으로 옳게 짝지어진 것은? 단, 임대료는 월할 계산된다.

```
                  임         대         료
12/31 선수임대료 (  ?  )    6/1 현    금  120,000
12/31 (    가    )
                    120,000                 120,000
                               1/1 (    나    )
```

	(가)	(나)
① 손 익 50,000	미수임대료 50,000
② 손 익 70,000	선수임대료 50,000
③ 손 익 70,000	선수임대료 70,000
④ 선수임대료 50,000	손 익 70,000

20. (주)영동으로부터 상품 ₩5,000을 매입하고 대금은 당좌수표를 발행하여 지급하였다. 당좌예금 잔액은 ₩4,000이며 당좌차월 한도액은 ₩3,000이라고 할 때, 적절한 회계처리는?

① (차) 매 입 5,000 (대) { 당좌예금 4,000 / 단기차입금 1,000 }
② (차) 매 입 5,000 (대) 당좌예금 5,000
③ (차) 매 입 5,000 (대) { 당좌예금 4,000 / 매출채권 1,000 }
④ (차) 매 입 5,000 (대) 당좌차월 5,000

21. 다음 중 순매출액의 구성요소가 아닌 것은?

① 매출에누리　　② 매출환입
③ 매출할인　　　④ 매출원가

22. 다음 중 자본적 지출이 아닌 것은?

① 유형자산에 대한 대폭적인 수선을 통하여 실질적인 경제적 내용연수가 연장되는 경우
② 기존 생산설비에 새로운 장치를 추가시켜서 내용연수의 증가는 없지만 생산량이 증가된 경우
③ 기계 장치의 성능을 유지시키기 위해서 윤활유를 교체한 경우
④ 제품의 불량률을 감소시키도록 기존의 부품을 첨단 부품으로 교체한 경우

23. 수정분개 전 당기순이익은 ₩540,000이었다. 다음의 기말 정리 사항들을 올바르게 수정분개하였을 때, 정확한 당기순이익은 얼마인가?

가. 이자수익 미경과분	₩65,000
나. 수수료 미회수분	₩52,000
다. 급여 미지급액	₩45,000
라. 영업비로 처리한 소모품 미사용액	₩25,000

① ₩507,000　　② ₩553,000
③ ₩673,000　　④ ₩867,000

24. 다음 거래의 분개로 옳은 것은?

상품 ₩250,000을 구입하고 대금은 약속어음을 발행하여 지급하다.

① (차) 매   입 250,000 (대) 약속어음 250,000
② (차) 매   입 250,000 (대) 지급어음 250,000
③ (차) 받을어음 250,000 (대) 매   출 250,000
④ (차) 약속어음 250,000 (대) 매   출 250,000

25. 취득원가 ₩300,000의 비품을 ₩150,000에 처분하여 유형자산처분이익 ₩30,000이 발생하였다. 처분시점의 비품감가상각누계액은 얼마인가?

① ₩120,000　　② ₩150,000
③ ₩180,000　　④ ₩270,000

< 제1과목 : 회계원리 >

1. 3전표제도에서 입금전표에 기입될 거래로 옳은 것은?

① 전화요금 ₩10,000을 현금으로 지급하다.
② 보통예금에서 현금 ₩500,000을 인출하다.
③ 외상매입대금 ₩2,000,000은 어음을 발행하여 지급하다.
④ 업무용 선풍기를 ₩70,000에 구입하고 대금은 신용카드로 결제하다.

2. 20X1년 10월 1일 화재보험료 1년 분 ₩120,000을 현금으로 지급 하였다. 20X1년 12월 31일 결산을 하는 경우 재무상태표에 표시될 선급보험료를 계산한 금액으로 옳은 것은?

① ₩10,000 ② ₩30,000
③ ₩90,000 ④ ₩120,000

3. 다음 중 수익의 이연과 관련 있는 계정과목으로 옳은 것은?

① 선수임대료 ② 선급보험료
③ 미수이자   ④ 미지급임차료

4. 재무제표에 대한 설명으로 옳은 것은?

① 손익계산서의 두 가지 기본요소는 비용과 이익이다.
② 재무상태표는 회계기간의 재산상태 변동을 나타내는 보고서 이다.
③ 현금흐름표는 기업의 지급능력 및 미래현금흐름 창출능력에 대한 정보를 제공한다.
④ 주석은 재무제표에 표시된 정보에 대하여 추가로 제공된 정보로서 재무제표에 포함되지 않는다.

5. 다음 중 비유동부채에 속하는 계정과목으로 옳은 것은?

① 사채   ② 미지급금
③ 예수금   ④ 유동성 장기부채

6. 다음 중 포괄손익계산서의 구성 항목에 해당하지 않는 것은?

① 매출액   ② 용역수익
③ 매출원가 ④ 자본조정

7. 다음은 (주)상공의 20X1년 말 현금 및 예금관련 계정 잔액이다. 20X1년도 말 재무상태표에 보고하는 계정들에 대한 설명 중 옳은 것은? (단위:원)

하나은행	우리은행
당좌예금:100,000	당좌예금:△10,000 (당좌차월)
보통예금:80,000	정기예금:40,000 (만기20X3년말)

① 현금및현금성자산 80,000
  차입금 110,000
  비유동자산(기타금융자산) 40,000
② 현금및현금성자산 190,000
  비유동자산(기타금융자산) 40,000
③ 현금및현금성자산 230,000
④ 현금및현금성자산 180,000
  단기차입금 10,000
  비유동자산(기타금융자산) 40,000

8. (주)상공은 단기 시세차익을 목적으로 1주당 액면 ₩5,000의 주식 1,000주를 주당 ₩6,000에 취득하고 수수료 ₩30,000과 함께 현금으로 지급하였다. 회사는 동 주식을 당기손익-공정가치 측정금융자산으로 분류하였다. 주식의 취득원가는 얼마인가?

① ₩5,000,000 ② ₩6,000,000
③ ₩5,030,000 ④ ₩6,030,000

9. 다음 매입처 원장 각 계정의 기입 내용을 보고 1월말 현재 외상 매입금 미지급액을 계산하면 얼마인가?

갑 상 점			
1/17 현 금	20,000	1/ 1 전 기 이 월	30,000
		15 매 입	240,000

을 상 점			
1/25 당 좌 예 금	400,000	1/ 1 전 기 이 월	20,000
		20 매 입	500,000

① ₩340,000 ② ₩350,000
③ ₩360,000 ④ ₩370,000

10. 다음 상품 매매와 관련된 자료를 통하여 계산한 매입채무 잔액은 얼마인가? 단, 기초 매입채무는 잔액이 없었다.

- 현금 매입액 : ₩50,000
- 외상 매입액 : ₩200,000
- 외상대금 현금 상환액 : ₩100,000
- 외상 대금 조기 상환에 따른 할인액 : ₩1,000

① ₩99,000 ② ₩149,000
③ ₩249,000 ④ ₩250,000

11. 다음 거래의 차변에 들어갈 계정과목으로 옳은 것은?

(가) 종업원에게 출장을 명하고, 출장여비 ₩200,000을 현금으로 지급하다.
(나) 상품 ₩500,000을 매입하기로 계약하고, 계약금 ₩200,000을 현금으로 지급하다.

① (가) 가지급금 (나) 선수금
② (가) 가지급금 (나) 선급금
③ (가) 가수금 (나) 상품
④ (가) 가수금 (나) 계약금

12. (주)국민의 7월 중 상품 매매에 관련된 자료이다. 선입선출법에 의한 7월 말의 기말재고액과 매출원가를 계산한 금액으로 옳은 것은?

일자	적요	수량	단가
7월 1일	기초재고	100개	₩100
7월 10일	매 입	100개	₩100
7월 15일	매 출	100개	
7월 20일	매 입	100개	₩120
7월 25일	매 출	100개	

① 기말재고액: ₩10,000 매출원가: ₩22,000
② 기말재고액: ₩10,000 매출원가: ₩20,000
③ 기말재고액: ₩12,000 매출원가: ₩20,000
④ 기말재고액: ₩12,000 매출원가: ₩22,000

13. 원자재 가격 상승으로 상품의 매입단가가 계속 오르고 있다. 이때 선입선출법에 의하여 재고자산을 평가할 경우, 이동평균법과 비교하여 재무제표에 미치는 영향으로 옳지 않은 것은?

① 당기의 순이익이 과소계상된다.
② 당기의 매출원가가 과소계상된다.
③ 당기의 기말상품재고액이 과대계상된다.
④ 차기의 기초상품재고액이 과대계상된다.

14. 다음과 같이 구입한 기계장치의 취득원가를 계산하면 얼마인가?

가. 구입가격	₩500,000
나. 인수운임	₩30,000
다. 사용 전 시운전비	₩20,000

① ₩500,000 ② ₩520,000
③ ₩530,000 ④ ₩550,000

15. 다음 중 결산 시 손익 계정에 대체하는 계정과목으로 옳지 않은 것은?

① 개발비 ② 연구비
③ 세금과공과 ④ 무형자산상각비

16. 종업원급여 지급 시 공제한 소득세 ₩15,000을 현금으로 납부한 경우 차변 계정과목으로 옳은 것은?

① 급여 ② 현금
③ 소득세 ④ 예수금

17. 손익 계정 차변에 기입된 내용에 대한 설명으로 옳지 않은 것은?

손	익
12/31 자 본 금 100,000	

① 기말자본금 ₩100,000이 증가한다.
② 당기순이익 ₩100,000이 발생하다.
③ 대체분개는 (차) 자본금 100,000 (대) 손익 100,000이다.
④ 손익 계정 차변의 자본금 ₩100,000은 자본금 계정 대변으로 대체하다.

18. 다음 거래를 분개한 것으로 옳은 것은?

협력업체 체육대회 행사에 기부할 모자 구입 대금 ₩300,000과 당사 직원들을 위한 체력 단련 비용 ₩500,000을 함께 국민은행 보통예금 계좌의 체크카드로 결제하다.

① (차) 복리후생비 800,000 (대) 현 금 800,000
② (차) 기 부 금 300,000 (대) 보 통 예 금 800,000
　　　 복리후생비 500,000
③ (차) 접 대 비 300,000 (대) 보 통 예 금 800,000
　　　 복리후생비 500,000
④ (차) 접 대 비 300,000 (대) 미 지 급 금 800,000
　　　 복리후생비 500,000

19. 다음의 회계 자료를 보고, 상품의 매출원가와 상품매출이익을 계산하시오.

가. 기초상품재고액	₩30,000
나. 당기상품매입액	₩55,000
다. 당기순매출액	₩75,000
라. 기말상품재고액	₩35,000

① 매출원가 ₩55,000 상품매출이익 ₩20,000
② 매출원가 ₩50,000 상품매출이익 ₩25,000
③ 매출원가 ₩35,000 상품매출이익 ₩40,000
④ 매출원가 ₩20,000 상품매출이익 ₩55,000

20. 수익을 인식하기 위한 올바른 순서는?

가. 고객과의 계약을 식별
나. 수행의무를 식별
다. 거래가격을 산정
라. 수행의무를 이행할 때 수익을 인식

① 가, 나, 다, 라
② 가, 다, 나, 라
③ 나, 가, 다, 라
④ 나, 다, 가, 라

21. 다음 비용을 기능별로 분류한 포괄손익계산서 자료를 이용하여 계산한 영업이익은 얼마인가?

- 매출총이익 ₩800,000
- 물류원가 ₩150,000
- 기타수익 ₩70,000
- 관리비 ₩90,000
- 금융수익 ₩10,000
- 기타비용 ₩40,000

① ₩520,00
② ₩560,000
③ ₩590,000
④ ₩600,000

22. 다음 중 아래에서 설명하는 자산과 관계 없는 거래는 무엇인가?

식별 가능한 비화폐성 자산으로 물리적 형체가 없지만 기업이 통제하고 있으며 장기에 걸쳐 미래에 기업에 효익을 제공하는 자산이다.

① 컴퓨터소프트웨어 ₩500,000을 현금으로 구입하다.
② 건물에 대한 임차보증금 ₩500,000을 현금으로 지급하다.
③ 신제품 개발을 위한 개발비 ₩500,000을 현금으로 지급하다.
④ 신상품에 대한 특허권 ₩500,000을 취득하고 등록비 ₩10,000과 함께 현금으로 지급하다.

23. 다음 중 거래요소의 결합관계로 옳지 않은 것은?

① (차) 자산의 증가   (대) 자산의 감소
                       수익의 발생
② (차) 부채의 감소   (대) 자산의 감소
                       비용의 발생
③ (차) 부채의 감소   (대) 자본의 증가
                       자산의 감소
④ (차) 자본의 감소   (대) 자본의 증가

24. 12월 31일이 결산일인 (주)상공은 20X1년 중에 단기시세차익을 목적으로 A회사 주식을 ₩500,000에 취득한 후 당기손익-공정가치측정금융자산으로 분류하였다. 20X1년 말 현재 A회사 주식의 시가는 ₩450,0000이었다. (주)상공은 20X2년 중에 A회사 주식 전부를 ₩480,000에 매각처분하였다. (주)상공이 20X2년도 포괄손익계산서에 인식해야 할 A회사 주식에 대한 처분손익은 얼마 인가?

① 처분이익 ₩30,000
② 처분이익 ₩50,000
③ 처분손실 ₩30,000
④ 처분손실 ₩50,000

25. 다음 중 성격별 포괄손익계산서의 분류 항목에만 해당하는 것은?

① 매출원가
② 수익(매출액)
③ 법인세비용
④ 제품과 재공품의 변동

국가기술자격검정
상시 전산회계운용사 3급필기 시험
대한상공회의소 시행

2020년 3회기출

| 3급 | A형 | 시험일(소요시간)
10월 9일(총40분) | 문항수
총25개 |

수험번호 :
성　명 :

※ 다음 문제를 읽고 알맞은 것을 골라 답안카드의 답란(①, ②, ③, ④)에 표기하시오.

< 제1과목 : 회계원리 >

1. 다음 계정에 기입된 내용으로 보아 (　)안에 해당하는 계정과목으로 옳은 것은?(수정)

(　)	
6/26 당좌예금 100,000	6/3 현　금 300,000

① 임차료　　　　　　② 외상매출금
③ 단기대여금　　　　④ 단기차입금

2. 시산표에 대한 설명 중 옳은 것은?
① 시산표를 작성하면 회계기록 과정에서의 모든 오류를 찾아낼 수 있다.
② 회계거래가 분개장과 원장에 올바르게 기록되고 집계되면 원장의 모든 차변의 합계액과 대변의 합계액이 일치하게 된다.
③ 기계를 ₩100,000에 구입한 거래를 분개장의 차변과 대변에 ₩100,000으로 기록하였으나 전기과정에서 원장에 있는 관련 계정의 차변과 대변에 각각 ₩120,000씩 기록한 오류는 시산표의 작성으로 발견할 수 있다.
④ 시산표상 차변의 총계와 대변의 총계가 일치하면 분개장과 원장에 거래가 올바르게 기록됐다고 할 수 있다.

3. 상공상점의 결산 결과 당기순이익이 ₩100,000으로 산출되었으나, 다음과 같은 사항이 누락되었음을 발견하였다. 수정 후의 당기순이익을 계산하면 얼마인가? 단, 보험료 지급 시 비용 계정으로, 임대료는 수입 시 수익 계정으로 처리하였으며 세금효과는 무시하기로 한다.

| 가. 보험료 선급액 ₩5,000 |
| 나. 이자 미수액 ₩3,000 |
| 다. 임대료 선수액 ₩10,000 |

① ₩98,000　　　　② ₩102,000
③ ₩108,000　　　④ ₩112,000

4. 다음은 소모품에 대한 회계처리이다. 이에 대한 설명으로 옳은 것은?

| 20X1년 10월 2일 (차) 소모품 100,000 (대) 현　금 100,000 |
| 12월 31일 (차) 소모품비 60,000 (대) 소모품 60,000 |

① 10월 2일 소모품 매입 시 비용처리법으로 처리하였다.
② 당기분 소모품 사용액은 ₩40,000이다.
③ 결산 시 소모품 재고액은 ₩60,000이다.
④ 포괄손익계산서에 기입될 소모품비는 ₩60,000이다.

5. 다음 자료의 회계처리로 옳은 것은?

| 당기에 발생하였으나, 회계기간 말 현재 지급되지 않은 이자 |

① (차) 이자비용　×××　(대) 미지급이자　×××
② (차) 미지급이자　×××　(대) 이자수익　×××
③ (차) 미수이자　×××　(대) 이자수익　×××
④ (차) 이자비용　×××　(대) 미수이자　×××

6. 다음 결산 절차 중 (가)에 해당하는 내용으로 옳은 것은?

결산 예비절차 ⇨ 결산 본절차 ⇨ (가)

① 결산정리분개를 한다.　　② 재고조사표를 작성한다.
③ 재무상태표를 작성한다.　④ 수정후시산표를 작성한다.

7. 다음은 (주)상공의 출금전표의 일부이다. (가)에 해당하는 계정과목으로 옳은 것은?

출금전표	계	과장	부장
NO.15　20X1년 10월 4일			

계정과목	(가)	거래처	△△기업
적　요		금　액	
상품 외상대금 지급			600000
합　계		₩	600000

① 현금　　　　　② 미지급금
③ 외상매입금　　④ 외상매출금

8. 다음 중 기업의 이해관계자에게 특정 회계기간 동안의 경영성과를 보고하기 위하여 작성하는 보고서를 무엇이라 하는가?
① 잔액시산표　　② 재무상태표
③ 현금흐름표　　④ 포괄손익계산서

9. 다음 중 금융자산으로 분류되는 계정과목으로 옳지 않은 것은?

① 선급금
② 현금성자산
③ 단기대여금
④ 당기손익-공정가치측정금융자산

10. 다음 (주)상공의 9월 매출처원장의 내용으로 옳은 것은?

대 한 상 사

9/ 1 전 기 이 월	20,000	9/ 3 현 금	( )
9/10 매 출	( )	9/30 차 기 이 월	240,000
	250,000		250,000

민 국 상 사

9/ 1 전 기 이 월	( )	9/17 현 금	100,000
9/12 매 출	30,000	9/30 차 기 이 월	( )
	120,000		120,000

① 9월 외상매출금 기초잔액은 ₩240,000이다.
② 9월 외상매출금 기말잔액은 ₩40,000이다.
③ 9월에 회수한 외상매출금은 ₩110,000이다.
④ 9월에 외상으로 매출한 상품은 ₩230,000이다.

11. 다음 거래 중 대변에 기입될 계정과목으로 옳은 것은?

(주)서울으로부터 상품 ₩30,000을 매입하고, 대금은 신용카드로 결제하다.

① 신용카드   ② 미지급금
③ 외상매입금 ④ 외상매출금

12. 다음 중 사용 금액을 부채로 회계처리하는 결제 수단에 해당하는 것은?

① 신용카드   ② 직불카드
③ 체크카드   ④ 자기앞수표

13. 다음 기중 거래를 올바르게 회계처리한 것은?

거래처의 파산으로 인해 외상매출금 ₩300,000이 회수불능되었다. (단, 대손충당금 잔액은 ₩350,000이다.)

① (차) 대손충당금 300,000 (대) 외상매출금 300,000
② (차) 대손상각비 300,000 (대) 외상매출금 300,000
③ (차) 외상매출금 300,000 (대) 대손충당금 300,000
④ (차) 대손충당금 300,000 (대) 대손상각비 300,000

14. 다음 자료에서 금융부채의 합계액을 계산하면 얼마인가?

가. 미지급금 : ₩60,000   나. 선수금 : ₩50,000
다. 외상매입금 : ₩100,000

① ₩110,000   ② ₩150,000
③ ₩160,000   ④ ₩210,000

15. '상공가구에 업무용 비품이었던 책상을 ₩100,000에 매각하고 대금은 1주일 후에 받기로 하였다'를 분개할 때 차변 계정과목으로 옳은 것은?

① 미수금   ② 선수금
③ 미지급금 ④ 외상매출금

16. 다음 거래를 올바르게 회계처리한 것은?

종업원에게 급여 지급시 원천징수한 소득세 ₩55,000을 현금으로 납부하다.

① (차) 복리후생비 55,000 (대) 현 금 55,000
② (차) 세금과공과 55,000 (대) 현 금 55,000
③ (차) 가 수 금 55,000 (대) 현 금 55,000
④ (차) 예 수 금 55,000 (대) 현 금 55,000

17. 다음은 업종별 경영활동 관련 내역이다. 각 회사의 입장에서 수익으로 인식되는 거래로 옳지 않은 것은?

① 대한호텔은 고객으로부터 객실료를 현금으로 받다.
② 대한상사는 거래처로부터 외상매입금 전액을 면제받다.
③ 부동산임대업인 (주)미래부동산은 기일이 도래한 건물 임대료를 현금으로 받다.
④ (주)상공상사는 거래처와 상품 판매계약을 체결하고, 계약금액의 20%를 현금으로 먼저 받다.

18. 상품재고장에 관한 설명으로 옳지 않은 것은?

① 상품의 종류별로 인수, 인도 및 잔액을 알 수 있도록 기입하는 보조원장이다.
② 상품재고장의 인수, 인도 및 잔액란의 모든 단가와 금액은 매입원가로 기입한다.
③ 매출한 상품에 불량품이 있어 에누리해 준 금액은 인도란에 붉은 글씨로 기입한다.
④ 매입단가가 다른 경우 매출원가를 결정하는 방법으로는 선입선출법, 이동평균법, 총평균법 등이 있다.

19. 다음의 비품에 대하여 20X4년 12월 31일 결산 시 재무상태표에 기입할 감가상각누계액의 금액으로 옳은 것은?

```
가. 취득일 : 20X1년 1월 1일
나. 취득원가 : ₩1,000,000
다. 내용연수 : 5년
라. 잔존가치 : 없음
마. 결산 연 1회 : 매년 12월 31일
바. 정액법에 의하여 매년 월할상각으로 감가상각하였음.
```

① ₩200,000　　　　② ₩400,000
③ ₩600,000　　　　④ ₩800,000

20. 비유동자산인 기계장치의 취득원가로 옳은 것은?

- 기계장치 구입대금 : ₩300,000
- 택배회사에 지급한 운반비 : ₩20,000
- 매장에 설치한 기계장치 설치비 : ₩10,000
- 구입 이후 수선비 : ₩10,000

① ₩310,000　　　　② ₩320,000
③ ₩330,000　　　　④ ₩340,000

21. 다음 (A), (B)의 거래가 모두 기입되는 장부에 해당하는 것은?

```
(A) 상품 100개(@₩30,000)를 ₩3,000,000에 외상매출하다.
(B) 제주상점의 외상매입금 ₩200,000을 수표 발행하여 지급하다.
```

① 매출처원장　　　　② 상품재고장
③ 총계정원장　　　　④ 당좌예금출납장

22. 다음 중 회계상의 거래가 아닌 것은?

① 상품 주문 대금 ₩300,000이 당점의 보통예금으로 입금되다.
② 상공상사로부터 컴퓨터 2대를 기증 받다.
③ 신입사원과의 고용계약을 체결하다.
④ 사용 중인 건물에 대하여 감가상각하다.

23. 개인기업인 A 회사의 다음 자료에 의한 기말 자본금을 계산하면 얼마인가?

```
<기초의 재무상태>
가. 현    금 ₩100,000    나. 외상매출금 ₩320,000
다. 상    품   450,000    라. 외상매입금   300,000
마. 단기차입금  70,000    바. 자 본 금 (        )
<당기 중의 경영성과>
사. 매출총이익 ₩45,000   아. 임 대 료  ₩5,000
자. 수수료수익  10,000    차. 급   여    40,000
카. 통 신 비    3,000    타. 보 험 료    7,000
```

① ₩450,000　　　　② ₩500,000
③ ₩510,000　　　　④ ₩545,000

24. 남대문상점에 대한 외상매입금 ₩5,000을 지급하기 위하여 매출처 종로상회로부터 수취한 약속어음을 배서양도한 경우의 회계처리로 옳은 것은?

① (차) 외 상 매 입 금　5,000　(대) 지 급 어 음　5,000
② (차) 외 상 매 출 금　5,000　(대) 지 급 어 음　5,000
③ (차) 외 상 매 입 금　5,000　(대) 받 을 어 음　5,000
④ (차) 외 상 매 출 금　5,000　(대) 받 을 어 음　5,000

25. 결산 시 현금실제액이 장부잔액보다 ₩30,000 많은 경우 분개 시 대변 계정과목으로 옳은 것은? 단, 그 원인은 결산이 끝날 때 까지 밝혀지지 않았다고 가정한다.

① 잡손실　　　　② 현금과부족
③ 잡이익　　　　④ 현금

해답편 ......

해답을 참고하여도 이해할 수 없는 문제는 파스칼미디어 홈페이지(www.pascal21.co.kr)의 e-상담실(수험상담실) 코너를 활용하시기 바랍니다.

정답을 보기 전
한번 더 생각해 보세요!

영역별 대표문제 정답

1. ①	2. ③	3. ④	4. ③	5. ④
6. ①	7. ④	8. ③	9. ④	10. ③
11. ④	12. ①	13. ①	14. ④	15. ③
16. ①	17. ①	18. ①	19. ④	20. ③
21. ④	22. ③	23. ③	24. ①	25. ②
26. ①	27. ①	28. ③	29. ③	30. ②
31. ①	32. ②	33. ③	34. ④	35. ①
36. ①	37. ②	38. ②	39. ②	40. ④
41. ③	42. ①	43. ④	44. ④	45. ①
46. ②	47. ③	48. ③	49. ③	50. ①
51. ②	52. ④	53. ①	54. ②	55. ①
56. ①	57. ②	58. ②	59. ③	60. ③
61. ②	62. ②	63. ②	64. ②	65. ①
66. ④	67. ①	68. ②	69. ③	70. ④
71. ②	72. ②	73. ②	74. ④	75. ④
76. ②	77. ②	78. ②	79. ②	80. ④
81. ②	82. ④	83. ③	84. ④	85. ②
86. ①	87. ③	88. ②	89. ②	90. ④
91. ③	92. ②	93. ②	94. ③	95. ④
96. ④	97. ③	98. ②	99. ③	100. ③
101. ③	102. ④	103. ②	104. ②	105. ②
106. ③	107. ③	108. ②	109. ②	110. ③
111. ②	112. ①	113. ②	114. ②	115. ②
116. ②	117. ③	118. ②	119. ①	120. ④
121. ④	122. ②	123. ②	124. ②	125. ①
126. ③	127. ④	128. ①	129. ③	130. ②

해설

01 회계의 목적은 회계 정보 이용자의 합리적인 의사 결정에 유용한 회계정보를 제공하는 것이다.

02 회계의 역할은 첫째, 정보이용자들이 보유하고 있는 희소한 경제적 자원의 배분과 관련한 유용한 정보를 정리하여, 이해관계자의 이용 목적에 따라 효율적으로 제공한다. 둘째, 수탁책임과 회계책임의 수행 정도를 평가하는 기능이 있다. 셋째, 사회적 통제의 합리화에 많이 활용되고 있다. 따라서 경영자 개인의 능력을 평가하는 기능은 회계의 역할이 될 수 없다.

03 정보 이용자의 이용목적에 따라 회계를 분류할 때 외부 투자자에게 회계정보를 제공하는 분야는 재무회계이고, 기업 내부의 경영자에게 정보를 제공하는 분야는 관리회계이다.

04 투자자는 연말에 투자액에 대한 이익배당을 얼마나 받을지에 대한 정보가 필요하고, 거래처는 판매대금을 제대로 받을지에 대한 정보가 필요할 것이다.

05 시간적 범위는 회계기간(회계연도), 장소적 범위는 회계단위이다.

06 재무상태표는 일정시점의 재무상태를 알려주는 보고서이다.

07 수익은 자본의 증가 원인이고, 비용은 자본의 감소 원인이다.

08 총비용 + 당기순이익 = 총수익 또는 총비용 = 총수익 + 당기순손실

09 기말자본은 700,000-300,000=400,000이고 기초자본은 400,000-60,000=340,000이고, 기초부채는 600,000-340,000=260,000이다.

10 종업원의 고용, 상품의 주문, 임대차 계약 등은 회계상의 거래가 아니다.

11 박스 안의 거래의 결합 관계와 분개는 (차) 접대비(비용의 발생) 80,000 (대) 미지급금(부채의 증가) 80,000 이다.

12 영희 : 이자수익은 수익으로 차변에 소멸을, 대변에 발생액을 기록하고, 하늘 : 외상매입금은 부채로서 차변에 감소액을, 대변에 증가액을 기록한다.

13 재무상태표 계정은 자산·부채·자본이므로 임차료 계정은 포괄손익계산서 계정에 속하는 비용이다.

14 미지급보험료는 부채에 속하므로 재무상태표 계정이다.

15 거래의 발생으로부터 재무제표 작성까지의 일련의 과정을 회계순환과 정이라 한다.

16 분개장에서 총계정원장에 옮겨 기입하는 절차를 '전기'라 하고, 한 계정에서 다른 계정으로 계정잔액을 옮기는 일을 '대체'라고 한다.

17 가 : 당기손익-공정가치측정금융자산, 나 : 받을어음, 마 : 소모품비(세금과공과)

18 실제액이 부족한 금액이 결산일까지 원인불명이면 잡손실계정으로 처리한다.

19 당좌차월액은 재무상태표에 단기차입금으로 표시한다.

20 소액현금계정의 차변에는 선급액(보급액)을 기록하고 대변에는 지출액을 기록하며 잔액은 차변에 생긴다.

21 보기4번은 당기손익-공정가치측정금융자산으로 처리한다.

22 유가증권은 단기매매목적이면 유동자산(당좌자산)에 속하고 장기투자목적이면 기타포괄손익-공정가치측정금융자산 계정으로 비유동자산(투자자산)으로 분류하며, 유가증권의 소유로 인한 배당금은 배당금수익 계정으로 처리한다.

23 (1,000×700) = 700,000 ÷ 1,000주 = 700, 취득수수료는 비용처리한다.

24
- 7/8 : 200주×(30,000-20,000) = 2,000,000(처분이익)
- 10/31 : 300주×(20,000-10,000) = 3,000,000(처분손실)
- 따라서, 3,000,000-2,000,000 = 1,000,000(순이익 감소)

25 상품 + 소모품 = 70,000이 재고자산이고, 비품은 유형자산, 매출채권은 당좌자산이다.

26

상	품
20,000	140,000
135,000	25,000
(10,000)	

27 (ㄱ)은 매출원가로서 매입계정으로 표시하고, (ㄴ)은 매출원가를 계산(100,000 + 300,000 - 200,000)하여 20만원으로 기록한다. (ㄷ)은 순매출액으로서 매출계정으로 표시하고 (ㄹ)은 40만원으로 기록한다.

28 상품의 종류별로 입고와 출고를 동시에 기록하는 장부는 상품재고장이다.

29 실지재고조사법은 상품의 입고 시에만 상품재고장에 기록하고 출고 시에는 기록하지 않는다.

30 이동평균법은 매입시마다 단가가 다른 상품인 경우 평균단가를 산출하여 인도단가로 결정하는 방법이다.

31 ㉠ 재고수량 : 50 + 150 + 200 − 100 = 300개
㉡ 3/4 중 (100 × 500) + 3/16 ₩118,000 = 168,000

32 물가가 상승하는 가정하의 재고자산평가법의 기말상품재고액과 당기순이익의 크기는 선입선출법 > 가중평균법(이동평균법) > 가중평균법(총평균법) > 후입선출법이다. 따라서 매출원가의 크기는 선입선출법 < 총평균법이다.

33 기말상품이 오류가 나지 않고 정상적으로 계상되었을 때를 가정하여 임의의 금액을 대입하여 매출원가를 구해보기로 하면, 기초상품200만+당기매입액 700만−기말상품 300만=600만원(정상적인 매출원가) 그런데 기말상품이 50만원 과대계상되었을 때의 매출원가는 200만+700만−350만=550만원으로 정상적일 때 보다 매출원가가 50만원이 감소했음을 알 수 있다. 만약에 정상적인 매출액이 1,000만원이라면 매출총이익은 정상적일 때는 1,000만−600만=400만원인데 반하여 기말상품이 과대계상된 경우는 1,000만−550만=450만원으로 매출총이익이 과대계상되는 것을 알 수 있다.

34 상기업의 업무용컴퓨터는 비품계정이므로 미수금으로 처리해야 한다.

35 대한상사와 상공상사 차변의 매출이 당기에 외상매출한 금액이다. 당기에 회수한 금액은 대변의 7/3과 7/20이며, 기초잔액은 전기이월액이고, 기말잔액은 차기이월액이다.

36 분개를 하면 (차) 외상매입금 100,000 (대) 지급어음 100,000이다.

37 환어음의 원리를 이해하면 아주 쉬운 문제이다. 즉, 약속어음은 발행과 동시에 발행인이 수취인에게 약속한 날에 일정금액을 지급하여야 하는 것이지만 환어음은 예를들어 갑상사가 을상사에서 상품을 100원 매입하고 대금지급을 갑상사가 하지 않고 제3자에게 대신 지급하게 하는 것이다. 즉, 갑상사가 예전에 병상사에게 상품을 외상매출 한 적이 있어 외상매출금을 회수할 것이 있는 경우 그 받을 돈을 을상사에게 갚으라는 일종의 지급인을 전환시키는 어음이 환어음이다.
【거래의 예】 갑상사가 을상사에서 상품 100원을 매입하고 대금은 갑상사 발행 을상사 수취, 병상사 인수의 환어음을 발행하여 병상사 인수를 얻어 교부하다.
1. 갑상사 : (차) 매   입   100 (대) 외상매출금 100
2. 을상사 : (차) 받 을 어 음 100 (대) 매   출   100
3. 병상사 : (차) 외상매입금 100 (대) 지 급 어 음 100
- 이때 갑상사는 발행인이고, 을상사는 수취인이며, 병상사는 지급인(인수인)이다. 여기서 인수를 얻는다는 것은 갑상사가 병상사로부터 자기 갑상사에 외상대금을 갚지 않는 대신 그 돈만큼 을상사에게 지급할 것을 도장을 받았다는 뜻에서 인수를 얻었다는 것이다.

38 어음을 배서양도하면 받을어음계정 대변에 기록한다.

39 소모품을 구입하고 직불카드로 결제하면 보통예금계정 대변에 기록한다.

40 상품을 매입하고 신용카드로 결제하면 외상매입금계정 대변에 기록한다.

41 출장사원에게 지급하는 여비는 가지급금계정 차변에 기록한다.

42 상품주문 시 계약금은 선급금으로 상품이 도착하면 대변에 소멸한다.

43 분개를 하면 (차) 종업원급여 500,000 (대) 단 기 대 여 금 50,000
                                          소득세예수금   12,000
                                          건강보험료예수금 8,000
                                          현   금   430,000

44 상품권을 발행하면 (상품권)선수금계정 대변에 기록하였다가 상품과 교환이 되면 차변에 기록하여 소멸시킨다.

45 500,000 × 0.02 = 10,000 − 7,000 = 3,000

46 외상매출금이 회수불능되면 차변에 대손충당금을 기록한다.

47 대손처리한 채권을 회수하면 대손충당금계정 대변에 복원시킨다.

48 유형자산은 영업활동에 사용할 목적으로 구입하는 것이고, 판매목적으로 구입하는 것은 상품(재고자산)으로 처리한다.

49 영업권, 개발비와 산업재산권은 무형자산이고 창업비는 당기의 비용[판매비와관리비]이다.

50 자본적지출은 건물계정, 수익적지출은 수선비계정으로 처리한다.

51 (50,000−0)/10년 = 5,000×2년 = 10,000

52 ㉠ 20×1년 : 100,000×0.2 = 20,000
㉡ 20×2년 : (100,000−20,000)×0.2 = 16,000
㉢ 20,000+16,000 = 36,000

54 신제품 개발을 위한 비용으로 자산의 인식기준을 충족한 경우는 개발비 계정으로 무형자산에 속한다. 무형자산은 식별 가능한 비화폐성자산이다.

55 보기1번은 투자자산이다.

57 기업주의 소득세를 납부하면 인출금계정 차변에 기록한다.

58 ㉠ 총수익 : 140,000 + 60,000 = 200,000
㉡

자	본	금
20,000		30,000
600,000		60,000
		(530,000)

59 영업용 자동차세는 세금과공과 계정으로 처리한다.

60 주식회사의 설립 규정은 상법에 규정되어 있고, 상법의 개정으로 설립 시 발행할 주식 수가 발행 예정 주식 총수의 1/4 이상이어야 하는 제한은 삭제되어 회사가 임의로 발행할 수 있다. 미발행 주식은 회사 설립 후 이사회의 결의에 의해서 추가로 발행할 수 있다.

61 분개는 (차) 현금 5,500,000 (대) 보통주자본금 5,000,000, 주식발행초과금 500,000으로 주식회사의 자본금 계정의 표시는 발행주식수 ×액면금액이다.

62 보기3번은 이익잉여금에 속한다.

63 보기2번은 자본잉여금이다.

64 주식을 발행하면 자본 총액은 증가하며, 할증발행은 발행금액이 액면금액을 초과하는 것이며, 그 초과액은 주식발행초과금으로 처리하고 자본잉여금에 속한다.

65 분개를 하면 (차) 현금 80,000 외상매출금 40,000 (대) 매출 120,000이고, 상품매매거래는 매출에누리와 매출할인을 제외하고 반드시 상품재고장에 기록하는 것이 원칙이다.

66 매입처원장은 회사(거래처)별 외상매입금 내역을 기록하는 장부이므로 기말잔액은 외상매입금 미지급액이다.

67 매출에누리는 상품매출이익의 감소 원인이므로 재고액에는 영향이 없으므로 상품재고장에는 기록되지 않는다.(매출할인도 동일 함)

68 수익 인식 5단계는 고객과의 거래 식별 − 수행 의무의 식별 − 거래 가격의 산정 − 거래 가격의 배분 − 수행 의무의 이행으로 수익의 인식의 순서이다.

69 보기 3번은 비용에 대한 설명이다. 수익은 자산의 증가 또는 부채의 감소가 나타난다.

70 계약금을 받으면 선수금 계정 대변에 기록한다.(부채의 증가)

71 수익은 소유주에 의한 출연(출자액)을 제외한다.

72 인과관계의 대응 예로는 매출액과 매출원가, 매출총이익과 판매수수료이다.

73 보기4번은 영업외비용(기타비용)이다.

74 직원의 회계업무 교육 강사비 지출은 교육훈련비계정으로 처리한다.

75 거래처 식사대는 접대비계정으로 처리한다.

76 마케팅부서의 회식비용은 복리후생비이고, 인터넷 사용요금은 통신비이며, 매장의 월세는 임차료, 전단지 제작비용은 광고선전비이므로 전부 판매비와관리비이다.

77 (나) 거래처 직원과 식사를 위한 지출은 접대비로 처리한다.

78 거래처 직원의 축의금지급이나 식사대금은 접대비계정으로, 불우이웃돕기성금의 지급은 기부금계정으로 처리한다.

79 전기요금을 절감하면 이에 해당하는 비용계정은 수도광열비계정이다.

80 보기4번은 가지급금으로 처리한다.

81 결산예비절차 중 가장 먼저 작성하는 것은 시산표이고 본절차 중 가장 먼저 처리하는 것은 수익, 비용계정을 손익계정에 대체하고 마감하는 것이다.

82 대차평균의 원리가 가장 중요한 것이 시산표이다.

83 대·차 금액이 틀린 분개나 대·차 중 한쪽만 전기 또는 누락한 경우는 시산표에서 발견할 수 있는 오류이다.

84 당기에 지급하거나 받은 금액 중 차기에 속하는 부분이 있으면 당기의 비용이나 수익에서 차감하여 차기로 이월시키는 것을 손익의 이연이라 하므로 선급보험료가 정답이고 나머지는 손익의 예상에 속한다.

85 보기1번은 비용의 이연이고, 2번은 수익의 이연, 4번은 비용의 예상이다.

86 240,000 ÷ 12개월 = 20,000 × 4개월(미경과) = 80,000

87 비용 처리법은 결산시 소모품 미사용액(30,000 − 24,000 = 6,000)을 소모품계정 차변에 기록한다.

88 ①, ④ : 예비절차 ③ : 후절차

89 총계정원장의 마감은 수익, 비용계정부터 손익계정에 대체하여 순손익(손익계정의 잔액)을 자본금계정에 대체한 후 수익, 비용계정을 마감하고 그 후 자산, 부채, 자본계정을 마감한다.

90 보기1번은 재무상태표, 2번은 포괄손익계산서, 3번은 현금흐름표로써 재무제표이고, 4번은 매입처원장으로 보조원장이다.

91 재고조사표는 결산정리사항을 기록하는 것으로 결산의 예비절차에 속한다.

92 보기2번은 포괄손익계산서의 내용이다.

93 B와 D는 영업외비용이다.

94 포괄손익계산서를 작성할 때 최소한으로 구분 표시해야 하는 항목은 수익(매출액), 영업손익, 금융원가, 법인세비용, 당기순손익이다.

95 보기4번의 이자비용은 금융원가에 속한다.

96 전표는 분개장의 역할을 대신하는 것으로 원장의 기능은 대신할 수 없다.

97 자기앞수표로 지급한 금액은 출금전표를 작성하고, 약속어음을 발행한 금액은 대체전표를 작성한다.

98 각 전표 금액을 합계한다.
20,000+5,000+1,000+10,000 = 36,000

99 자본은 기업의 자산에서 모든 부채를 차감한 후의 잔여지분이다.

100 보기3번은 이행가치에 대한 설명이고, 사용가치는 기업이 자산의 사용과 궁극적인 처분으로 얻을 것으로 기대하는 현금흐름 또는 그 밖의 경제적효익의 현재가치이다.

102 자본청구권 보유자(또는 소유주)의 출자로 인해 자본이 증가할 수도 있으므로 수익의 발생으로만 자본의 증가가 된다는 것은 아니다.

103 자산의 객관적 판매가치는 신뢰성 있는 공정가치를 말하는 것으로 대부분의 자산은 공정가치가 불확실한 경우가 많다.

105 단식부기는 현금주의에 따라 회계처리하지만 복식부기는 모든 회계처리에 발생주의를 적용한다. 감가상각은 비유동자산에 투하된 자금을 비용배분과정으로 발생주의가 적합한 회계 개념이다.

106 재무보고는 기업의 내부이용자(경영진)및 외부이용자들에게 유용한 회계정보를 제공하여야 한다.

107 재무정보의 유용성을 증대시키는 가장 기본이 되는 질적 특성은 목적적합성과 충실한 표현이다.

108 보기1, 2, 3번은 목적적합성의 하부개념이고, 4번은 충실한 표현에 속한다.

109 근본적 질적특성인 충실한 표현의 하부개념에는 완전한 서술, 중립적 서술, 오류가 없는 서술이 있다.

110 검증 가능성은 보강적 질적특성이다.

111 충실한 표현은 근본적 질적특성이다.

112 재무정보에 예측가치·확인가치 또는 이 둘 모두가 있다면 그 재무정보는 의사결정에 차이가 나도록 할 수 있다.

113 원가는 제약요인이다.

114 재무보고의 기본 가정은 계속기업의 가정이다.

115 기업이 곧 청산할 것이라면 역사적원가에 의한 정보는 아무런 유용성이 없으므로 자산은 청산가치로 평가해야 한다.

116 청산가치는 청산기업의 가치측정방법으로 계속기업의 가정과 반대개념이다.

117 보기1번의 선수금은 현금 등 금융부채를 상환할 의무를 가지는 것이 아니고 장차 재화나 용역을 제공할 의무를 가지므로 금융상품이 아니고 보기2번은 유가증권(당기손익금융자산 등)으로 금융자산이며, 보기3번 또한 금융자산에 속한다.

118 미지급금+외상매입금 = 160,000, 선수금은 금융부채가 아니다.

119 사채는 주식과 달리 경영참가권이 없고, 주식은 이익에 대한 배당금을 지급하지만 사채는 일정기간동안 이자를 지급하고, 주식은 자본조달 형태가 자기자본이지만 사채는 타인자본에 해당한다.

120 차금의 상각은 유효이자율법에 의한다.

121 차금은 액면금액에서 차감하는 형식으로 표시함.

122 2,000,000−(1,900,000−30,000)=130,000 즉, 사채발행비는 발행금액에서 차감한다.

123 1,870,000×0.1 = 187,000−(2,000,000×0.09) = 7,000

124 ㉠ 차금 : 100,000−(95,000−1,000) = 6,000
㉡ 6,000÷5년 = 1,200

125 • 사채발행일을 20×1년 12월 31일로 추정하고, 유효이자 : 91,322×10%= 9,132, 표시이자 : 100,000×5%= 5,000, 차금상각액 : 9,132−5,000 = 4,132
• 상환 시 장부금액 : 91,322+4,132 = 95,454
• 사채상환액 : 101,000−5,000(표시이자) = 96,000
• 사채상환손실 : 96,000−95,454 = 546

126 충당부채는 과거의 사건이나 거래의 결과로 현재의 의무가 존재하는 것이다.

127 대손충당금은 매출채권에 대한 평가계정이다.

128 타인의 채무보증은 우발부채에 속한다.

129 우발자산과 우발부채는 재무제표에 자산, 부채로 인식할 수 없다.

130 충당부채를 인식하는 현재의무는 법적의무와 의제의무로 구분한다.

제1회 모의고사 정답

1. ③	2. ①	3. ④	4. ④	5. ②
6. ④	7. ③	8. ④	9. ②	10. ②
11. ②	12. ④	13. ①	14. ①	15. ①
16. ②	17. ①	18. ③	19. ②	20. ④
21. ②	22. ②	23. ②	24. ③	25. ③

01 자산총액에서 부채총액을 차감한 금액이 자본(순재산)이다.

02 분개를 하면 (차) 비품 50,000 (대) 미지급금 50,000이다.

03 분개를 하면 (차) 기계장치 500,000 (대) 현금 200,000 미지급금 300,000 으로서 현금 액수 만큼은 자산의 증감이 상쇄되고, 나머지 ₩300,000은 자산과 부채가 증가한다.

04 분개 (차) 현금 350,000 (대) 비품 300,000 유형자산처분이익 50,000

05 경영자와 종업원은 내부이용자이다. 그 외는 외부이용자이다.

06 보기4번은 토지 계정으로 비유동자산(유형자산)에 속한다.

07 현금과부족 계정은 원인이 판명되면 대변에 소멸한다.

08 결산 절차의 처음은 시산표 작성이고, 마지막은 재무제표 작성으로 기본을 잡고 예비절차 - 본절차를 구분한다.

09

상	품	
20,000		200,000
40,000		10,000
160,000		50,000
(40,000)		

10 당기손익-공정가치측정금융자산을 처분하고 손실이 생기면 자본의 감소 원인이다.

11 • 당기매입액 : 6,000 + 17,500 - 4,000 = 19,500
• 매출원가+매출총이익 = 매출액 (6,000+19,500-5,500)+5,500 = 25,000

12 매출채권 계정의 차변에 전기해야 하는데 대변으로 전기한 경우는 대변 금액이 이중 기록되고 차변 금액은 전혀 기록이 안되어 대·차 합계액이 불일치하므로 시산표에서 발견할 수 있는 오류이다. 나머지 보기는 대·차 합계액에 영향을 주지 않기 때문에 시산표에서 발견할 수 없는 오류이다.

13 수정전순이익+보험료선급액+이자미수액-임대료선수액=98,000

14 환어음을 인수하면 언제나 (차)외상매입금 (대) 지급어음으로 분개한다.

15 나. 5주×(3,000-3,000) = 0
다. 10주×(3,000-2,000) = 10,000(손실)
라. 5주×(4,000-3,000) = 5,000(이익)
그러므로 손실 10,000 - 이익 5,000 = 순손실 5,000이다.

16 기타수익 항목을 설명하고 있다.

17 가, 다는 자본적지출이고, 나머지는 유형자산의 현상유지(원상회복)을 위한 수익적지출이다.

18 상품을 매입할 때의 운임 중 당사가 부담하면 매입원가에 가산하지만 상대방(서울상사)부담이면 매입원가에 포함해서는 안되며, 운반비로 처리해서도 안된다. 단, 상대방부담의 운임을 당사가 대신 지급하면 장차 갚아야 할 외상매입금에서 차감한다.

19 7/1은 현금을 당좌예입한 것이고, 7/2은 수표를 발행하여 현금 인출한 것이며, 7/3은 외상매출금을 회수하여 곧 당좌예입한 거래이다.(거래처 발행수표는 현금이다.)

20 제1기의 기말자본은 100,000-40,000 = 60,000원이며, 제1기 기말자본은 제2기의 기초자본이 된다. 또한 제3기의 기초자본 150,000-70,000 = 80,000원은 역으로 제2기의 기말자본이다.
따라서 재산법을 이용하여 당기순손익을 계산하면 80,000-(60,000-10,000) = 30,000원이 제2기의 당기순이익이다.
따라서 손익법으로 총수익을 계산하면 30,000+60,000 = 90,000원이 된다.

21 선급비용·선급금·선수수익·선수금은 현금 등 금융자산을 수취할 권리나 지급할 의무가 아니라, 재화나 용역의 수취와 제공을 가져오게 되므로 금융상품이 아니다.

22 보기의 내용을 분석하면 부채와 수익이 각 각 50만원이 증감하므로 선수수익의 거래가 이에 해당한다. 보기를 분개하면 다음과 같다.
① (차) 미수임대료 500,000 (대) 임 대 료 500,000
② (차) 수수료수익 500,000 (대) 선수수수료 500,000
③ (차) 선급보험료 500,000 (대) 보 험 료 500,000
④ (차) 임 차 료 500,000 (대) 미지급임차료 500,000

23 5월 대손처리 분개는 (차) 대손충당금 100,000 대손상각비 400,000 (대) 매출채권 500,000이다. 대손충당금 당기감소액은 10만원이며 기말 대손충당금 설정액은 30,000,000×1% = 300,000원으로, 20×2년으로 이월되는 대손충당금은 30만원이다. 20×1년 대손상각비는 5월 대손처리할 때 발생한 40만원 + 기말설정액 30만원 = 70만원이다.

24 맨 먼저 매출처원장의 괄호를 채운 후 보기를 맞추어 나가야 한다. 9월의 기초잔액은 ₩110,000이고, 기말잔액은 ₩260,000, 회수액은 ₩110,000, 외상매출상품은 ₩250,000이다.

25 이자수익 계정은 수익 항목이므로 장부 마감 시 차변에 집합손익 계정으로 대체하고 마감하며, 받을어음 계정은 자산 항목이므로 장부 마감 시 대변에 차기이월로 마감한다.

제2회 모의고사 정답

1. ④	2. ①	3. ②	4. ②	5. ④
6. ④	7. ③	8. ③	9. ③	10. ③
11. ①	12. ①	13. ②	14. ②	15. ④
16. ③	17. ③	18. ①	19. ③	20. ①
21. ④	22. ②	23. ④	24. ②	25. ①

01 분개를 추정하면 (차) 현금 (대) 채무면제이익으로 자산의 증가와 수익의 발생이다.

02 출장사원으로부터 내용불명의 입금액 등과 같이 내용이나 금액이 불확실한 것은 가수금계정으로 처리한다.

03 매출총이익 − 판매비와관리비 = 영업이익

04 ㉠ 당기손익-공정가치측정금융자산은 공정가치로 재무상태표에 표시된다.
㉡ 370,000 + 200,000 = 570,000

05 상품 판매업자의 접대비는 판매관리비이다.

06 보유하고 있는 받을어음을 할인하여 매각거래로 보면 받을어음 계정 대변에 기록하고 할인료는 매출채권처분손실로 처리한다.

07 보기1번과 4번은 비용의 발생, 2번은 수익의 발생인 손익거래이므로 포괄손익계산서와 재무상태표에 둘 다 영향을 주지만 3번은 자산, 부채에 영향을 주는 교환거래이므로 재무상태표에만 영향을 준다.

08 선급비용·선급금·선수수익·선수금은 현금 등 금융자산을 수취할 권리나 지급할 의무가 아니라, 재화나 용역의 수취와 제공을 가져오게 되므로 금융상품이 아니다.

09 상품 매입시 당점부담의 인수운임은 상품매입원가에 가산한다.

10

매 입 채 무	
65,000	30,000
20,000	850,000
(795,000)	

11 자산과 부채는 서로 상계하지 않고 총액으로 표시해야 한다.

12 대손충당금 잔액이 없으면 차변에 대손상각비로 처리한다.

13 5/20은 가수금의 발생에 대한 기록이고, 5/31은 가수금의 내용이 외상매출금으로 판명되는 거래이다.

14 재무상태표는 일정시점의 재무상태 파악을 위해 작성한다.

15 먼저 제1기의 기말자본을 구한다. 제1기의 기말자본이 제2기의 기초자본이기 때문이다.
- 제1기 기말자본 : 기초자본 + 추가출자 + 당기순이익 − 인출액
    = 115,000원
- 제2기 기말자본 : 115,000 + 30,000 + 10,000 − 20,000
    = 135,000원

16 관련 수익과 비용을 상계표시하면 안되는 것이 원칙이다.

17 보기1번은 자산, 부채총액이 감소하는 거래이고, 2번은 자산과 자본 총액이 증가하며, 3번은 동일한 자산이 증감하였으므로 자산총액에 변동이 없다. 4번은 자산과 부채총액이 증가하는 거래이다.

18

상	품
100,000	950,000
720,000	(150,000)
280,000	

19 보기의 내용을 분석하면 자산이 50만원 증가하고, 비용은 50만원 감소하므로 선급비용의 거래가 이에 해당한다. 보기를 분개하면 다음과 같다.
① (차) 미수임대료 500,000 (대) 임 대 료 500,000
② (차) 수수료수익 500,000 (대) 선수수수료 500,000
③ (차) 선급보험료 500,000 (대) 보 험 료 500,000
④ (차) 광고선전비 500,000 (대) 미지급광고선전비 500,000

20 외상매입금계정 대변의 3/2매입이 당기총매입액이고, 차변의 3/5매입은 환출및에누리이다. 따라서, 기초상품 + 당기순매입액 − 기말상품 = 매출원가이므로
150,000 + (700,000 − 10,000) − X = 740,000 그러므로 X = 100,000

21 수정분개는 결산 시 장부잔액과 실제잔액을 일치하기 위한 수정절차이므로 회계담당자의 판단이 요구된다.

22 비용으로 처리해야 하는 것을 자산처리를 했으므로 자산의 과대계상, 이익과 자본도 과대계상되고, 비용은 과소계상된다.

23 매출한 상품을 에누리 해 주면 상품매출이익이 소멸하므로 순수계정(분기법)은 차변에 상품매출이익계정이 기록된다. 혼합계정(총기법)은 차변에 '상품' 계정이 기록되고, 3분법은 차변에 '매출' 계정이 기록된다.

24 총매출액 : 130,000 + 120,000 = 250,000

25 출장여비지급액은 가지급금 계정으로, 내용불명의 현금수입액은 가수금 계정, 급여지급 시 원천징수하는 세금은 예수금 계정으로 처리한다.

제3회 모의고사 정답

1. ④	2. ④	3. ①	4. ④	5. ④
6. ②	7. ②	8. ①	9. ①	10. ④
11. ①	12. ①	13. ③	14. ②	15. ③
16. ③	17. ②	18. ④	19. ①	20. ①
21. ④	22. ③	23. ③	24. ①	25. ①

01 보기4번은 (차) 부채의 감소 (대) 부채의 증가이다.

02 약속어음은 발행인과 수취인 2인이 당사자이고, 환어음은 발행인, 수취인, 인수인(지급인)3인이 당사자이다.

03 상품매출수익은 상품을 인도(발송=판매)하는 시점에 인식한다.

04 분개를 하면 (차) 선급금 100,000 (대) 현금 100,000으로 출금전표를 작성한다.

05 한국채택국제회계기준상 발생주의에 따라 수익을 인식한다.

06 9월 15일 기록을 분개 추정하면 (차) 현금 2,200 (대) 단기대여금 2,200으로 단기대여금을 현금회수한 거래다.

07 재무제표 작성 책임 : 개정 전에는 재무제표의 작성 책임이 경영자에게만 있었으나 주식회사 외부감사에 관한 법률(외감법)의 개정으로 회사의 대표이사와 회계담당 임원(회계담당 임원이 없을 경우에는 회계업무를 집행하는 직원)는 해당 회사의 재무제표를 작성할 책임이 있다.

08 가수금을 정리한 후의 매출채권 잔액에 대손충당금을 계산해야 한다.
(차) 가수금 50,000 (대) 외상매출금 50,000
따라서 (200,000-50,000)+400,000 = 550,000×1% = 5,500-3,000 = 2,500(추가설정액)

09 ㉠ 실제액 : (10,000×8)+(5,000×10)+170,000+6,500
= 306,500
㉡ 324,500 > 306,500 = 18,000 부족액
㉢ 여기서 ㉥은 당좌예금 계정이므로 현금및현금성자산 계정에 속하지만, 본 문제는 현금 계정의 현금과부족을 묻는 것이라 제외한다.

10 보기1번은 차후에 재화나 용역을 제공해야 하는 부채이므로 금융부채가 아니고, 보기2번과 3번은 금융자산이다.

11 주문받을 때의 계약금은 선수금으로, 상품을 발송하면 차변에 소멸한다.

12 금융원가는 판매비와관리비에 속하지 않고 별도 표시한다.

13 보기 1번과 4번은 상품을 매출하였으므로 수익이 실현된 것이고, 보기 2번은 이미 현금을 대여함으로서 이자수익이 발생(실현)한 것인데 단지 현금으로 받지 못한 미수이자이다. 보기 3번은 임대계약을 맺고 차후에 임대료를 매달 받기로 하였으므로 거래로 볼 수 없기 때문에 수익이 실현되었다고 볼 수 없다.

14 집합손익 계정에 집계되는 계정은 수익과 비용 계정이므로 차기로 이월될 수 없다.

15 당기순이익 : 70,000-50,000 = 20,000 기초자본 : 90,000-60,000 = 30,000, 기말자본 : 기초자본+순이익 = 50,000(나)의 정답이고, 기말부채는 기초부채 60,000원보다 20,000원 감소한다고 했으므로 기말부채는 40,000원이다. 기말자산은 기말부채+기말자본 = 90,000(가)의 정답이다.

16 정액법은 매기 감가상각비가 동일하므로 보기 3번이 정답이며, 보기 1번 그래프는 정률법이고 나머지는 알 수 없다.

17 가 : (차) 매입 4,500,000 (대) 외상매입금 4,500,000
나 : (차) 비품 500,000 (대) 미 지 급 금 500,000

18 보기 4번은 미수금 계정으로 처리한다.

19 20×1년에 취득하여 20×3년 말에 처분했으므로 3년 간의 감가상각누계액을 계산한다.
(5,000,000-0)÷5년=1,000,000×3년= 3,000,000

20 10,000주×600=6,000,000, 매입수수료는 당기비용으로 인식한다.

21

매	입		
매 입 액	50,000	매입에누리	2,000
매입제비용	3,000	기 말 상 품	(8,000)
기 초 상 품	1,000	매 출 원 가	44,000

22 잔액이 항상 차변에 있는 임시계정은 가지급금과 선급금이다.

23 매출-매출원가 = 1,000,000(매출총이익) -잡비-감가상각비 =850,000(당기순이익) 총자본 : 자본금+당기순이익 = 1,050,000

24 10월 15일 대손처리 시 분개가 (차) 대손충당금 40,000 대손상각비 10,000 (대) 외상매출금 50,000이다. 따라서 12월 25일 회수 시의 분개는 대손처리 시 차변 기록을 대변에 환원시키면 된다.

25 보기1번은 부채에 속한다.

제4회 모의고사 정답

1. ②	2. ④	3. ②	4. ①	5. ④
6. ②	7. ②	8. ③	9. ②	10. ④
11. ②	12. ②	13. ④	14. ①	15. ②
16. ①	17. ②	18. ②	19. ②	20. ③
21. ④	22. ③	23. ③	24. ④	25. ①

해설

01 포괄손익계산서의 비용 표시형태는 성격별 분류(영업비용, 종업원급여, 감가상각비와 기타상각비 등)와 기능별 분류(매출원가, 물류비, 일반관리비, 마케팅비용 등)가 있다.

02 거래가 발생하면 분개를 하고 분개장에서 총계정원장에 전기한 후 기말에 결산을 한다.

03 선급금과 선수금은 기말수정사항이 아니지만, 선급비용과 선수수익은 기말수정사항이다.

04 회계의 목적은 기업의 모든 회계정보이용자(이해관계자)에게 합리적인 의사결정을 위해 유용한 정보를 제공하는 것이다.

05 수정 전 시산표에서 결산정리와 정리기입이 있은 후 수정 후 시산표가 작성되고 마지막으로 재무제표가 작성된다.

06 상품매출 시 발송운임은 운반비 계정으로 처리한다.

07 내용연수를 연장하거나 생산능력을 증대시키는 지출은 자본적지출이고, 유형자산의 능률유지를 위한 유지비는 수선비로 처리하고 수익적지출이라 한다.

08 회계단위는 장소적 개념이고, 시간적 개념은 회계기간이다.

09

상	품
1,500	1,000
7,000	8,000
300	(1,100)
1,300	

10 상품 이외의 비품을 외상으로 처분하면 미수금계정차변에 기록하고 상품매입대금 중 계약금을 지급하면 선급금계정차변에 기록한다.

11 유동자산은 400,000+100,000+300,000=800,000원이다. 만기가 3년 남은 정기적금은 장기금융상품으로 비유동자산 중 투자자산 항목이고, 당기손익-공정가치측정금융자산은 기말에 공정가치로 평가하므로 공정가치가 장부금액이 된다.

12 360,000 ÷ 12개월 = 30,000 × 5월 = 150,000(6/1 ~ 12/31)의 7개월은 경과월수이고, 나머지 5개월이 미경과월수이다.

13 소액경비가 지출될 때는 용도계의 소액현금출납장에 기록되며, 정액자금전도방법에서 회계과는 월말에 합계분개를 한다.

14 수정 전 시산표의 이월상품은 기초상품, 수정 후 시산표의 이월상품은 기말상품이다.

15 ㉠ 대손추산액은 차기이월 900,000이다.
㉡ 포괄손익계산서에 기입될 대손상각비는 ₩400,000이다.
㉢ 대손충당금은 재무상태표상 매출채권에서 차감표시한다.

16 갑회사는 컴퓨터를 전문적으로 판매하는 회사이다. 갑회사는 을회사로부터 상품대금으로 수표를 받으면 거래처발행 당좌수표이므로 통화대용증권(현금)으로 처리하고, 을회사는 당좌수표를 발행하였으므로 당좌예금의 감소로 처리한다.

17 (차) 대손상각비 200,000   (대) 받을어음 200,000

18 취득한 주식을 단기간 내에 매각할 예정이면 당기손익-공정가치측정 금융자산으로 처리하고, 수수료는 취득원가에 가산하지 않고 당기의 기타비용으로 처리한다. 만약 취득 주식의 공정가치 변동액을 기타포괄손익으로 처리할 것으로 선택하면 당해 주식은 기타포괄손익-공정가치측정 금융자산으로 처리하고 이 경우의 수수료는 취득원가에 포함한다.

19 이익의 발생액은 자본이 증가되는 원인이다.

20 순매입액은 매입 계정 차변의 현금 ₩17,000이고, 매출원가 ₩16,000은 매입 계정 대변의 손익이다.

21 기업란 개인기업의 사장으로 기업주의 소득세는 인출금계정으로 처리한다.

22 회계기간 말로부터 상환기간이 1년 이내의 차입금은 단기차입금으로 처리하고 선이자는 이자비용으로 처리한다.

23 당기순이익을 증가시키는 원인이 되는 것은 수익이며, 총계정원장의 계정잔액이 대변에 나타나는 것은 부채와 자본, 수익이고, 주된 영업활동 이외의 활동이란 상품매매 이외의 활동으로 기타수익, 기타비용이 해당되므로 세 가지 조건에 모두 해당되는 것은 기타수익이 된다. 보기의 거래를 분개하면 다음과 같으며 기타수익인 '이자수익'이 발생하는 거래는 ③번이다.
①번 (차변) 현금   500,000   (대변) 단기차입금 500,000
②번 (차변) 현금   700,000   (대변) 매출   700,000
③번 (차변) 현금   20,000   (대변) 이자수익   20,000
④번 (차변) 기부금 500,000   (대변) 현금   500,000

24 정액법은 매기 감가상각비가 일정하고, 정률법은 초기에 많이 상각하고, 갈수록 줄어지는 방법이다. 정액법으로 감가상각비를 계산하면 (20억-1억)÷10년 = 1억 9천만원이 20×1년의 감가상각비이고, 정률법은 20억×0.259=5억 1천 8백만원이 20×1년의 감가상각비이다. 따라서 정액법 대신 정률법으로 적용하면 감가상각비(관리비)가 증가하고 건물의 장부금액(취득원가-감가상각누계액)은 정액법(20억-1억9천만원=18억1천만원)보다 정률법(20억-5억 1천 8백만원=14억 8천2백만원)이 감소한다.

25 보기 ㉠은 분개 시 계정과목은 맞으나 차변금액과 대변금액이 차이가 나므로 시산표에서 자동으로 오류를 발견할 수 있다. ㉡과 ㉢은 분개 시 계정과목이 틀렸지만 대·차금액은 맞게 했으므로 시산표에서 발견할 수 없다. ㉣은 사원의 고용계약은 회계상의 거래가 아니므로 분개를 하지 않아야 하는데 분개한 것 자체가 잘못된 것이지만 대·차금액은 맞게 했으므로 시산표에서 발견할 수 없다.

제5회 모의고사 정답

1. ②	2. ③	3. ③	4. ②	5. ①
6. ②	7. ③	8. ①	9. ④	10. ②
11. ②	12. ①	13. ④	14. ④	15. ②
16. ①	17. ②	18. ②	19. ③	20. ④
21. ①	22. ③	23. ①	24. ②	25. ②

01 이자미지급액의 정리분개는 (차) 이자비용 (대) 미지급이자(비용)로 한다.

02 영동상사는 사무용가구를 판매하는 상점이므로 판매용 책상, 의자, 금고 등은 상품으로 취급하여야 하므로 (가)는 선급금 (나) 외상매출금 이다.

03 외상매출금 계정을 이용하여 외상매출액(50,000+200,000-30,000 =220,000)을 구한 뒤 현금 매출액 ₩150,000을 합치면 당기 매출액이다.

04 임의적립금은 이익잉여금이다.

05 12/31 기말자본 700,000 - 1/1 기초자본 200,000 = 500,000(순이익)

06 선수임대료를 누락하였다면 부채의 과소계상으로 당기순이익이 많이 계상되었을 것이다. 따라서 누락된 선수임대료를 계상하면 당기순이익이 감소해야 한다.

07 매출처 강원상사로 외상매출금을 추정해야 하고, 환어음을 받으면 받을어음 계정 차변에 기록한다.

08 비품을 추가 구입하면 (차) 비품 400,000 (대) 현금 400,000 이므로 자산총액은 변동이 없기 때문에 시산표총액에 영향이 없다.

09 4/8 : (차) 외상매입금 50,000 (대) 지급어음 50,000

10 60,000×0.6 = 36,000(자본적지출-건물) 나머지는 수선비이다.

11 당기손익-공정가치측정금융자산의 구입수수료는 당기비용으로 처리한다.

12

매	입
78,000	61,000
(771,000)	23,000
	765,000

13 ① 순수계정 ② 혼합계정 ③ 3분법

14 ㉠ 1,200,000 - 950,000 = 250,000(순이익)
㉡ (810,000 - 260,000) + 250,000 = 800,000(기말자본)
㉢ 1,090,000 - 800,000 = 290,000

15 ① 매출처원장 ② 받을어음기입장(보조기입장)
③ 매입처원장 ④ 상품재고장

16 회수불능이 되면 차변에 대손충당금을 기록하고 부족한 금액은 대손상각비로 처리한다.

17 당좌예금 계정 대변의 상품과 외상매입금이 수표발행액이다.

18 8/10 분개를 보면 자산처리법이고, 12/31 분개는 사용액이다.

19 보기3번은 금융원가에 속한다.

20 매각주식의 장부금액은 20×1년 말의 공정가치 ₩520이므로 580-520 = 60(처분이익)

21 1,000,000 × 3% = 30,000 - 15,000 = 15,000을 분개한다.
(차) 대손상각비 15,000 (대) 대손충당금 15,000, 따라서 대손상각비계정 차변의 (가)는 상대과목인 대손충당금이고, (나)는 15,000원이다.

22 보기1번은 미지급금 계정 대변에 기록하고, 2번은 선수금 계정 대변에, 보기3번은 외상매입금(매입채무) 계정 대변에, 4번은 미지급비용 계정 대변에 기록한다.

23. 보기의 내용을 분석하면 자산과 수익이 각 각 50만원이 증가하므로 미수수익의 거래가 이에 해당한다. 보기를 분개하면 다음과 같다.
① (차) 미수임대료 500,000 (대) 임 대 료 500,000
② (차) 수수료수익 500,000 (대) 선수수수료 500,000
③ (차) 선급보험료 500,000 (대) 보 험 료 500,000
④ (차) 소 모 품 500,000 (대) 소모품비 500,000

24 그래프상의 (가)는 감가상각비가 매기 일정한 정액법이고, (나)는 초기에 감가상각비가 많고 사용기간이 경과할수록 줄어지는 정률법이다. 각각의 계산공식은 13페이지를 참고할 것

25. 가 - 통신비, 나 - 접대비, 다 - 소모품비, 라 - 광고선전비이고, 본사 직원의 식사대금은 복리후생비이다.

제6회 모의고사 정답

1. ①	2. ③	3. ④	4. ①	5. ④
6. ④	7. ①	8. ④	9. ②	10. ②
11. ①	12. ④	13. ④	14. ①	15. ④
16. ③	17. ①	18. ①	19. ①	20. ②
21. ①	22. ④	23. ③	24. ③	25. ③

01 보기1번은 선급보험료가 발생되는 거래이므로 자산을 발생시키는 거래이다. 보기2번은 선수금, 3번은 선수이자가 발생되는 거래이고, 4번은 단기차입금이 발생되는 거래이다.

02 시산표에서 발견할 수 없는 오류는 보기 3번 이외에 거래 전체의 분개와 전기가 누락되거나 한 거래를 이중으로 전기한 경우, 두 개의 잘못이 우연히 상계된 경우 등이다.

03 ④ : 무형자산

04 매출에누리와 매출할인은 상품재고장에 기록하지 않는다.

05 분개장 – 총계정원장 – 시산표 – 재무제표 작성(재무상태표)

06 박스의 내용은 유형자산을 설명한 것으로 감가상각을 하지 않는 유형자산은 토지와 건설중인자산이다.

07 재무상태표 계정인 자산·부채·자본 계정이 재무상태와 관련이 있다.

08 ① 취득원가에 포함 ② 예수금 ③ 인출금

09 종업원의 회식비용은 복리후생비, 인터넷 사용요금은 통신비, 매장의 월세는 임차료, 전단지 제작비용은 광고선전비로서 전부 판매비와관리비이다.

10 분개를 하면,
(차) 매입 500,000 (대) 당좌예금 300,000 당좌차월 200,000

11 ㉠ 종업원급여 미지급분은 순이익의 감소원인이고, 보험료 선급분은 순이익의 증가원인이다.
㉡ 150,000 − 120,000 = 30,000 만큼 순이익이 과대표시된다.

12 이익잉여금처분계산서는 재무제표에서 제외되었다.

13 회계 기간 말인 결산 당일날 현금과잉액을 발견하면 현금과부족 계정을 설정하지 않고 잡이익으로 처리한다.

14 근로소득세와 국민건강보험료 및 국민연금에 대하여 소득세예수금 100,000 등으로 개별적으로 사용하지 않고 통괄적으로 예수금 200,000으로 처리하고 있다.

15 영업용 차량을 처분하면 취득원가로 차량운반구 계정 대변에 기록하고 해당 감가상각누계액은 차변에 기록하여 소멸시킨다.

16 100주×6,000= 600,000, 취득시 수수료는 당기비용으로 처리한다.

17 매입에누리 분개는 외상매입분개를 역으로 하면 된다.

18 보기1번은 단기금융상품으로 처리하고, 보기2번과 4번은 현금성자산이고 3번은 현금이다.

19 추심이 완료되면 받을어음 계정 대변에 기록한다.

20 주문 시 계약금은 선급금으로 매입이 성립되면 대변에 소멸하고 인수운임은 원가에 포함하여야 한다.

21

대 손 충 당 금

당기상각액	60,000	전기이월액	80,000
차기이월액	(120,000)	결산계상액	100,000

따라서, 대손충당금 차감 전 매출채권은 (760,000원)−120,000 = 640,000이다.

22 ㉠ 판매가능상품 = 기초상품 + 당기매입액
  = 기말상품 + 매출원가
㉡ 600,000 + 2,000,000 = 2,600,000(총액)
㉢ 600,000+(2,000,000 − 매입환출액 : 600,000)
  = 2,000,000(순액)

23 매출총이익률은 매출액에 대한 매출이익률이다.(원가에 대한 이익률과 혼동하지 말 것)
• 매출원가 : 300,000 × (1−30%) = 210,000
• 기말재고액 : 30,000 + 250,000 − 210,000 = 70,000

24 보기(다)는 차변에 단기대여금으로 처리해야 한다.

25 당기손익−공정가치측정금융자산의 당기 말 공정가치는 이월시산표상의 금액 ₩90,000이다. 대손충당금 설정분개는 이월시산표 대손충당금 ₩16,000에서 잔액시산표 대손충당금 ₩6,000을 차감한 ₩10,000이다. 포괄손익계산서에 표시되는 보험료는 ₩27,000이고 임차료는 ₩38,000이다.

제7회 모의고사 정답

1. ④	2. ③	3. ①	4. ④	5. ③
6. ②	7. ①	8. ①	9. ①	10. ③
11. ④	12. ②	13. ③	14. ①	15. ②
16. ③	17. ②	18. ④	19. ②	20. ④
21. ①	22. ②	23. ④	24. ④	25. ①

해설

01 배당은 액면금액×배당률이므로 (주)건국의 배당금 수취액은 (200주×5,000)×5% = 50,000 배당금수익 계정 대변에 기록한다.

02 상품 주문, 임대차 계약, 상품 보관 등은 회계상의 거래가 아니다.

03 영업이익은 매출액−매출원가=매출총이익−판매비와관리비로 산출된다. 매출액의 증가는 영업이익이 증가하는 직접적인 요인이다 접대비와 매출원가의 증가는 영업이익의 감소요인이고 배당금수익은 금융수익(영업외수익)항목이므로 영업이익과 관련이 없다.

04 ㉠ 260,000−50,000 = 210,000+90,000 = 300,000(판매가능액)
㉡ 300,000−130,000 = 170,000(기초상품)

05 • 매입상품의 인수운임은 매입원가에 가산하고,
• 매출에누리는 매출장에 기록한다.
• 환출은 매입계정 대변에 기록한다.
• 상품재고장은 장부상의 기말재고액이므로 실지재고조사는 반드시 하여야 한다.

06 (150,000 − 80,000) − (5,000 × 5년) = 45,000

07 선적지인도조건으로 매입할 때의 운임은 매입자부담으로 상품원가에 포함해야 한다.

08 자산 − 부채 = 자본 (15,700 − 5,600 = 10,100)

09 감가상각비는 간접법으로 기록하고 있으며, 취득원가는 300,000원이고, 결산일 현재 미상각잔액은 300,000−40,000 = 260,000이다.

10 보험료의 미경과분을 계상하는 것은 비용의 이연에 해당한다.

11 동점발행수표를 받으면 현금으로 처리하고 전기 대손 처리한 외상매출금을 회수하면 대손충당금계정 대변에 기록한다.

12 상품을 외상으로 매출하면 매출처원장 차변에 기입한다.

13 매출채권 발생액을 (차) 매출채권 (대) 매출로 분개하여 매출채권계정 차변에 전기를 하고 매출채권계정이 증가하여야 하는데 매입채무계정 차변에 기록하였으면 자산이 증가해야 하는데 증가하지 않았으므로 그만큼 자산이 적게 계상되고 감소하지 않아도 되는 매입채무(부채)가 적게 계상된다.

14 회계순환과정은 기업의 경제적 사건을 측정하고 기록·요약·보고 매기 반복되는 과정이다.

15 ② : 원가에 포함하므로 자산의 증가이다.

16 기업이 고객에게서 받은 대가는 약속한 재화나 용역을 고객에게 이전하기 전에는 수익으로 인식할 수 없고 계약부채(선수금)로 인식하여야 한다.

17 당점 발행 수표를 받으면 당좌예금의 증가로 처리한다.

18 분개를 표시하면 (차) 당좌예금 8,000,000 (대) 선수금 5,000,000 외상매출금 3,000,000이다. 본 문제는 출장중인 영업부장으로부터 당좌입금되었지만, 그 내용을 알 수 있으므로 가수금계정을 사용하면 오답이다.

19 (차) 자산의 증가 (대) 자산의 감소, 수익의 발생

20 10주×(54,000−50,000)= 40,000원 평가이익이다. 당기손익-공정가치측정금융자산의 취득 시 수수료는 취득원가에 가산하지 않고 당기의 기타비용으로 처리한다.

21 (주)서울의 현금및현금성자산 : 통화 + 거래처발행당좌수표 + 소액현금 = 1,123,800, 단기금융상품 : 양도성예금증서, 매출채권 : 약속어음, 단기대여금 : 가불증, 수입인지, 우표는 현금및현금성 자산에 포함하지 않고 소모품으로 처리한다. 또는 수입인지는 세금과공과 우표는 통신비로 처리할 수 있다.

22 ㉠ 200×(2,000−1,000) = 200,000(이익)
㉡ 300×(1,000−500) = 150,000(손실)
㉢ 200,000−150,000 = 50,000 순이익이다.

23 보기의 내용을 분석하면 부채와 비용이 각 각 50만원이 증가하므로 미지급비용의 거래가 이에 해당한다. 보기를 분개하면 다음과 같다.
① (차) 미수임대료 500,000 (대) 임 대 료 500,000
② (차) 수수료수익 500,000 (대) 선수수수료 500,000
③ (차) 선급보험료 500,000 (대) 보 험 료 500,000
④ (차) 임 차 료 500,000 (대) 미지급임차료 500,000

24 일반적으로 계약과 수금에 관계없이 거래처에 상품을 판매(인도)한 날(9월 16일)에 매출 수익으로 기록(인식)한다.

25 480,000−(20,000+290,000−30,000) = 200,000

제8회 모의고사 정답

1.④	2.①	3.②	4.④	5.①
6.②	7.①	8.②	9.④	10.③
11.③	12.②	13.③	14.①	15.③
16.④	17.④	18.③	19.②	20.①
21.②	22.③	23.④	24.④	25.②

01 유동자산에 속하는 과목이 유동성이 높은 자산이다.(ㄴ, ㅁ, ㅂ은 비유동자산)

02 임대료의 선수분의 결산정리분개는 (차) 임대료 600,000 (대) 선수임대료 600,000 이다.

03 환어음을 발행하면 대변에 외상매출금을 감소시킨다.

04 보기 1번도 거래의 이중성의 일부이지만 자산의 감소와 수익의 발생도 생길 수 있으므로 가장 적절한 설명은 아니고, 보기 2번은 대차평균의 원리이다. 보기3번은 모든 거래 중 어음으로도 이루어질 수 있다.

05 200,000×0.02 = 4,000−1,200 = 2,800

06 보기를 분석하면 1번 : 기말재고자산 금액이 과대계상될 경우 당기순이익은 과대계상된다. 2번 : 정답이다. 3번 : 계속기록법의 설명이다. 4번 : 도착지인도기준에 의해서 매입이 이루어질 경우, 발생하는 운임은 매출자의 비용으로 처리하여야 하고, 만약 선적지인도기준에 의해서 매입이 이루어질 경우, 발생하는 운임은 매입자의 취득원가에 산입해야 한다.

07 사원의 출장여비를 개산(어림잡아) 지급하면 가지급금 계정 차변에 기록한다.

08 미지급비용(부채)을 누락하면 비용과 미지급비용이 과소하게 되어 당기순이익이 과대계상된다.

09 상품주문대금을 받은 경우는 선수금으로 처리한다.

10 보기1, 2, 4번은 원상회복과 현상유지를 위한 수익적지출이다.

11 기말 결산 시 대손추산액은 대손충당금 계정 차변의 차기이월 금액 ₩3,000이다.(참고로 추산액 ₩3,000에서 전기이월 금액이 결산전 대손충당금 잔액이므로 ₩1,000을 차감하여 ₩2,000이 결산정리분개되어 대손충당금 계정 대변에 기록되어 있다.) 따라서, 외상매출금 잔액 100,000(차기이월)을 기준으로 3,000 ÷ 100,000 = 0.03(3%)의 대손추산율이 나온다.

12 나머지 보기의 결합관계를 살펴보면 보기1번 (차) 자산의 증가 (대) 자산의 감소, 부채의 증가, 보기3번 (차) 자본의 감소 (대) 자산의 감소, 보기4번 (차) 자산의 증가 (대) 자산의 감소, 수익의 발생

14 ㉠ 18,000 − 12,000 = 6,000(순이익)
㉡ (50,000 − 14,000) − 6,000 = 30,000(기초자본)
㉢ 5,000 + 30,000 = 35,000

15 기초상품+매입액+매입운임+매입수수료−매입에누리−기말상품 = 410,000

16 보기 2번 : 자동차회사가 제조한 자동차는 제품으로 재고자산이지만 생산된 자동차를 운송하기 위하여 보유하는 차량은 유형자산이고 감가상각을 한다. 4번 : 건설중인자산은 비유동자산이지만 토지와 같이 감가상각을 하지 않는다.

17 보기1번 : 예금 이자 미수액을 계상한다. 1,000,000×6%×6/12 = 30,000 (차) 미수이자 30,000 (대) 이자수익 30,000, 보기2번 : (차) 감가상각비 30,000 (대) 비품감가상각누계액 30,000(자산의 감소), 보기3번 : (차) 소모품비 30,000 (대) 소모품 30,000, 보기4번 : (차) 임대료 30,000 (대) 선수임대료 30,000이다. 보기1, 2, 3번은 자산관련 기말조정사항이고 4번은 부채관련 조정사항이다.

18 보기 3번은 (차) 임차료 (대) 미지급임차료 이므로 부채에 속하는 결산정리사항이다. 대손충당금은 매출채권에 대한 정리사항이다.

19 당좌예금을 초과한 금액은 당좌차월 또는 단기차입금으로 표시한다.

20 재무상태표에 기록되는 당기손익−공정가치측정금융자산)의 금액은 결산 평가액(공정가치)이다.

21 이 경우의 운임은 원가에 가산하면서 외상매입금(매입채무)에도 가산한다.

22 9월 5일 분개는 (차) 소득세예수금 5,000 (대) 현금 5,000이고, 9월 12일은 (차) 미지급금 5,000 (대) 당좌예금 5,000이다.

23 잔액시산표 등식 오른쪽의 기말자본은 기초자본이어야 한다.

24 이월시산표에 기록된 손익의 정리 과목에 대하여 결산정리분개를 추정해 본다. 여기서 결산정리분개를 추정하여 손익계정의 수익과 비용에 가감하면 안된다. 그 이유는 손익계정에 기록된 수익과 비용계정은 이미 결산정리가 완료된 것이기 때문이다.

- 먼저 (차) 선급보험료 50,000 (대) 보험료 50,000 – 이것은 처음 보험료를 지급한 금액은 120,000원이었음을 추정하여야 하고, 지급액에서 선급보험료 50,000원을 차감한 70,000원이 당기의 보험료로 손익계정에 기록된 것을 이해하여야 한다. 그러므로 보험료 미경과액은 이월시산표의 50,000원이다.
- (차) 이자수익 30,000 (대) 선수이자 30,000 – 이것은 처음 이자를 받은 금액은 100,000원이었음을 추정하여야 한다. 받은금액에서 선수이자 30,000원을 차감한 70,000원이 당기의 이자수익으로 손익계정 대변에 기록된 것이다.

25 200,000 − {(400×200) + (100×300)} = 90,000

제9회 모의고사 정답

1. ③	2. ④	3. ③	4. ①	5. ②
6. ②	7. ④	8. ①	9. ④	10. ③
11. ①	12. ①	13. ④	14. ④	15. ①
16. ④	17. ①	18. ③	19. ③	20. ④
21. ①	22. ③	23. ④	24. ④	25. ④

해설

01 판매비와관리비를 설명하고 있다.

02 공사대금의 착수금은 건설중인자산 계정으로 처리한다.

03 당기손익-공정가치측정금융자산은 기말 결산 시 평가된 공정가치가 장부금액으로 인정하므로 취득 시 ₩600,000은 20×1년말에 ₩650,000으로 조정되어 20×2년도 말에는: 650,000 − 620,000 = ₩30,000(손실)

04 자산으로 처리할 것을 비용으로 처리하면 그 만큼 순이익이 과소계상된다.

05 매출수익의 인식시점은 상품을 판매(인도, 제공, 발송)한 날이다.

06 (차) 보통예금 700,000, 현금 350,000 (대) 장기성정기예금(장기금융상품) 1,000,000, 이자수익 50,000

07 보기4번은 자산을 1년기준 또는 정상적 영업주기에 의한 유동자산과 비유동자산을 구분하는 것이다.

08 (가), (다)는 회계기간 중에 이루어지는 회계절차이고, (라)는 결산예비절차이며, (바)는 본절차, (나), (마)는 후절차이다.

09 대손충당금환입은 판매비와관리비의 부(−)의 항목에 해당한다. 나머지 보기는 기타수익이다.

10 임차료를 다음 회계기간 3월 말에 지급하기로 하였으므로 당기분 미지급액 3개월분을 계상하면 (차) 비용의 발생 (대) 부채의 증가이다.

11 30,000−2,000−1,500−800 = 25,700

12 기계구입금액+운반비+시운전비+보험료= 1,680,000원이다. 단, 보험료가 구입후 사용을 위한 보험료로 조건제시가 되었다면 원가에 포함해서는 안된다.

13 150,000−20,000−30,000 = 100,000(매출원가)
250,000−100,000 = 150,000
기초상품의 과대계상과 기말상품의 과소계상은 매출원가 과대계상되는 원인이었으므로 차감해야 한다.

14 환출은 외상매입 분개를 역분개한다.

15 전화요금+종업원회식비용=150,000, 기부금과 이자비용은 기타비용이다.

16 비용처리법이며, 소모품 사용액은 75,000 − 20,000 = 55,000이고, 소모품 재고액은 ₩20,000이다.

17 100주×(20,000−15,000) = 500,000(평가손실)

18 1월 1일에 영업을 개시하였으므로 기초상품은 없다.
매출액 : (500,000−100,000)×(1+0.3) = 520,000(외상매출금 발생액)
• 520,000 − 200,000 = 320,000

19 보기3번을 분개하면 (차) 당좌예금 100,000 (대) 보통예금 100,000으로 보통예금을 인출하여 당좌예금한 거래이다.

20 자산 = 부채+자본이다.

21 당기순이익을 감소시키는 원인이 되는 것은 비용이며, 총계정원장의 계정잔액이 차변에 나타나는 것은 자산과 비용이고, 주된 영업활동 이외의 활동이란 상품매매 이외의 활동으로 기타비용, 기타수익이 해당되는데 세가지 조건에 모두 해당되는 것은 기타비용이 된다. 보기의 거래를 분개하면 다음과 같으며, 기타비용인 '이자비용'이 발생하는 거래는 ①번이다.

①번 (차변) 이자비용 30,000 (대변) 현금 30,000
②번 (차변) 매입 500,000 (대변) 현금 500,000
③번 (차변) 단기대여금 600,000 (대변) 현금 600,000
④번 (차변) 광고선전비 100,000 (대변) 현금 100,000

22 판매가능액 = 기초재고+당기매입 = 기말재고+매출원가, 따라서 320,000 − 85,000 = 235,000

23 분개를 추정하면 (차) 외상매입금 150,000 (대) 현금 150,000이므로 유동부채가 감소하고 당좌자산(현금)이 감소한다.

24 • 8/1 : 7개월 미경과분 계상(2,400×7/12 = 1,400) (차) 임대료 1,400 (대) 선수임대료 1,400, • 10/1 : 3개월 미수이자 계상 (10,000×4%×3/12 = 100) (차) 미수이자 100 (대) 이자수익 100, • 11/1 : 22개월 미경과분 계상(2,400×22/24 = 2,200) (차) 선급보험료 2,200 (대) 보험료 2,200, 따라서 선급보험료 + 미수이자 − 선수임대료 = 900원 당기순이익이 증가한다.

25 매입처원장의 대한상사와 상공상사를 합한 것이 외상매입금 계정금액인데 전기이월의 표시가 없으므로 외상매입금의 기초잔액은 알 수가 없다.

제1회 기출문제 정답

2016년 1회기출

1. ④	2. ③	3. ②	4. ①	5. ②
6. ④	7. ①	8. ②	9. ③	10. ③
11. ①	12. ②	13. ①	14. ③	15. ④
16. ①	17. ①	18. ②	19. ③	20. ②
21. ④	22. ④	23. ①	24. ④	25. ②

01 시산표등식 : 기말자산+총비용=기말부채+기초자본+총수익이다.

02 전체 거래의 차변과 대변의 합계금액은 항상 일치하는 것은 대차평균의 원리를 말한다.

03 정리전 순이익+미수이자-미지급급여+선급보험료=480,000원, 이 문제를 쉽게 해결하는 방법은 손익의 정리를 따지지 말고 정리전 순이익에 자산은 가산하고 부채는 차감하면 된다.

04 보기1번은 회계기간 도중에 발생한 거래이다.

05 당좌예금이 대변이 있는 거래는 당좌수표를 발행하여 지급한 것이다.

06 사채와 장기차입금은 비유동부채이다.

07 (1,800,000-1,200,000)-500,000=100,000원(당기순이익)

08 영업이익+이자수익-기부금-이자비용+(기타수익) = 법인세차감전순이익, 따라서 200,000+10,000-30,000-50,000+(20,000) = 150,000원

09 당기손익-공정가치측정금융자산은 재무상태표에 공정가치로 표시하므로 20×1년 말의 공정가치 2,500,000원이 재무상태표에 반영될 금액이다.

10 결산 시 현금의 부족액을 발견하면 현금과부족 계정을 설정하지 않고 바로 잡손실로 처리한다.

11 보기1번은 기타(영업외)수익이다.

12 상품의 매입 시의 운반비는 원가에 포함하고, 매출 시의 운반비는 운반비 계정으로 처리한다.

13 양도성예금증서는 단기금융상품으로 처리한다. 보기2번은 장기금융상품으로, 3번은 장기대여금으로, 4번은 단기대여금으로 처리한다.

14 근로소득세, 국민건강보험료, 국민연금은 소득세예수금 등으로 개별 계정을 사용할 수도 있고, 통괄적으로 예수금 계정 대변에 기록할 수도 있다.

15 판매를 위하여 보유중인 자산은 상품이고, 생산 중인 자산은 제품 및 재공품으로 재고자산을 말한다.

16 내용 불명의 송금액은 가수금 계정으로서 내용이 밝혀지면 차변에 기록한다.

17 먼저 매입한 상품을 먼저 매출하는 방식은 선입선출법이다.

18 300,000-30,000 = 270,000

19 ① 수익총액 - 비용총액 = 700,000(순이익)

자 본 금	
2,500,000	1,000,000
	700,000
	(800,000)

20 보기1번 : (차) 매입 150,000 (대) 외상매입금 150,000
보기2번 : (차) 받을어음 200,000 (대) 매출 200,000이므로 받을어음의 매출채권이 증가한다.
보기3번 : (차) 미수금 100,000 (대) 비품 100,000
보기4번 : (차) 외상매입금 250,000 (대) 받을어음 250,000

21 종업원의 경조사 비용과 회식비 등은 복리후생비로 처리한다.

22 보기4번은 자본잉여금이다.

23 처분가액-(취득가액-감가상각누계액) = 500,000(처분이익)

24 주식을 보유하는 사람을 주주라하고 경영에 참가할 수 있고, 사채를 보유하는 사람을 사채권자라 하고 경영에 참가할 수 없다.

25 매출 수익의 인식은 상품을 발송(인도)한 6월이다.

제2회 기출문제 정답

2016년 2회기출

1. ③	2. ②	3. ①	4. ①	5. ③
6. ②	7. ①	8. ③	9. ③	10. ①
11. ④	12. ③	13. ①	14. ④	15. ④
16. ②	17. ③	18. ③	19. ②	20. ①
21. ②	22. ④	23. ②	24. ②	25. ①

01 매출원가 = 기초상품재고액+당기순매입액-기말상품재고액

02 선급비용, 선급금 등은 재화나 용역을 수취할 자산이므로 금융자산이 아니다.

03 보기를 분개하면 ①번 : (차) 당좌예금 (대) 현금으로 정답이다. ②번 : (차) 현금 (대) 당좌예금, ③번 : (차) 매입 (대) 당좌예금, ④번 : (차) 비품 (대) 현금이다.

04 시산표 작성과 재고조사표 작성, 결산정리분개 및 수정기입, 정산표 작성은 결산예비절차에 속하고, 분개장마감과 총계정원장의 마감은 결산 본절차에 속하며, 재무상태표의 작성은 결산후절차(보고서 작성 절차)에 속한다.

05 (차) 이자비용 50,000 (대) 미지급비용 50,000의 누락은 비용과 부채의 과소계상이다.

06 당기순매출액-매출원가=300,000(매출총이익)-급여-광고선전비-접대비 = 150,000

07 이자비용은 금융원가이다.

08 수입인지는 세금과공과 또는 소모품비로 처리하고, 약속어음과 환어음은 어음관련 회계처리에 속한다. 단, 만기도래어음은 통화대용증권이다.

09 합계액에서 차월이월액을 차감한 금액이 인출총액이다.(1,000,000-200,000 = 800,000)

10 100,000+선급보험료+미수이자-선수임대료 = 98,000

11 보기1번의 선수금은 재화나 용역을 인도할 의무이므로 금융부채가 아니며, 보기2번은 금융자산 중 당기손익-공정가치측정금융자산에 대한 설명이고, 보기3번은 금융자산의 전체에 대한 설명이다.

12 100주×(15,000-11,000) = 400,000(평가이익)

13 직불카드(또는 체크카드)로 결제하면 결제계좌의 보통예금이 바로 차감된다.

14 7/15 매출을 기록하고 남은 전월이월 중 (50개×1,000) + 7/10 = 170,000

15 10월 2일 소모품 매입 시 자산처리법으로 처리한 것이다. 당기 소모품 사용액은 ₩60,000이며, 결산 시 소모품 재고액은 ₩40,000이다.

16 분개를 하면 (차) 매입 1,100,000 (대) 외상매입금 1,000,000, 현금 100,000

17 직원식사대금은 복리후생비로 처리하고 식대를 법인신용카드로 결제하면 미지급금 계정으로 처리한다.

18 총매입액+인수운임-매입환출액-매입 에누리액-매입 할인 =440,000

19 유형자산을 취득 후 처분 시 까지는 1년이 경과되었으므로 1년간 감가상각비를 계산한다.
 • (1,000,000-0)/5년 = 200,000
 • 처분손실 : 1,000,000-200,000-700,000 = 100,000

20 기초자본금을 계산하는 문제이다.
 ① 기말자본금 : 기말자산-기말부채 = 600,000
 ② 당기순이익 : 매출총이익+이자수익-급여-임차료 = 200,000
 ③ 기초자본금 : 기말자본금-당기순이익 = 400,000

21 이익준비금은 이익잉여금에 속한다.

22 2급 범위에 속한다. 보기4번은 시용판매로서 시험적으로 사용하게 하기 위해 상품을 발송한 후 매입의사 통보가 오면 매출수익으로 인식하는 방법이다. 따라서 발송하는 시점에서는 수익으로 인식할 수 없다.

23 급여 지급 시 소득세 차감액은 예수금 계정 대변에 처리한다.

24 (가)는 무형자산이다. 보기2번의 임차보증금은 기타비유동자산에 속하며, 임차권리금은 무형자산이다.

25 당기순이익의 크기는 선입선출법 > 이동평균법 > 후입선출법의 순이다.

제3회 기출문제 정답

2016년 3회기출

1. ②	2. ④	3. ④	4. ②	5. ①
6. ④	7. ③	8. ④	9. ③	10. ②
11. ③	12. ①	13. ④	14. ④	15. ④
16. ②	17. ②	18. ②	19. ①	20. ②
21. ④	22. ①	23. ②	24. ①	25. ①

해설

01 거래를 분개하여 총계정원장에 전기하고 차변과 대변합계 금액이 일치하는 대차 평균의 원리는 복식부기의 자기 검증 능력을 의미한다.

02 (가)는 자산이고 (나)는 부채이다.

03 (가)는 결산의 본 절차이므로 총계정원장의 마감이다.

04 상품 매입 과정에서 지출되는 부대비용은 상품의 원가에 포함한다.

05 순이익 : 총수익 − 총비용 = 200,000원,
기초자본 : 기초자산 − 기초부채 = 300,000원
기말자본 : 기초자본 + 당기순이익 = 500,000원
기말부채 : 기말자산 − 기말자본 = 200,000원

06 순매출액은 손익 계정 대변의 매출 350,000원이고, 매출원가는 손익 계정 차변의 매입 200,000원이며, 상품매출이익은 350,000−200,000=150,000원이다. 당기순매입액은 매출원가+기말상품−기초상품=190,000원이다.

07 (차) 매입 500,000 (대) 외상매입금 500,000

08 기말 재무상태표의 자본이 기말자본으로 기초자본을 초과하면 당기순이익이 발생한 것이다.

09 외상매출금의 미회수액은 차월이월액의 합계액이다.
153,000+140,000 = 293,000원이다.

10 보기1, 2, 3, 4번 모두가 재무상태표 구성항목이지만, 1, 3, 4번은 포괄손익계산서의 구성 항목이 아니다.

11 임차료는 관리비에 속한다.

13 8/21 (차) 매입 50,000 (대) 받을어음 50,000의 거래를 추정하면, 상품을 매입하고 대금은 소유하고 있던 약속어음을 배서양도 한 것이다.

14 보기1번과 2번은 결산의 본 절차에 속하고, 3번은 결산보고서 작성 절차이다.

15 파손된 유리창의 교체 등은 수익적지출이다.

16 매출원가는 7/24 인도란(30,000+14,000=44,000) 기록을 보면 알 수 있고, 또는 재고장 합계액 51,000−차월이월 7,000 = 44,000이다. 7/24 기록을 보면 선입선출법이며, 후입선출법의 기말재고액은 6,000원이므로 매출원가 45,000원으로 선입선출법보다 1,000원이 더 많아진다.

17 수익과 비용의 직접적인 대응의 대표적인 것은 매출액과 매출원가, 매출총이익과 판매비와관리비이다.

18 (차) 현금 350,000 보통예금 700,000 (대) 장기정기예금 1,000,000 이자수익 50,000

19 자기앞수표는 통화대용증권으로 현금으로 취급한다.

20 12/31분개 : (차) 임대료 30,000 (대) 선수수익 30,000

21 수익총액−비용총액=200,000(순이익)
기초자산−기초부채=300,000(기초자본)
기초자본+순이익=500,000(기말자본)
기말부채+기말자본=800,000(기말자산)

22 보기1번은 단기금융상품에 속한다.

23 (가) 분개 : (차) 종업원급여 1,500,000 (대) 예수금 110,000, 보통예금 1,390,000
(나) 분개 : (차) 예수금 110,000 (대) 현금 110,000

24 물리적 실체가 없는 비화폐성자산은 무형자산이다. 따라서 영업권과 저작권이 무형자산이고, 임차료와 교육훈련비는 판매비와관리비 항목이다.

25 영업용 건물을 구입할 때의 취득세와 중개수수료는 건물의 원가에 포함해야 하고 자기앞수표는 현금으로 처리한다.

제4회 기출문제 정답

2017년 1회기출

1. ③	2. ③	3. ④	4. ④	5. ③
6. ①	7. ③	8. ③	9. ③	10. ②
11. ②	12. ③	13. ②	14. ④	15. ②
16. ①	17. ③	18. ②	19. ①	20. ④
21. ④	22. ②	23. ②	24. ②	25. ④

01 회계의 역할은 첫째, 정보이용자들이 보유하고 있는 희소한 경제적 자원의 배분과 관련한 유용한 정보를 정리하여, 이해관계자의 이용목적에 따라 효율적으로 제공한다. 둘째, 수탁책임과 회계책임의 수행 정도를 평가하는 기능이 있다. 셋째, 사회적 통제의 합리화에 많이 활용되고 있다. 따라서 경영자 개인의 능력을 평가하는 기능은 회계의 역할이 될 수 없다.

02 20×1년 4/1 ~ 12/31까지 9개월 간의 보험료가 당기분 보험료이다. 120,000×9/12 = 90,000원

03 시산표 등식은 자산 + 비용 = 부채 + 기초자본 + 수익이다. 따라서, 차변 합계 금액은 현금 + 외상매출금 + 이월상품 + 매입 + 급여 = 300,000원 또는 대변 합계 금액은 외상매입금 + 자본금 + 매출 = 300,000원 이다.

04 정산표 작성은 결산 예비절차에 속한다.

05 회계 상의 거래는 기업의 재산에 증감 변화를 초래하는 모든 현상을 말하는 것으로 상품 구입 및 판매 계약이나 사원의 채용, 부동산(사무실)임대차 계약은 일상 생활 상의 거래이며 회계 상의 거래가 아니다.

06 당기에 발생한 이자비용을 기말 결산 시 지급하지 않은 경우는 (차) 이자비용 (대) 미지급이자의 정리분개를 해야한다.

07 (차) 미수임대료 (대) 임대료의 정리분개를 누락하면 자산과 수익이 과소 계상되므로 당기순이익이 과소 계상된다.

08 기능별 분류는 매출액-매출원가-매출총이익-물류원가와 관리비가 표시되며, 성격별 분류는 수익-영업비용 등으로 표시된다. 단, 영업이익부터는 기능별 분류와 성격별 분류가 동일하다.

09 포괄손익계산서는 일정기간 기업의 경영성과(재무성과)를 제공하는 재무제표이다. 보기2번은 재무상태표에 대한 설명이다.

10 종업원급여+광고선전비 = 530,000원, 이자비용과 기부금은 기타비용(영업외비용)에 속한다.

11 회계정보이용자 중 내부이용자는 경영자와 종업원이다.

12 어음을 받고 현금을 대여하면 (어음)대여금 계정으로 처리한다.

13 6/30 계정기입을 분개 추정하면 (차) 현금과부족 20,000 (대) 현금 20,000으로 6/30 현재 현금의 실제액이 장부액보다 부족함을 발견한 거래가 추정된다.

6/30 현재 현금의 장부잔액은 1/1+3/6-4/15=270,000원이므로 실제잔액은 현금부족액 20,000을 차감한 250,000원이다.
그 외 분개와 거래의 추정은 9/2 (차) 현금 250,000 (대) 외상매출금 250,000으로 외상매출금을 현금으로 회수한 거래이고, 7/15 (차) 수도광열비 20,000 (대) 현금과부족 20,000으로 현금과부족의 원인이 수도요금으로 판명된 거래이다.

14 보기1번과 3번은 통화대용증권으로 현금으로, 보기2번은 현금성자산으로 처리하고 보기4번은 단기금융상품에 속한다.

15 1,000주×6,000 = 6,000,000원, 당기손익-공정가치측정금융자산의 취득 시 수수료는 수수료비용 계정으로 처리한다.

16 선급금, 선급비용 등과 같이 장차 재화나 용역을 수취할 자산은 비금융자산이다.

17 상품을 매입하고 신용카드로 결제한 경우는 (차) 매입 (대) 외상매입금으로 처리하고 카드대금을 결제하면 외상매입금 계정 차변에 기록한다.

18 판매를 목적으로 외부에서 구입한 물품은 상품이고, 생산 중에 있는 물품은 재공품, 생산이 완료된 물품은 제품이다.

19 상공가구에서 판매용 의자는 상품이므로 매입 계정으로 처리하고 인수운임은 매입원가에 포함시킨다.

20 구입대금+설치비+시운전비+사용전수리비 = 545,000원

21 건물의 장부금액은 취득원가에서 감가상각누계액을 차감한 잔액이다. 취득 후 3년이 경과했으므로 1,000,000-[(1,000,000-0)×3년/10년] = 700,000원

22 신제품 개발을 위한 비용으로 자산의 인식기준을 충족한 경우는 개발비 계정으로 무형자산에 속한다. 무형자산은 식별 가능한 비화폐성자산이다.

23 주식을 발행하면 자본 총액은 증가하며, 할증발행은 발행금액이 액면금액을 초과하는 것이며, 그 초과액은 주식발행초과금으로 처리하고 자본잉여금에 속한다.

24 매출액-매출원가=매출총이익-판매비(물류원가)와 관리비=영업이익이 산출되는데, 매출원가가 증가하면 매출총이익이 감소하고, 따라서 영업이익과 당기순이익이 감소한다.

25 종업원급여 지급 시 소득세 및 주민세 원천징수세액은 (소득세)예수금 계정 대변에 기록하고, 급여를 보통예금에서 이체지급하므로 보통예금 계정 대변에 기록한다.

제5회 기출문제 정답

2017년 2회기출

1. ③	2. ③	3. ④	4. ①	5. ①
6. ④	7. ①	8. ②	9. ①	10. ①
11. ④	12. ③	13. ②	14. ②	15. ④
16. ④	17. ②	18. ②	19. ②	20. ①
21. ④	22. ④	23. ②	24. ②	25. ④

01 거래의 이중성에 따라 차변합계와 대변합계액이 항상 일치하는 원리는 대차평균의 원리로써 복식부기의 자기검증의 수단이 된다.

02 거래를 분석하면 (차) 임차료(비용의 발생) 100,000 (대) 현금(자산의 감소) 100,000 이다.

03 먼저 잘못된 이월시산표를 바르게 작성하면 대변에 기록된 상품을 차변으로 옮기고, 차변에 기록된 미지급금을 대변으로 옮긴 후 대·차 합계액을 730,000원으로 일치 시킨 후 보기를 분석하면 ① 매출채권은 받을어음+외상매출금 = 180,000원이고, ② 당기순이익은 파악할 수가 없는 이유는 이월시산표 대변의 자본금 180,000원은 기말자본금이다. 즉 기초자본금이 주어졌다면 서로 비교해서 당기순이익을 계산할 수 있기 때문이다. ③ 기말자산은 현금+상품+받을어음+외상매출금 = 730,000, ④ 기말상품재고액은 이월시산표 상품 계정의 금액 250,000원이다.

04 시산표의 작성 이유는 분개가 총계정원장에 정확하게 옮겨 기록(전기)되었는지를 파악하기 위함이다.

05 보험료 지급 시 자산으로 처리하면 (차) 선급보험료 240,000 (대) 현금 240,000이고 결산 시에 정리 분개는 경과액(240,000×2/12 = 40,000원)을 (차) 보험료 40,000 (대) 선급보험료 40,000으로 처리한다. 단, 보험료 지급 시 비용으로 처리했다면 결산 정리 분개는 미경과액(240,000×10/12 = 200,000원)인 보기4번으로 처리한다.

06 회계는 기업의 이해관계자(회계정보이용자)의 이용 목적에 따라 투자자와 같은 외부이용자에게 회계정보를 제공하는 회계는 재무회계이고, 경영자와 같은 내부이용자에게 정보를 제공하는 회계는 관리회계이다. 또한 세무관서에 제공하는 회계는 세무회계이다.

07 매출액-매출원가 = 매출총이익-판매비(물류원가)와관리비 = 영업이익이 산출되는데, 맨 앞의 매출액이 증가하면 매출총이익과 영업이익, 당기순이익이 증가되는 요인이다. 접대비는 판매비(물류원가)와 관리비이므로 증가하면 영업이익이 감소된다. 매출원가가 증가하면 매출총이익이 감소되고 자동 영업이익이 감소되는 요인이다. 배당금수익은 금융수익(영업외수익)이므로 영업이익의 산출 이후 법인세비용차감전순이익의 계산 시 고려되는 항목이므로 영업이익과 관련이 없다.

08 매출채권은 자산에 속하므로 재무상태표의 구성 요소이다.

09 포괄손익계산서 상의 총포괄손익은 당기순손익에서 기타포괄손익을 가감한 금액이다. 수익(매출)-매출원가-급여-보험료 = 당기순이익 20,000원-기타포괄손익공정가치측정금융자산평가손실 30,000 = 총포괄손실 10,000원

10 현금및현금성자산에는 현금(통화대용증권 포함)+요구불예금(보통예금, 당좌예금)+현금성자산으로 구성된다. 상품은 재고자산이며, 받을어음과 당기손익-공정가치측정금융자산은 별도 독립된 당좌자산항목이다.

11 선급금, 선급비용, 선수금, 선수수익 등과 같이 장차 재화나 용역을 수수할 자산, 부채는 비금융자산 및 비금융부채이다.

12 매출채권 + 당기손익:공정가치측정 금융자산 + 현금및현금성자산 = 34,000원(선급금, 선급비용은 비금융자산이다.)

13 거래처로부터 상품 대금으로 받아 보관하고 있던 약속어음을 배서양도하면 받을어음 계정 대변에 기록한다.

14 보기를 분석하면 ① 당기 외상매출금 증가액은 매출처원장 차변의 6/1+6/7 = 200,000원이고 전기이월액은 포함하면 안된다. ② 6월 중 외상매출액은 매출처원장 차변의 6/1+6/7 = 200,000원 ③ 6월 중 외상매출금 회수액은 매출처원장 대변의 6/3 30,000+50,000 = 80,000원 ④ 6월말 외상매출금 미회수액은 매출처원장 갑상사와 을상사의 차변 합계액에서 대변 금액을 차감한 잔액이다.
(갑상사 : 40,000+80,000-30,000 = 90,000원, 을상사 : 60,000+120,000-50,000 = 130,000원, 따라서 90,000+130,000 = 210,000원이다.)

15 상품을 매입하고 대금을 신용카드로 결제하는 분개는 (차) 매입 (대) 외상매입금 이다.

16 박스 안의 내용은 재고자산에 대한 설명이다.

17 취득원가는 승용차구입+차량취득세 = 10,110,000원이고, 자동차세는 세금과공과로 처리한다.

18 취득원가는 구입대금+취득세+등기비용+중개수수료 = 5,300,000원이다.

19 회사 전화요금 - 통신비, 거래처 직원과 식사 - 접대비, 불우이웃 돕기 성금 - 기부금, 회사 홍보용 기념품 제작비 - 광고선전비로 처리한다. 복리후생비는 회사 종업원 회식대, 경조사비용 등이다.

20 7/9은 복리후생비, 7/16은 여비교통비, 7/23은 임차료로 처리한다. 접대비는 거래처 직원의 경조사비나 식사대 등이다.

21 보기 1번은 임대료, 2번은 사채상환이익, 3번은 배당금수익, 4번은 대여금 원금(액면금액)100원에 수취액은 이자포함하여 105원인 경우 5원은 이자수익으로 처리한다.

22 분개를 하면 (차) 종업원급여 700,000 (대) 소득세예수금 15,000 건강보험료예수금 20,000 보통예금 665,000 이다. 종업원급여 ₩700,000은 판매비와관리비에 속한다.

23 종업원급여 지급 시 소득세 등의 원천징수세액은 (소득세)예수금 계정 대변에 기록해야 한다. 따라서 제시된 분개 대변에 가수금을 차변에 소멸시키고 대변에 예수금을 기록하면 된다.

24 수익은 고객과의 계약을 통하여 수행 의무를 이행할 때 인식한다. 즉 6월에 에어컨을 10대를 거래처에 발송하는 날에 수익을 인식한다.

25 거래처의 파산으로 외상매출금이 회수불능되는 경우 대손충당금 계정 잔액 ₩20,000은 차변에 충당시키고 부족액 ₩80,000은 대손상각비 계정으로 처리한다.

제6회 기출문제 정답

2017년 3회기출

1. ①	2. ④	3. ②	4. ②	5. ④
6. ①	7. ①	8. ①	9. ③	10. ②
11. ③	12. ④	13. ①	14. ③	15. ③
16. ②	17. ①	18. ②	19. ②	20. ②
21. ④	22. ④	23. ③	24. ①	25. ④

01 경영자와 종업원은 기업의 내부 정보이용자이다.

02 자산·부채·자본은 기업의 재무상태를 나타내는 항목이고, 수익과 비용은 경영성과(재무성과)를 나타내는 항목이다.

03 복식부기는 기업의 경제적 사건인 거래를 계정이라는 특수한 형식을 이용하여 기록·계산·정리하고 그 원인과 결과를 명확히 하는 것으로 거래의 이중성에 의하여 대차평균의 원리가 적용되며 이를 통하여 자기 검증 기능으로 오류를 발견할 수 있다. 기록·계산 방식을 매우 단순하게 보는 것은 단식부기라고 볼 수 있다.

04 회계 상의 거래는 기업의 재산에 증감 변화를 초래하는 모든 현상을 말하는 것으로 상품 구입 및 판매 계약이나 사원의 채용, 부동산(사무실)임대차 계약은 일상 생활 상의 거래이며, 회계 상의 거래가 아니다.

05 시산표의 작성 이유는 분개가 총계정원장에 정확하게 옮겨 기록(전기)되었는지를 파악하기 위하여 작성하는 계정집계표이고 재무제표에 속하지는 않는다. 합계시산표는 각 계정의 대·차 합계액을 산출하여 작성하고, 시산표 등식은 기말자산+총비용 = 기말부채+기초자본+총수익이다.

06 기초자산 – 기초부채 = 기초자본(100,000원), 기말자산 – 기말부채 = 기말자본(150,000원) 따라서 기말자본-기초자본 = 당기순이익(50,000원)

07 소모품의 기말 수정 분개는 회계 처리 방법에 따라 다르다. 비용처리법은 미사용액 분개 (차) 소모품 (대) 소모품비로 하고, 자산처리법은 사용액 분개 (차) 소모품비 (대) 소모품으로 한다.

08 임대료 계정을 분석하면 10/1 임대료 ₩240,000을 현금으로 받고, 12/31 결산 시 차기분 선수임대료 ₩180,000을 계상하고, 당기분 임대료 ₩60,000을 손익 계정에 대체한 것이다. ② 재무상태표에 기입될 선수임대료는 ₩180,000이고, ③ 포괄손익계산서에 기입될 임대료는 ₩60,000 ④임대료 당기분은 손익 계정으로 대체해야 하며 임대료 차기분(미경과분)을 차기로 이월하는 것은 수익의 이연이라 한다. 수익의 예상은 당기에 받아야 할 임대료를 미수임대료로 계상하는 것을 말한다.

09 광고선전비+세금과공과+복리후생비+급여 = 1,870,000원

10 ① 매출총이익 계산 식이고, ② 영업이익 ③ 당기순이익 ④ 매출총이익 대신 영업이익+기타수익-(기타비용+금융원가) = 법인세비용차감전순이익의 계산 방법이 된다.

11 ① 물류원가 ② 금융원가 ③ 관리비 ④ 기타비용

12 포괄손익계산서 상의 수익총액에서 비용총액을 차감한 금액은 당기순이익으로 표시하고 손익 계정인 경우 개인기업은 자본금으로, 법인기업은 미처분이익잉여금으로 표시한다.

13 ① 판매비와관리비 ② 이자수익은 금융수익이지만 영업외수익으로도 분류된다

14 취득 시 만기일이 3개월 이내인 채권은 현금성자산으로 처리하므로 분개는 (차) 현금성자산 (대) 당좌예금이다.

15 현금성자산은 취득 시 만기일이 3개월 이내인 단기금융상품이므로 받을어음은 만기일의 기간과 관계없이 독립된 받을어음 계정으로 처리한다.

16 장기 투자목적으로 취득하는 비상장법인의 주식 등은 기타포괄손익-공정가치측정금융자산으로 처리하고 결산 시 공정가치로 평가하여 발생한 평가손익은 기타포괄손익-공정가치측정금융자산평가손익으로 자본(기타포괄손익누계액)항목에 속한다. 실제 2급에서 다루는 범위이다.

17 선수금, 선수수익 등과 같이 장차 재화나 용역을 제공할 부채는 비금융부채이다.

18 의류도매업을 경영하는 기업이 업무용 책상, 의자를 구입하면 상품이 아니라 비품으로 처리한다. 분개는 (차) 비품 1,000,000 (대) 미지급금 1,000,000이다.

19 (가)의 분개 : (차) 비품 800,000 (대) 미지급금 800,000
(나)의 분개 : (차) 소모품비 100,000 (대) 보통예금 100,000이다.

20 A기업의 7/1 분개는 (차) 받을어음 100 (대) 매출 100, 7/5분개는 (차) 매입 100 (대) 받을어음 100

21 분개는 (차) 매입 500,000 (대) 외상매입금 500,000이다.

22 판매용 노트북은 상품으로 재고자산이다. 업무용 노트북은 비품이고, 건물은 유형자산의 건물이며, 투자목적으로 소유하는 토지는 투자자산인 투자부동산으로 처리한다.

23 재고자산감모손실은 재고자산의 보관 중 파손 등으로 발생하는 손실로서 이월상품이 감소되고, 정상적 발생액은 매출원가에 산입하고, 비정상적인 발생액은 기타(영업외)비용으로 처리한다. 재고자산평가손실은 장부금액보다 순실현가능가치(시가로 생각)하락으로 생기는 손실로서, 매출원가에 산입한다. (2급 범위이다.)

24 분개는 (차) 종업원급여 2,000,000 (대) 단기대여금 100,000, 예수금 150,000, 보통예금 1,750,000

25 ① 결산 본 절차 ② 결산 본 절차 ③ 결산보고서 작성 절차 ④ 결산 예비 절차, 수정전시산표 작성은 결산의 예비 절차이다.

제7회 기출문제 정답

2018년 1회기출

1. ④	2. ④	3. ④	4. ①	5. ④
6. ④	7. ②	8. ②	9. ④	10. ④
11. ③	12. ④	13. ③	14. ①	15. ②
16. ①	17. ③	18. ③	19. ②	20. ②
21. ③	22. ②	23. ③	24. ③	25. ②

01 자산과 비용 계정은 잔액이 차변에 남고, 부채와 자본, 수익 계정은 잔액이 대변에 남는다.

02 이월시산표는 차기이월되는 금액의 정확성 여부를 파악하기 위해 작성하는 표이므로 자산, 부채, 자본만 기록된다.

03 합계, 잔액, 합계잔액 시산표는 작성시기에 따라 분류하는 것이 아니라 어떤 금액을 집계하느냐에 따른 금액 집계 방법에 따른 분류라 할 수 있다. 시산표는 분개를 총계정원장에의 전기가 정확한가를 파악하는 것이고, 분개의 정확성을 검증할 수 없다. 시산표를 통해 오류를 발견할 수 있는 것이 있고 없는 것이 있다.

04 분개를 하면 (차) 현금 200,000 (대) 매출 200,000이므로 입금전표를 작성하고, 계정과목은 대변과목인 매출을 기록한다.

05 기업의 재무성과 정보는 포괄손익계산서를 통하여 얻는 정보이다.

06 이자비용은 금융원가(금융비용)로 분류한다.

07 매출총이익+유형자산처분이익−종업원급여−이자비용−보험료−기부금−임차료 = 당기순이익 9,500원+기타포괄손익누계액(해외사업환산이익) = 포괄이익 12,500원이다.

08 영업주기 내에 결제해야 하는 것은 유동부채이다.

09 임차료를 9,000원 많이 기록했으므로 대변에 임차료 9,000원을 소멸시키고 나머지 11,000원은 원인이 밝혀지지 않았으므로 잡이익으로 처리한다.

10 회계과가 용도계에 제 경비 지급을 위한 자금으로 선급하는 금액은 소액현금 계정 차변에 기록한다.

11 당기손익−공정가치측정금융자산은 재무상태표에 공정가치로 표시한다. 따라서 20×1년 말 재무상태표에 반영될 금액은 2,500,000원이다.

12 • 11월 1일: (차) 소액현금 1,000,000 (대) 당좌예금 1,000,000
• 11월 30일: (차) 소모품비 350,000, 여비교통비 200,000, 통신비 50,000, 현금과부족 20,000
(대) 소액현금 620,000
• 12월 1일: (차) 소액현금 620,000 (대) 당좌예금 620,000

13 사원의 출장 시 지급하는 여비 개산액은 가지급금 계정 차변에 기록하고, 출장간 사원이 돌아와 여비를 정산 시에는 가지급금 계정 대변에 기록한다.

14 실물자산(재고자산, 유형자산)과 무형자산(특허권 등)은 금융자산이 아니다. 또한, 재화나 용역을 수취할 자산(선급금, 선급비용)은 금융자산이 아니다. 마찬가지로 선수금과 선수수익은 유동부채이다. 따라서 금융자산 총액은 단기대여금+당기손익−공정가치측정금융자산 = 130,000원이다.

15 타인발행수표+양도성예금증서+송금수표 = 280,000원이다. 만기일 전 약속어음은 받을어음이다. 단, 만기도래 약속어음은 통화대용증권으로 현금이다. 정기적금(만기6개월)은 단기금융상품으로 분류한다.

16 외상매출금+받을어음 = 320,000×1% = 3,200원−대손충당금 잔액 2,000 = 1,200원 설정액이다.

17 상품을 매출하고 대금을 신용카드로 결제 받으면 외상매출금 계정 차변에 기록한다.

18 상품 매입 시 매입에누리가 발생하면 상품의 취득원가는 감소한다.

19 상품 매입 대금의 일부를 지급하면 선급금 계정 차변에, 계정과목이 불확정 된 상태의 수입금액은 가수금 계정 대변에, 일반적인 상거래(상품거래) 이외의 거래(비품 등의 구입)에서 발생한 채무는 미지급금 계정 대변에 기록한다.

20 총매입액+당사 부담의 운반비−할인액(매출장려금으로 처리) = 1,050,000원

21 • 순매입액 = 인수란 합계−전월이월=340,000원이고, 매출원가 = 인수란 합계−차월이월 = 336,000원이다.
• 상품재고장의 인수란 합계액은 기초상품재고액과 당기순매입액의 합계이다.

22 종업원의 급여 지급 시 정확한 분개는 (차) 종업원급여 1,000,000 (대) 소득세예수금 50,000 현금 950,000이다. 따라서 종업원급여 계정과 소득세예수금 계정 5만 원이 누락되었으므로 추가로 분개하면 된다.

23

자 본 금

기말자본금	2,500,000	기초자본금	1,000,000
		추가출자액	800,000
		당기순이익	(700,000)
	2,500,000		2,500,000

• 따라서 수익총액−당기순이익= 비용총액 1,800,000원이다.

24

재 무 상 태 표

현 금	3,000,000	단기차입금	2,000,000
건 물	4,000,000	자 본 금	(5,000,000)
	7,000,000		7,000,000

25 건물에 대한 재산세와 상공회의소 회비는 세금과공과 계정으로 처리한다.

제8회 기출문제 정답

2018년 2회기출

1. ③	2. ②,③	3. ④	4. ②	5. ③
6. ②	7. ②	8. ④	9. ③	10. ③
11. ①	12. ①	13. ②	14. ③	15. ③
16. ③	17. ④	18. ③	19. ④	20. ②
21. ②	22. ③	23. ①	24. ②	25. ③

01
- 당기순이익 : 수익총액-비용총액 = 20,000, 20×1 기말부채 : 60,000-20,000 = 40,000
- 기초자본 : 90,000-60,000 = 30,000, 기말자본 : 기초자본+순이익 = 50,000
- 기말자산 : 기말부채+기말자본 = 90,000

02 개정 전에는 재무제표의 작성 책임이 경영자에게만 있었으나 주식회사 외부감사에 관한 법률(외감법)의 개정으로 회사의 대표이사와 회계담당 임원(회계담당 임원이 없을 경우에는 회계업무를 집행하는 직원)은 해당 회사의 재무제표를 작성할 책임이 있다.

03 차변과 대변에 각각 다른 금액으로 기입하면 대차합계가 불일치하므로 시산표 작성 시에 발견할 수 있는 오류이다.

04 임차보증금은 2년 간 계약이므로 비유동자산에 속하고 임차료 12개월분 지급액 중 당기 3개월분 240,000×3/12 = 60,000은 포괄손익계산서에 비용 처리가 되며, 선급분 9개월치 240,000×9/12 = 180,000원 선급비용으로 유동자산으로 처리한다.

05 시산표가 결산의 예비절차 중 가장 우선으로 그 다음은 결산정리분개-본 절차인 원장의 마감-후 절차인 결산보고서의 작성의 순서이다.

06 분개장에서 총계정원장으로의 전기가 정확하게 이루어졌는지 확인하기 위해 작성하는 계정 잔액집계표는 잔액시산표이다.

07 임차료 미지급분은 비용의 예상으로 (차) 임차료 60,000 (대) 미지급임차료 60,000이다.

08 한국채택국제회계기준(K-IFRS) 상의 재무제표는 재무상태표, 포괄손익계산서, 현금흐름표, 자본변동표, 주석을 포함한다. 이익잉여금처분계산서는 제외한다.

09 당기 매입액은 총매입액에서 매입환출 및 에누리, 매입할인 등을 차감하여 표시하며 당기 상품의 변동액은 그 양이 엄청나므로 재무제표인 포괄손익계산서에 표시할 수 없다.

10 (가) 건물 1,000,000 (대) 당좌예금 1,000,000으로 유형자산의 증가가 되고 (나) 투자부동산 2,000,000 (대) 현금 2,000,000으로 투자자산이 증가한다.

11 보기 1번 : (차) 현금 50,000 (대) 매출 50,000으로 현금 계정 차변에 기록된다.

12 금융자산이 유동인지 비유동인지의 구분은 취득일로부터 1년이 아니라 결산일로부터 1년 이내이다. 금융자산은 보고기간 말에 공정가치로 평가하고, 금융자산은 미래에 현금을 수취하거나 형성시킬 수 있는 계약상의 권리를 말하며, 보기4번은 금융부채를 말한다.

13 어음의 추심위임배서는 대금 회수를 의뢰한 형식적인 행위였을 뿐 어음상의 권리는 소멸하는 것이 아니므로 받을어음 계정에는 기록하지 않고, 수수료만 분개하며, 추심완료가 되면 받을어음 계정 대변에 기록한다.

14

상		품	
기초상품재고액	100,000	당기총매출액	500,000
당기총매입액	300,000	매입할인액	10,000
매출에누리액	20,000	기말상품재고액	(110,000)
매출총이익	200,000		
	620,000		620,000

15 종업원에게 급여에서 차감하기로 하고 빌려주는 금액은 (종업원)단기대여금 계정 차변에 기록한다.

16 총평균단가 : (150,000+140,000+100,000)÷(300개+200개+100개)=650원

17 종업원급여는 단기종업원급여, 퇴직급여, 기타장기종업원급여, 해고급여로 크게 네 가지로 분류하며 단기종업원급여에는 임금, 사회보장분담금(국민연금), 단기유급휴가, 이익분배금, 상여금, 비화폐성급여(의료, 주택, 무상 등으로 제공되는 재화나 용역 등)이 있다.

18 매출에누리는 상품재고장에 기록하지 않는다.

19 도착지인도기준에 의하여 매입할 경우의 매입운임은 판매자의 비용으로 인식하고 선적지인도기준의 매입운임은 매입원가에 포함한다.

20
- 기초재고액+당기매입액-기말재고액 = 매출원가(1,400,000원)
- 매출 : 매출원가×(1+20%) = 1,680,000원
- 매출총이익 : 매출액-매출원가 = 280,000원

21 주식회사의 자본금은 발행주식의 액면금액으로 표시한다.

22 이자비용은 금융원가이고, 나머지는 판매비와관리비이다.

23 거래처직원의 결혼축의금 지급액은 접대비, 본사 직원의 결혼축의금은 복리후생비이고, 불우이웃돕기 성금지급은 기부금으로 처리한다.

24 급여 지급 시 원천징수하는 국민연금, 건강보험료는 예수금 계정 대변에 기록한다.

25 기초상품재고원가+당기상품 순매입원가 = 판매가능상품원가이다.

제9회 기출문제 정답

2018년 3회기출

1. ③	2. ④	3. ④	4. ①	5. ②
6. ④	7. ③	8. ②	9. ④	10. ④
11. ②	12. ④	13. ①	14. ④	15. ②
16. ②	17. ④	18. ③	19. ④	20. ③
21. ②	22. ②	23. ②	24. ①	25. ④

01 보기의 결합 관계를 분석해 보면, 1번 : (차) 자산의 증가 (대) 자본의 증가, 2번 : (차) 자산의 증가 (대) 부채의 증가, 3번 : (차) 자산의 증가 (대) 자산의 감소, 4번 : (차) 자산의 증가, 비용의 발생 (대) 자산의 감소

02 박스 안의 거래의 결합 관계와 분개는 (차) 복리후생비(비용의 발생) 100,000 (대) 미지급금(부채의 증가) 100,000 이다.

03 시산표 계정과목의 배열은 자산-부채-자본-수익-비용의 순서이다.

04 박스 안의 내용은 시산표에 대한 설명이다.

05 수익항목과 비용항목은 직접 상계하지 않고 총액의 의하여 표시하는 것이 원칙이다.

06 미래에 경제적 효익을 창출하는 자원은 자산이다.

07 1번 : (차) 보통예금 500,000 (대) 현금 500,000, 2번 : (차) 받을어음 200,000 (대) 외상매출금 200,000, 3번 : (차) 현금 1,000,000 (대) 정기예금(단기금융상품) 1,000,000, 4번 : (차) 현금성자산 500,000 (대) 당좌예금 500,000으로, 3번 거래가 현금의 증가로 인해 현금및현금성자산에 변동에 영향을 준다.

08 전기이월액+총매입액-환출액-차기이월액 = 385,000원, 인수운임은 매입액에 가산되지만 외상매입금 계정과 관련이 없다.

09 기간 중에 현금의 실제잔액이 장부잔액보다 많으면 현금과부족 계정 대변에 기록한다.

10 상품을 매출하고 당점(대한상사)이 발행했던 약속어음을 받으면 지급어음 계정 차변에 기록한다. 단, 동점(상공상점)발행의 약속어음을 받으면 받을어음 계정 차변에 기록한다.

11 발행일자를 미래의 날짜로 발행하는 선일자수표는 어음 거래로 처리한다.

12 실물자산(재고자산, 유형자산)과 무형자산(특허권 등) 및 재화나 용역을 수취할 자산(선급금, 선급비용)은 금융자산이 아니다.

13
- 5/11 : (차) 당기손익-공정가치측정금융자산 240,000, 수수료비용 10,000
  (대) 당좌예금 250,000
- 9/20 : (차) 현 금 125,000
  (대) 당기손익-공정가치측정금융자산 120,000, 당기손익-공정가치측정금융자산처분이익 5,000
- 당기순손익에 미치는 영향 : 수수료비용-처분이익=-5,000(손실)

14 투자지분상품은 상장주식, 비상장주식, 주식인수옵션 등과 같이 피투자회사가 발행하는 주식을 말하며, 매출채권은 채권·채무상품이다.

15 수정 전 당기순이익+선급보험료(자산)+미수이자(자산)-선수임대료(부채) = 2,370,000

16 기중 회수불능 시 분개가 (차) 대손충당금 40,000, 대손상각비 10,000 (대) 매출채권 50,000이므로, 20×2년 결산 전 대손충당금 계정 잔액은 없다. 결산 시 대손예상액 : 2,000,000×1% = 20,000 분개는 (차) 대손상각비 20,000 (대) 대손충당금 20,000 이므로 결산 결과 포괄손익계산서에 표시될 대손상각비는 기중 회수불능 시 10,000원과 결산 시 대손예상액 20,000원을 합친 30,000원이다.

17 종업원급여 지급 시 차감하는 소득세는 예수금 계정 대변에 처리한다.

18 보기3번의 분개 : (차) 종업원급여 ××× (대) 미지급비용 ×××

19

구 분	선입선출법	후입선출법
매출원가	먼저 매입한 원가로 구성	최근 매입한 원가로 구성
기말재고액	최근 매입한 원가로 구성	먼저 매입한 원가로 구성

20 컴퓨터소프트웨어는 무형자산에 속한다.

21 당기손익-공정가치측정금융자산평가이익은 당기 영업외수익(기타수익)으로 분류한다. 단, 기타포괄손익-공정가치측정금융자산평가이익은 자본요소로 분류한다.

22 박스 안의 내용은 무형자산을 설명하는 것으로 임차보증금은 기타비유동자산에 속한다.

23
- 총수익-총비용 = 80,000(당기순이익)-당기 중 배당금 30,000 = 50,000(이익잉여금)
- 기초자산-기초부채 = 220,000(기초자본)+50,000(이익잉여금) = 270,000(기말자본)

24 악세사리 도소매업자의 입장에서는 악세사리가 상품이므로 악세사리 매출액이 영업수익이고 나머지는 영업외수익(기타수익)이다.

25 직원의 회계업무 교육 강사비 지출액은 교육훈련비 계정으로 처리한다.

제10회 기출문제 정답

2019년 1회기출

1. ②	2. ④	3. ①	4. ①	5. ②
6. ④	7. ④	8. ④	9. ④	10. ②
11. ④	12. ②	13. ③	14. ④	15. ②
16. ③	17. ①	18. ④	19. ③	20. ①
21. ①	22. ③	23. ③	24. ③	25. ③

해설

01 시간적 범위는 회계기간(회계연도), 장소적 범위는 회계단위이다.

02 출금전표는 현금 계정이 대변에 분개되는 것이므로 각 보기의 계정기입면을 보고 분개를 추정하면,
1번 : (차) 현금   50,000   (대) 미수금   50,000
2번 : (차) 현금   300,000   (대) 보통예금 300,000
3번 : (차) 현금   700,000   (대) 매출   700,000
4번 : (차) 이자비용 20,000   (대) 현금   20,000 이다.

03 • 당기순이익 : 총수익 − 총비용 = 200,000원
• 기초자본금 : 기초자산 − 기초부채 = 300,000원
• 기말자본금 : 기초자본금 + 당기순이익 = 500,000원
• 기말부채 : 기말자산 − 기말자본금 = 200,000원

04 회계상의 거래는 분개장에 기입한 후 총계정원장에 옮겨 적는다.

05 일정시점에 기업의 자산·부채·자본의 금액과 구성요소로 표시되는 재무제표는 재무상태표이다.

06 물가가 지속적으로 상승 시 기말재고액과 당기순이익의 크기는 당기순이익 > 이동평균법 > 총평균법 > 후입선출법이다.

07 (가) : (차) 현금 100,000 (대) 보통예금 100,000, (나) : (차) 현금성자산 500,000 (대) 현금 500,000으로 차변 계정과목은 현금및현금성자산에 속한다.

08 비금융자산 : 실물자산(재고자산, 유형자산)과 무형자산 및 재화나 용역을 수취할 자산(선급금, 선급비용)이다.

09 선수금이나 선수수익은 금융부채가 아니며 보기2번과 3번은 금융자산에 대한 설명이다.

10 (차) 받을어음 500,000 (대) 매출 500,000

11 통제계정과 보조원장을 작성하는 계정은 외상매출금(매출처원장), 외상매입금(매입처원장), 상품(상품재고장) 계정이다.

12 당좌예입하는 시점에 당좌차월 계정 잔액이 있는 경우에는 차변에 소멸시켜야 한다. 분개는 (차) 단기차입금 200,000 (대) 현금 200,000 이다.

13 가지급금과 가수금, 현금과부족, 미결산 계정 등과 같은 임시적 가계정들은 명확한 과목으로 대체해야 하고 불확실한 상태로 재무상태표에 표시해서는 안된다.

14 상품의 매입과정에서 발생한 보험료는 취득제비용으로 상품의 원가에 포함해야 하는데, 이를 판매비와관리비로 처리한 경우에는 매입액과 매출원가가 과소계상되고 매출총이익과 판매비와관리비가 과대계상된다. 기타비용은 관련이 없다.

15 (차) 매입 1,100,000 (대) 외상매입금 1,000,000, 현금 100,000

16 차량운반구의 개조비용이 유형자산의 인식기준을 충족하는 것은 자본적지출로 차량운반구의 증가로 처리해야한다.

17 종업원에게 이익분배금은 주주총회에서 주주들에게 지급하기로 하는 배당금과 같은 방식으로 대변에 미지급급여로 분개한다. 10,000,000 × 2.5% = 250,000원 (차) 종업원급여 250,000 (대) 미지급급여 250,000

18 수익은 자본의 증가원인이다. 보기 1번 : 이자수익, 2번 : 임대료, 3번 : 수수료수익이고, 4번 : (차) 현금 800,000 (대) 받을어음 800,000으로 4번은 자산의 총액에 증감변화도 없고 자본에도 영향이 없다.

19 소득세예수금, 건강보험료예수금, 국민연금예수금으로 개별처리해도 되지만 전부 통합하여 예수금 100,000원으로 분개해도 된다. 주로 회계실무에서 전표 입력 시 통합하여 처리한다.

20 외상매출금이 회수불능 시 대손충당금 계정 잔액이 있는 경우에는 차변에 소멸(충당)시켜야 하고, 만약 부족액이 있으면 대손상각비 계정으로 처리한다.

21 기능별 분류는 매출액에서 매출원가를 차감하여 매출총이익을 표시하고 그 밑으로 물류비, 일반관리비, 마케팅비용으로 표시하지만, 성격별 분류는 수익과 기타수익으로 표시하고 매출원가는 표시하지 않는다.

22 창고 건물의 사용료를 지급하면 임차료 계정으로 처리한다.

23 매출총이익 −세금과공과−급여−임차료 = 100,000원(영업이익)+당기손익공정가치측정금융자산처분이익+이자수익+잡이익−기부금 = 119,000원

24 사무용 컴퓨터를 20×1년에 구입한 후 2년이 경과한 20×3년 초에 처분했으므로 2년 간 감가상각누계액을 계산한다. (500,000 − 50,000) × 2/5 = 180,000원 (차) 미수금 350,000 감가상각누계액 180,000 (대) 비품 500,000, 유형자산처분이익 30,000

25 재무제표에는 포괄손익계산서, 재무상태표, 현금흐름표, 자본변동표, 주석이다. 시산표는 결산의 예비절차로서 분개가 총계정원장에의 전기가 정확한지를 검증해보기 위해 작성하는 계정집계표이다.

제11회 기출문제 정답

2019년 2회기출

1. ②	2. ①	3. ③	4. ④	5. ②
6. ①	7. ①	8. ④	9. ④	10. ①
11. ②	12. ①	13. ②	14. ④	15. ④
16. ②	17. ④	18. ④	19. ①	20. ②
21. ③	22. ②	23. ③	24. ②	25. ④

01 120,000 ÷ 12월 = 10,000(매 월 임대료) × 8개월 = 80,000원(다음연도 1월 ~ 8월의 미경과분)

02 수정 전 잔액시산표 차변에 소모품 계정으로 나타나면 소모품 구입 시 자산처리법이다. 따라서 결산 시 정리분개는 소모품 사용액(240,000 − 100,000 = 140,000원)을 (차) 소모품비 140,000 (대) 소모품 140,000으로 분개한다.

03 (차) 이자비용 50,000 (대) 미지급비용 50,000의 결산정리분개를 누락한 것은 비용과 부채를 과소계상한 것이다.

04 보기 1번 : (차) 현금 100,000 (대) 단기차입금 100,000, 2번 : (차) 현금 500,000 (대) 외상매출금 500,000, 3번 : (차) 당좌예금 300,000 (대) 매출 300,000, 4번 : (차) 단기금융상품 1,000,000 (대) 당좌예금 1,000,000으로 보기1번, 2번, 3번은 현금및현금성자산이 증가되는 거래이고, 4번은 감소하는 거래이다.

05 (가)는 결산의 본절차이다. [보기]의 (ㄱ)은 본절차, (ㄴ)은 결산보고서 작성 절차, (ㄷ)은 본절차, (ㄹ)은 예비절차이다.

06 당좌자산 − 재고자산 − 유형자산 − 무형자산의 유동성 순서에 따라 표시한다.

07 수재의연금은 기부금 계정으로 영업외비용에 속한다.

08 12/21 : (차) 통신비 20,000 (대) 현금과부족 20,000, 12/31 : (차) 잡손실 5,000 (대) 현금과부족 5,000

09 보기 1번 : (차) 현금 (대) 배당금수익, 2번 : (차) 매입 (대) 지급어음, 3번 : (차) 비품 (대) 현금, 4번 : (차) 외상매입금 (대) 당좌예금

10 금융자산은 현금및현금성자산, 수취채권, 지분상품 및 채무상품이다. 미지급금, 단기차입금, 외상매입금은 금융부채이다.

11 현금 150,000 + 당기손익~공정가치측정금융자산 40,000 + 외상매출금 220,000 = 410,000원

12 아주 난이도가 높은 2급 및 1급 출제범위에 속하는 문제이다.

※ [해설] 보유 중인 기타포괄손익−공정가치측정금융자산이 채무상품(사채)인 경우에는 누적된 평가손익의 재순환(recycling)이 허용되어 처분손익에 반영되지만 지분상품(주식)인 경우에는 처분시점에서 공정가치(=처분가격)를 재측정하여 기타포괄손익으로 처리하므로 당기손익에 영향을 주지 않는다. 즉 재순환(recycling)이 금지되어 처분손실은 없다.

• 취득 시 : (차) 기타포괄손익−공정가치금융자산 510,000 (대) 현금 510,000

• 처분 시 : (차) 기타포괄손익−공정가치금융자산 190,000 (대) 기타포괄손익−공정가치금융자산평가이익 190,000 (차) 당좌예금 685,000 기타포괄손익−공정가치금융자산처분손실 15,000 (대) 기타포괄손익−공정가치금융자산 700,000

• 따라서 처분 시 수수료로 인하여 처분손실이 ₩15,000 발생하지만 문제에서 요구하는 기타수익(영업외수익)은 ₩0이다.

【참고】 기타포괄손익−공정가치측정금융자산의 제거(처분) 시 발생하는 수수료 등의 직접 관련 비용은 다음과 같이 회계 처리한다. (근거 : K−IFRS 제1109호 '금융상품' 기준서 문단 B5.2.2)

(1) 채무상품(공·사채 등)인 경우 : 보유 자산(당기손익−공정가치측정금융자산, 유형자산 등)의 제거(처분) 시와 동일하게 처분손실에 가감한다.

(2) 지분상품(주식)인 경우 : 처분시점에 공정가치 변동분을 기타포괄손익으로 처리하므로 처분손익이 발생하지 않으며, 그렇다고 처분 시 수수료 등을 평가손익에 가감할 수도 없다. 따라서 당기손실인 기타포괄손익−공정가치측정금융자산처분손실로 처리한다.

13 보유하고 있는 약속어음을 추심 의뢰하는 경우에는 대금 회수를 위한 형식적인 행위이므로 어음상의 권리는 소멸하지 않으므로 수수료지급만 분개하고, 추심이 완료되면 받을어음(매출채권) 계정 대변에 기록한다.

14 외상매출금의 회수불능 시 대손되는 금액보다 대손충당금 계정 잔액이 없거나 부족하면 그 부족액만큼 차변에 대손상각비 계정으로 처리한다.

15 환어음을 인수 얻어 발행 교부하는 경우에는 어음상의 채권, 채무가 발생하지 않고 외상매출금 계정 대변에 기록한다.

16 선급금은 미래에 재화나 용역을 제공받을 수 있는 권리이므로 금융자산이 아니다.

17 종업원의 급여 지급 시 원천징수하는 소득세 등의 회사 보관금액은 예수금 계정 대변에 기록한다.

18 기말상품 재고액이 현재 시가와 가장 가깝게 반영되는 방법은 선입선출법이고, 매출원가가 현재 시가와 가장 가깝게 반영되는 방법은 후입선출법이다.

19 상품의 매입단가가 계속하여 상승하고 있는 경우의 기말상품재고액과 당기순이익의 크기는 선입선출법>이동평균법>총평균법>후입선출법이다. 당기의 기말상품재고액이 과대계상되므로 차기의 기초상품재고액도 과대계상되며 당기의 매출원가는 과소계상된다.

20 판매목적으로 보유하는 자산은 재고자산이다.

21 건물의 처분금액 ₩700,000 − 장부금액 ₩600,000 = 100,000원(처분이익)

22 박스 안의 내용은 자본조정 계정에 대한 설명이므로 자기주식, 주식할인발행차금 등이 속한다. 감자차익과 자기주식처분이익은 자본잉여금이고 이익준비금은 이익잉여금이다.

23 선급금과 선급비용은 미래에 재화나 용역을 제공받을 수 있는 권리이므로 금융자산이 아니다. 상각후원가측정금융자산이란 만기까지 적극적으로 보유할 목적으로 취득하는 채무상품(공,사채 등)을 말한다.

24 외상매출금 계정 차변에 기록되는 거래는 상품을 외상매출하는 거래이거나 상품을 매출하고 신용카드로 결제받는 거래이다.

25 (차) 도서인쇄비 1,000 (대) 미지급비용 1,000의 거래를 누락하면 비용과 부채가 과소계상되므로 당기순이익이 과대계상된다.

제12회 기출문제 정답

2019년 3회기출

1. ①	2. ②	3. ①	4. ①	5. ③
6. ④	7. ④	8. ③	9. ①	10. ①
11. ④	12. ①	13. ④	14. ③	15. ④
16. ②	17. ①	18. ①	19. ④	20. ①
21. ③	22. ②	23. ②	24. ①	25. ④

01 총비용 + 당기순이익 = 총수익이다.

02 수정전 시산표, 정산표의 작성과 결산수정사항의 정리가 예비절차이다. 분개장과 총계정원장의 마감은 본절차이며, 재무상태표 작성은 보고서 작성절차이다.

03 시산표에서 발견할 수 있는 오류는 차변, 대변 중 어느 한쪽에만 전기의 누락, 또는 오류가 있을 때이고, 보기 1번과 같이 거래 전체를 누락하면 시산표에서 발견할 수 없다.

04 광고선전비를 현금으로 지급하는 거래는 기간 중에 발생한다.

05 기능별과 성격별 손익계산서의 차이점은 매출원가와 매출총이익, 관리비의 표시이다. 매출액(수익)은 공통적으로 표시되는 항목이다.

06 자산, 부채, 자본에 대한 정보를 제공하는 보고서는 재무상태표이다.

07 금융부채는 사채, 매입채무와 기타채무(단기차입금 등)이고 선수금과 선수수익, 충당부채 등은 비금융부채이다. 가지급금은 자산 성질을 가지는 임시과목으로 금융자산은 아니다.

08 매출총이익+당기손익공정가치측정금융자산처분이익+이자수익+잡이익−세금과공과−급여−임차료−기부금=119,000원

09 선급금과 선급비용은 현금 등 계약상의 받을 권리가 아닌 재화나 용역을 제공받을 자산이므로 비금융자산이다.

10 동점발행의 약속어음을 받으면 받을어음 계정 차변에 기록한다.

11 (차) 매입 1,000,000 (대) 지급어음 600,000, 받을어음 400,000

12 선입선출법은 먼저 매입한 상품을 먼저 매출하는 방법이므로 기말 현재의 시점에서 가장 가까운 금액으로 기말재고자산이 평가된다.

13 분개를 하면 (차) 현금 20,000, 미수금 100,000 (대) 토지 100,000, 유형자산처분이익 20,000으로 100,000원은 자산의 증감으로 자산총액이 변함이 없지만, 20,000원 만큼은 자산이 증가되고 수익이 발생되었다. 유형자산처분이익의 수익발생은 기업의 자본의 증가원인이므로 재무상태에 영향을 미친다.

14 사원의 출장 여비를 지급하면 가지급금 계정 차변에 기록하였다가 출장간 사원이 귀사하여 여비를 정산하면 가지급금 계정 대변에 소멸하므로 박스 안의 거래에서 공통적으로 사용되는 계정과목은 가지급금이다.

15 차량 구입 시 가입한 자동차보험료는 당기의 비용으로 처리한다.

16 종업원급여 지급시 차감한 소득세는 예수금 계정 대변에 기록한다.

17 매출원가는 매출액(수익)에 직접 대응하는 비용항목이다.

18

매 출 채 권			
기 초 잔 액	150,000	매 출 환 입 액	50,000
총 매 출 액	270,000	당기중대손액	50,000
		기 말 잔 액	200,000
		당 기 회 수 액	(120,000)
	420,000		420,000

19 재무회계는 외부정보이용자인 투자자, 채권자 등의 합리적인 의사결정을 중요시하고, 관리회계는 내부정보이용자인 경영자의 의사결정을 중요시한다.

20 100,000 × 2% = 2,000 − 1,500 = 500원(설정액)

21 기계부품의 성능개선비는 자본적지출이다.

22 자산처리법은 7월 15일 구입 시 (차) 소모품 70,000 (대) 현금 70,000이고, 12월 31일 결산 시에는 사용액을 (차) 소모품비 58,000 (대) 소모품 58,000으로 분개한다.

23 주식의 할증발행은 액면금액보다 발행금액이 크며, 그 차액은 주식발행초과금(자본잉여금)으로 처리하므로 자본총액이 증가한다.

24 외상매출금의 회수약정일 이전에 조기 회수하는 것을 매출할인이라 하며 매출 계정 차변에 기록한다.

25 수입인지는 세금과공과로 처리하는 것이 원칙이다. 실무에서는 잡비 또는 소모품비로 처리하기도 한다.

제13회 기출문제 정답

2020년 1회기출

1. ④	2. ③	3. ③	4. ③	5. ①
6. ②	7. ④	8. ②	9. ③	10. ③
11. ④	12. ②	13. ③	14. ④	15. ①
16. ③	17. ①	18. ④	19. ②	20. ①
21. ④	22. ③	23. ①	24. ②	25. ③

해설

01 회계의 궁극적인 목적은 기업의 모든 회계정보이용자(이해관계자)들이 합리적인 의사결정을 할 수 있도록 유용한 회계정보를 제공하는 것이다.

02 입금전표의 외상매출금에 대한 분개를 추정하면 (차) 현금 20,000 (대) 외상매출금 20,000으로 외상매출금 ₩20,000을 현금으로 회수하였다는 의미이다.

03 4월 1일에 보험료를 지급 시 자산으로 처리했으므로 결산일에는 경과분을 분개한다. 240,000×9/12 = 180,000(20×1. 4. 1 ~ 12. 31 경과분) 만약 보험료 지급 시 비용처리를 했다면 결산일에 미경과분 240,000×3/12 = 60,000(20×2. 1. 1 ~ 3. 31 미경과분)을 (차) 선급보험료 60,000 (대) 보험료 60,000 으로 분개한다.

04 기간 중에 현금의 장부액과 실제금액의 차이를 발견했을 때는 현금과부족 계정을 설정하여 그 원인을 찾아내고 결산 시에 원인불명이면 잡손익으로 대체한다. 그러나 결산 당일에 차이를 발견했을 때는 현금과부족 계정을 설정하지 않고 현금 계정에서 잡손익으로 즉시 처리한다. 문제에서는 실제금액이 부족하므로 잡손실로 처리해야 한다.

05 회계의 순환과정은 분개 - 분개장 - 총계정원장 - 시산표 작성 - 결산정리분개와 기입 - 장부 마감 - 재무제표 작성의 순서이다.

06 선급금, 선급비용, 미수수익은 기타유동자산으로 분류하고 임차보증금은 기타비유동자산으로 분류한다.

07 (가)는 무형자산을 말하므로 산업재산권, 영업권, 개발비 등이다.

08 이익잉여금, 유동자산, 자본조정항목은 재무상태표 구성항목이고, 당기순손익은 재무상태표와 포괄손익계산서 공통항목이다.

09 분개는 (차) 매입 500,000 (대) 외상매입금 500,000이다.

10 실물자산(재고자산, 유형자산, 무형자산 등)과 선급금, 선급비용은 비금융자산이고, 미지급금과 미지급비용은 금융부채이다.

11 보기1번 : 환어음을 인수하면 어음상의 채무(지급어음 계정)가 발생한다. 2번 : 약속어음을 받으면 받을어음이 증가한다. 3번 : 약속어음을 발행해주면 어음상의 채무(지급어음 계정)가 발생한다. 4번 : 환어음을 발행하면 어음상의 채권, 채무는 발생하지 않고 외상매출금의 감소가 발생한다.

12 매출처로부터 상품의 주문을 받고 계약금을 받으면 선수금 계정 대변에 기록한다.

13
- 9/15 : (차) 비품 1,000,000 (대) 당 좌 예 금 500,000
  　　　　　　　　　　　　　　　단기차입금 500,000
- 9/20 : (차) 단기차입금 300,000 (대) 매출 300,000
- 9/30 : (차) 매입 200,000 (대) 단기차입금 200,000
- 따라서 500,000−300,000+200,000 = 400,000

14 상품의 매입 시 운송비, 하역비, 구입원가는 상품의 매입액을 구성하는 요소이지만 상품의 불량으로 애누리 받은 매입에누리 환출액, 매입할인액 등과 매입액에서 차감하는 요소들이다.

15 비품을 처분하면 취득원가로 비품 계정 대변에 기록하고 감가상각누계액을 차변에 소멸시키며 대금은 월말에 받기로 한 경우 미수금 계정 차변에 기록한다.

16 기말 재무상태표 상의 이익잉여금은 주주총회 승인 전의 금액으로 표시한다.

17 자기앞수표로 지급하면 현금 계정 대변에 기록한다.

18 매출원가는 매출액에 대한 직접대응의 대표적인 항목이다.

19 결산정리는 임대료 미경과분 120,000×5/12 = 50,000을 (차) 임대료 50,000 (대) 선수임대료 50,000으로 분개하고 당기분 임대료 120,000×7/12 = 70,000은 (차) 임대료 70,000 (대) 손익 70,000으로 분개한다. 따라서 (가)는 손익 70,000이고, (나)는 선수임대료 50,000이다.

20 당좌예금 잔액을 초과하여 수표를 발행한 ₩1,000은 당좌차월(단기차입금)으로 처리한다.

21 순매출액 = 총매출액 − 매출환입품 및 매출에누리와 매출할인

22 기계장치의 성능 유지를 위해 윤활유를 교체한 비용은 수익적지출로 회계처리한다. 나머지 보기들은 자본적지출이다.

23 540,000 − 이자수익 미경과분(선수수익:부채) + 수수료 미회수액(미수수익:자산) − 급여미지급액(부채) + 소모품 미사용액(자산) = 507,000

24 약속어음을 발행하면 지급어음 계정 대변에 기록한다.

25 분개를 추정하면 (차) 감가상각누계액 (180,000), 처분대금 150,000 (대) 비품 300,000, 유형자산처분이익 30,000이다.

제14회 기출문제 정답

2020년 2회기출

1. ②	2. ③	3. ①	4. ③	5. ①
6. ④	7. ④	8. ②	9. ④	10. ①
11. ②	12. ③	13. ①	14. ④	15. ①
16. ④	17. ①	18. ③	19. ②	20. ①
21. ②	22. ②	23. ②	24. ①	25. ④

01 1번은 출금전표를 작성하고, 보기2번 : (차) 현금 50,000 (대) 보통예금 50,000은 입금전표를 작성하고, 보기3번, 4번은 대체전표를 작성한다.

02 120,000×9/12 = 90,000원(20X2년 1월부터 9월까지의 미경과분)

03 선수임대료는 수익의 이연, 선급보험료는 비용의 이연이다. 미수이자는 수익의 예상, 미지급임차료는 비용의 예상이다.

04 손익계산서의 2가지 기본요소는 비용과 수익이다. 재무상태표는 일정시점의 재무상태를 나타내는 보고서이고, 주석은 재무제표에 포함된다.

05 사채, 장기차입금, 퇴직급여충당부채 등은 비유동부채이고, 나머지 보기는 유동부채에 속한다.

06 주식할인발행차금 등의 자본조정은 재무상태표의 구성항목이다.

07 현금및현금성자산 : 당좌예금+보통예금=180,000원, 당좌차월 10,000원은 당좌예금과 상계하면 안되고 단기차입금으로 구분표시해야 하고, 만기가 20X3년 말의 정기예금은 장기금융상품으로 비유동자산이다.

08 당기손익-공정가치측정금융자산의 취득 시의 수수료는 당기의 비용으로 처리한다. 따라서 취득원가는 1,000주×6,000 = 6,000,000원이다. 단, 기타포괄손익-공정가치측정금융자산이나 상각후원가측정금융자산의 취득 시 수수료는 취득원가에 포함한다.

09 • 갑상점 : 30,000+240,000-20,000 = 250,000원
• 을상점 : 20,000+500,000-400,000 = 120,000원
따라서 250,000+120,000 = 370,000원

10 200,000-100,000-1,000=99,000원, 현금매입액은 계산에 포함해서는 안된다.

11 출장여비 지급액은 가지급금 계정, 상품 매입 계약금의 지급은 선급금 계정이다.

12 • 기말재고수량 : 100+100-100+100-100 = 100개
• 가장 늦게 매입한 7/20 매입 단가 120원을 적용한다. 기말재고액 : 100개×120 = 12,000원
• 매출원가 : (7/15 100개×100)+(7/25 100개×120) = 22,000원

13 상품의 매입단가가 상승하는 경우 기말재고액과 당기순이익의 크기는 선입선출법>이동평균법>총평균법>후입선출법이다. 매출원가의 크기는 반대로 생각하면 된다.

14 구입가격+인수운임+사용 전 시운전비 = 550,000원

15 결산 시 손익 계정으로 대체되는 항목은 수익과 비용 계정이다. 개발비는 무형자산이므로 차기이월 항목이다.

16 종업원급여 지급 시 원천징수하는 소득세 등은 예수금 계정 대변에 처리했다가 납부하면 차변에 소멸시킨다.

17 당기순이익의 발생 시의 손익 계정 기입면이다. 대체분개는 (차) 손익 100,000 (대) 자본금 100,000으로 기말자본금이 ₩100,000 증가한다.

18 협력업체 행사에 기부(제공)할 모자구입대금은 접대비로 처리하고, 당사 직원들을 위한 체력단련비용의 지급은 복리후생비로 처리한다. 보통예금 계좌의 체크카드로 결제하면 보통예금이 감소된다. 만약 법인 신용카드로 결제했다면 미지급금으로 처리한다.

19 매출원가 : 30,000+55,000-35,000=50,000원, 상품매출이익 : 75,000-50,000=25,000원

20 수익인식의 5단계 : 고객과의 계약을 식별-수행의무의 식별-거래가격의 산정-수행의무의 배분-수행의무를 이행할 때 수익을 인식한다.

21 800,000-150,000-90,000 = 560,000원

22 박스 안의 내용은 무형자산에 대한 설명이다. 임차보증금은 기타비유동자산에 속한다.

23 비용의 발생은 차변요소이다.

24 20X1년 말의 공정가치(시가) ₩450,000이 장부금액이므로 480,000-450,000 = 30,000(처분이익)

25 제품과 재공품의 변동은 성격별 포괄손익계산서에만 표시되는 항목이다. 또한 매출원가는 기능별 포괄손익계산서에만 표시되는 항목이고 수익(매출액)과 법인세비용은 둘다 표시되는 항목이다.

제15회 기출문제 정답

2020년 3회기출

1. ④	2. ②	3. ①	4. ④	5. ①
6. ③	7. ③	8. ④	9. ①	10. ③
11. ③	12. ①	13. ①	14. ③	15. ①
16. ④	17. ④	18. ③	19. ④	20. ③
21. ③	22. ③	23. ③	24. ③	25. ③

해설

01 주어진 계정 잔액이 대변에 생기므로 부채, 자본, 수익 계정을 찾는다.

02 시산표를 작성한다고 해서 모든 오류를 찾아 낼 수는 없다 예를 들어 분개 시 금액을 이중 기록하거나 아예 분개를 누락하거나 또는 분개 시 차변과목이 현금인데 당좌예금으로 처리하면 시산표에서 발견할 수 없는 오류이다. 보기3번은 차변과 대변에 각각 ₩120,000으로 잘못 기록했지만 대차가 일치되므로 발견할 수 없다.

03 100,000 + 보험료 선급액(자산) + 이자 미수액(자산) − 임대료 선수액(부채) = 98,000

04 10/2 소모품 매입 시 자산처리법으로 인식했고, 당기 중 소모품 사용액은 ₩60,000, 소모품 재고액은 ₩40,000이다.

05 당기에 발생한 이자를 지급하지 못한 거래는 (차) 이자비용 (대) 미지급비용(미지급이자)로 분개한다.

06 (가)는 결산보고서 작성 절차이므로 재무상태작성이 맞다.

07 (가)는 차변과목으로 상품 외상대금지급은 외상매입금이다.

08 특정 회계기간 동안의 경영성과를 보고하는 보고서는 포괄손익계산서이다.

09 선급금은 재화나 용역을 제공받는 것이므로 비금융자산이다.

10 9월 외상매출금 기초잔액은 9/1 전기이월이므로 ₩110,000이다. 기말잔액은 9/30 차기이월이므로 ₩260,000이다. 9월에 외상매출한 상품은 9/10과 9/12 매출이므로 ₩260,000이다. 9월에 회수한 외상매출금은 9/3과 9/17 현금이므로 ₩110,000이다.

11 (차) 매입 30,000 (대) 외상매입금 30,000

12 신용카드를 사용하면 외상매입금 또는 미지급금이 발생하므로 부채로 회계처리된다. 직불카드와 체크카드를 사용하면 은행예금이 감소되고 자기앞수표는 현금의 감소이다.

13 회수불능되는 외상매출금보다 대손충당금 잔액이 많으면 차변에 대손충당금을 기록하여 충당한다.

14 미지급금 + 외상매입금 = 160,000, 선수금은 재화나 용역을 제공하는 것으로 비금융부채이다.

15 상품이 아닌 업무용 비품을 매각하고 대금을 외상하면 미수금 계정 차변에 기록한다.

16 원천징수한 소득세는 예수금 계정 대변에 기록했다가 납부 시 차변에 기록한다.

17 대한호텔은 서비스업이므로 객실료 수입이 주된 수익이다. 외상매입금을 면제받으면 채무조정(면제)이익이고, 부동산임대업에서 임대료가 주된 수익이다. 상품판매 계약금을 받으면 선수금 계정으로 부채에 속한다.

18 매출한 상품의 매출에누리는 상품매출이익의 감소이므로 상품재고장에 기록하지 않는다.

19 (1,000,000 − 0) ÷ 5년 = 200,000원 × 4년 = 800,000

20 구입대금 + 운반비 + 설치비 = 330,000원, 구입 이후 수선비는 취득원가에 포함하지 않고 비용으로 처리한다.

21 (A)는 분개장, 총계정원장, 매출장, 매출처원장, 상품재고장에 기록되고, (B)는 분개장, 총계정원장, 매입처원장, 당좌예금출납장에 기록되므로 공통 장부는 분개장과 총계정원장이다.

22 신입사원의 채용은 회계상의 거래가 아니다.

23
- 기초자본금 : 현금+외상매출금+상품−외상매입금−단기차입금 = 500,000
- 당기순이익 : 매출총이익+임대료+수수료수익−급여−통신비−보험료 = 10,000
- 기말자본금 : 500,000 + 10,000 = 510,000

24 보유 중인 약속어음을 배서양도하면 받을어음 계정 대변에 기록한다.

25 현금의 실제 금액이 장부 금액보다 많은 경우에는 현금과부족 계정 대변에 기록해 두었다가, 그 원인을 찾아내면 해당 계정에 대체하고 차변에 기입하여 소멸되지만 결산일까지 그 원인을 찾아내지 못하면 (차) 현금과부족 (대) 잡이익으로 정리한다.

국가기술자격검정
상시 전산회계운용사 3급필기 모의고사
대한상공회의소 시행

최종 점검

| 3급 | A형 | 시험일(소요시간) ○월 ○일(총40분) | 문항수 총25개 |

수험번호 :
성　　명 :

※ 다음 문제를 읽고 알맞은 것을 골라 답안카드의 답란(①, ②, ③, ④)에 표기하시오.

< 제1과목 : 회계원리 >

01. 다음 중 회계의 궁극적인 목적으로 가장 적합한 것은?
① 기업의 모든 이해관계자에게 의사결정을 위한 유용한 회계정보를 제공한다.
② 기업이 자금조달을 원활히 할 수 있도록 채권자에게 경영상황을 보고한다.
③ 기업 내에서 일어나는 모든 거래 사실을 기록, 분류, 요약한다.
④ 기업의 소유주인 주주를 위해 기업의 경제적 사실을 화폐로 측정하여 보고한다.

02. 다음 중 결산 예비 절차에서 작성되는 내용으로 옳지 않은 것은?
① 이월시산표　② 재고조사표
③ 수정전 시산표　④ 수정후 시산표

03. 다음은 결산 전 총계정원장의 잔액이다. 이를 토대로 작성한 잔액시산표 차변 합계 금액은 얼마인가?

가. 현금	₩100,000	나. 외상매출금	₩50,000
다. 이월상품	₩30,000	라. 외상매입금	₩50,000
마. 자본금	₩100,000	바. 매출	₩150,000
사. 매입	₩50,000	아. 급여	₩70,000

① ₩150,000　② ₩180,000
③ ₩250,000　④ ₩300,000

04. 미지급비용에 관한 거래를 결산 정리분개에서 누락한 경우 재무제표에 미치는 영향으로 옳은 것은?
① 부채가 과대 계상된다.　② 비용이 과소 계상된다.
③ 수익이 과소 계상된다.　④ 자산이 과대 계상된다.

05. 다음 중 재무상태표에 대한 설명으로 옳지 않은 것은?
① 부채는 유동부채와 비유동부채로 분류한다.
② 자산에서 유동자산은 당좌자산과 투자자산을 포함하고, 비유동자산은 재고자산, 유형자산, 무형자산, 기타비유동자산을 포함한다.
③ 기업이 일정 시점 현재에 보유하고 있는 경제적 자원인 자산, 경제적 의무인 부채 그리고 자본에 대한 정보를 제공하는 재무보고서이다.
④ 자본은 자본금, 자본잉여금, 자본조정, 기타포괄손익누계액 및 이익잉여금(또는 결손금)으로 분류할 수 있다.

06. 다음 중 유동자산에 해당하지 않는 것은?
① 재고자산　② 매출채권
③ 영업권　④ 현금및현금성자산

07. (주)대한의 다음 거래에 대한 기말수정분개로 옳지 않은 것은? (단, 모든 거래는 월할 계산한다)

- 12월 1일에 대여금의 향후 3개월분 이자수익 ₩9,000을 현금으로 수령하고 전액 선수수익으로 계상하였다.
- 소모품 ₩5,000을 현금 구입하고 소모품으로 계상하였다. 기말 실사 결과 소모품 재고는 ₩2,000이었다.
- 12월 1일에 향후 3개월분 이자비용 ₩3,000을 현금으로 지급하고 이를 전액 이자비용으로 계상하였다.
- 12월 1일에 비품 ₩6,000을 구입하였다. 비품의 내용연수는 5년, 잔존가치는 없으며, 정액법으로 상각한다.

	차변	대변
①	㉠ 이자수익 3,000	선수수익 3,000
②	㉡ 소모품비 3,000	소모품 3,000
③	㉢ 선급비용 2,000	이자비용 ₩2,000
④	㉣ 감가상각비 100	감가상각누계액 100

08. 다음 중 현금및현금성자산이 아닌 것은?
① 취득 당시의 만기가 1년 이내에 도래하는 정기적금
② 취득 당시의 만기가 3개월 이내에 도래하는 채권
③ 취득 당시 3개월 이내에 만기가 도래하는 금융기관 취급 단기금융상품
④ 환매채(취득 당시 3개월 이내의 환매조건)

09. 정액자금선급법을 채택하고 있는 상공상사는 일상적인 사무실 경비를 사용하기 위해 ₩100,000의 수표를 발행하여 선급하였을 경우의 회계과 분개로 옳은 것은?

① (차) 소 액 현 금　100,000　(대) 당 좌 예 금　100,000
② (차) 당 좌 예 금　100,000　(대) 소 액 현 금　100,000
③ (차) 제　경　비　100,000　(대) 소 액 현 금　100,000
④ (차) 제　경　비　100,000　(대) 당 좌 예 금　100,000

10. (주)상공은 단기 시세 차익을 목적으로 시장성이 있는 (주)대한이 발행한 주식을 ₩2,000,000(100주, 1주당 ₩20,000)에 구입하였던 바, 결산 시 주식의 공정가치가 ₩2,500,000(100주, 1주당 ₩25,000)이 되었다. 이에 대한 결산 시 분개로 옳은 것은?

① (차) 당기손익-공정가치측정금융자산 500,000   (대) 당기손익-공정가치측정금융자산평가이익 500,000
② (차) 당기손익-공정가치측정금융자산 500,000   (대) 당기손익-공정가치측정금융자산처분이익 500,000
③ (차) 기타포괄손익-공정가치측정금융자산 500,000   (대) 기타포괄손익-공정가치측정금융자산평가이익 500,000
④ (차) 기타포괄손익-공정가치측정금융자산 500,000   (대) 기타포괄손익-공정가치측정금융자산처분이익 500,000

11. 다음 자료에서 금융자산의 합계액을 계산하면 얼마인가?

• 선급금	₩3,000	• 매출채권	₩20,000
• 선급비용	₩1,000	• 현금및현금성자산	₩10,000
• 당기손익-공정가치측정금융자산			₩4,000

① ₩14,000   ② ₩23,000
③ ₩34,000   ④ ₩38,000

12. (주)상공기업은 단기 시세 차익을 목적으로 1주 액면 ₩5,000의 주식 1,000주를 ₩6,000에 취득하고 수수료 ₩30,000과 함께 현금으로 지급하였다. 주식의 취득원가는 얼마인가?

① ₩5,000,000   ② ₩6,000,000
③ ₩5,030,000   ④ ₩6,030,000

13. 다음 자료 중 수익 인식 5단계에 의한 수익 인식 시기로 옳은 것은?

가. 3월 : 상품 ₩100,000 주문전화 승낙
나. 4월 : 상품 ₩100,000 거래처에 발송
다. 5월 : 상품 대금 ₩100,000 은행에 입금
라. 6월 : 위 거래를 결산함.

① 3월   ② 4월
③ 5월   ④ 6월

14. 다음 거래 내용을 회계 처리 시 옳은 것은?

서울상사에서 상품을 매입하고 대금 ₩3,000,000 중 ₩1,000,000은 당좌수표를 발행 지급하고 잔액은 외상으로 하다. 그리고 동점 부담 인수 운임 ₩10,000을 당점이 현금으로 대신 지급하다.

① 외상매입 대금은 ₩2,010,000이다.
② 인수운임은 운반비 계정으로 처리한다.
③ 상품의 매입원가는 ₩3,000,000이다.
④ 보통예금 계정이 ₩1,000,000이 감소한다.

15. 종업원 급여 ₩1,000,000 중 근로소득세 ₩30,000을 공제하고 잔액을 현금으로 지급하는 거래를 분개할 시 대변에 기입되는 계정과목으로 옳은 것은?

① 복리후생비   ② 세금과공과
③ 종업원급여   ④ 소득세예수금

16. 상공상사에 상품 ₩100,000을 매출하고, 대금은 당점이 발행한 상품권으로 받은 경우를 분개할 때, 차변에 기입될 계정과목은?

① 예수금   ② 외상매출금
③ 미수금   ④ 상품권선수금

17. (주)서울의 당 회계연도의 상품에 대한 변동내역이 다음과 같을 때, 선입선출법으로 계산된 기말재고액은 얼마인가?

가. 기초 상품 : 100개 (@₩100)
나. 기중 매입 : 300개 (@₩200)
다. 기중 판매 : 320개

① ₩8,000   ② ₩10,000
③ ₩12,000   ④ ₩16,000

18. 다음 각 항목 중에서 회계상의 거래가 아닌 것은?

① 회사에서 사용할 기계를 외상으로 구입하였다.
② 고객이 구입한 상품을 반품해서 돈을 되돌려 주었다.
③ 새로운 CEO를 영입했다.
④ 건물의 임대 계약을 맺고 보증금을 지급했다.

19. (주)서울은 영업용 건물을 구입하였던 바, 그에 따른 취득세 ₩400,000을 현금으로 납부한 경우 분개로 옳은 것은?

① (차) 세금과공과 400,000   (대) 현 금 400,000
② (차) 취 득 세 400,000   (대) 현 금 400,000
③ (차) 건   물 400,000   (대) 현 금 400,000
④ (차) 수수료비용 400,000   (대) 현 금 400,000

20. 다음 중 거래에 따른 회계 처리시 계정 과목과 그 연결이 옳지 않은 것은?

① 소모품 구입(비용 처리 시) - 소모품비
② 업무용차량의 주유비 지출 - 차량유지비
③ 거래처 직원의 결혼 축의금 지출 - 접대비
④ 직원의 회계업무 교육 강사비 지출 - 종업원급여

21. 기말수정사항이 다음과 같을 때, 기말수정분개가 미치는 영향으로 옳지 않은 것은?

- 기중에 구입한 소모품 ₩1,000,000를 소모품비로 처리하였으나, 기말 현재 남아있는 소모품은 ₩200,000이다(단, 기초 소모품 재고액은 없다.)
- 당기에 발생한 미수이자수익 ₩1,000,000에 대한 회계 처리가 이루어지지 않았다.

① 당기순이익이 ₩800,000 증가한다.
② 자산총액이 ₩1,200,000 증가한다.
③ 부채총액은 변동이 없다.
④ 수정 후 잔액시산표의 차변합계가 ₩1,000,000 증가한다.

22. 수익과 비용에 대한 설명으로 옳지 않은 것은?

① 수익을 통해서 자산이 증가하거나 부채가 감소하면 그 결과 자본이 증가한다.
② 수익은 특정 보고 기간 동안에 발생한 자본의 증가(단, 영업외적인 수익 제외)를 의미한다.
③ 주요 경영활동 이외의 부수적인 거래나 사건에서 발생하는 차익과 차손을 포함한다.
④ 비용은 특정 보고기간 동안에 발생한 경제적 효익의 감소를 뜻한다.

23. 다음 상품재고장을 이용하여 이동평균법에 의한 기말재고액을 계산하면 얼마인가?

6월 1일	전월이월	100개	@₩600	₩60,000
5일	매 출	60개	@₩800	₩48,000
22일	매 입	40개	@₩650	₩26,000
27일	매 출	60개	@₩800	₩48,000

① ₩13,000
② ₩12,500
③ ₩12,300
④ ₩12,000

24. 결산일에 종업원급여 계정을 결산 마감하고자 한다. 종업원급여 계정 (가)잔액을 (나)계정으로 대체시켜야 한다. (가)와 (나)의 내용으로 옳은 것은?

① 차변, 예수금
② 차변, 손익
③ 대변, 차기이월
④ 대변, 자본금

25. 다음 중 감가상각의 대상에서 제외되는 자산으로 옳은 것은?

① 건물
② 차량운반구
③ 기계장치
④ 토지

최종 점검 모의고사 정답

1. ④	2. ①	3. ④	4. ②	5. ②
6. ③	7. ①	8. ①	9. ①	10. ①
11. ③	12. ②	13. ②	14. ③	15. ④
16. ④	17. ④	18. ③	19. ③	20. ④
21. ④	22. ②	23. ②	24. ②	25. ④

01 회계정보의 유용성을 증대시키는 가장 기본이 되는 재무정보의 질적특성은 목적적합성과 표현충실성이다.

02 이월시산표는 결산 본 절차에서 원장의 마감 시 자산, 부채, 자본의 차기이월 금액을 집계하는 표이다.

03 현금+외상매출금+이월상품+매입+급여 = 300,000, 또는 외상매입금+자본금+매출 = 300,000

04 미지급비용을 누락하면 비용과 부채의 과소계상이 되고 순이익이 과대계상된다.

05 유동자산은 당좌자산과 재고자산으로 비유동자산은 투자자산, 유형자산, 무형자산, 기타비유동자산으로 분류한다.

06 영업권은 비유동자산 중 무형자산에 속한다.

07 대여금에 대한 이자를 수령하고 전액 이자수익으로 처리했다면 기말 수정분개가 (차) 이자수익 6,000 (대) 선수수익 6,000으로 처리한다. 문제에서는 수령시 전액 부채인 선수수익으로 처리했다고 하므로 기간 경과분을 (차) 선수수익 3,000 (대) 이자수익 3,000으로 처리해야 한다.

08 보기 1번은 단기금융상품에 속한다.

09 정액자금선급법에서 소액경비지급을 위해 선급한 금액은 소액현금 계정 차변에 기록한다.

10 2,500,000−2,000,000 = 500,000(평가이익)

11 금융자산 : 매출채권+당기손익:공정가치측정금융자산+현금및현금성자산 = 34,000 단, 선급금과 선급비용은 재화나 용역을 수취할 자산이므로 금융자산이 아니다.

12 취득원가 : 1,000주×6,000 = 6,000,000이고 취득 시 수수료는 당기 비용으로 처리한다.

13 매출수익의 실현시기는 상품을 발송(인도)한 날이다.

14 (차) 매입 3,000,000 (대) 당좌예금 1,000,000, 외상매입금 1,990,000, 현금 10,000 동점 부담 인수운임은 상대방 부담이므로 매입원가에 포함해서는 안된다. 대신 지급했으므로 갚아야 할 외상매입금에서 차감한다.

15 (차) 종업원급여 1,000,000 (대) 소득세예수금 30,000, 현금 970,000

16 당점이 발행한 상품권을 받으면 상품권선수금 계정 차변에 기록한다.

17 매출원가 : (100개×100)+(220개×200) = 54,000이고
기말재고액 : 80개×200=16,000 선입선출법의 기말재고수량은 가장 늦게 매입한 것이다.

18 새로운 CEO의 영입 또는 종업원의 채용은 회계상의 거래가 아니다.

19 건물 구입 시 취득세는 건물 취득원가에 포함하므로 건물계정 차변에 기록한다.

20 직원의 회계업무 교육강사비 지출은 교육훈련비 계정으로 처리한다.

21 수정분개를 해 보면,
1. (차) 소모품 200,000 (대) 소모품비 200,000,
2. (차) 미수이자 1,000,000 (대) 이자수익 1,000,000이다. 소모품과 + 미수이자 = 당기순이익과 자산총액이 ₩1,200,000 증가한다. 부채는 발생하지 않으며, 수정분개 중 소모품정리는 기존의 소모품비를 소모품으로 대체하는 분개이므로 수정 후 시산표 합계에 영향을 미치지 않지만 미수이자의 계상은 결산 시 새로이 계상하는 분개이므로 수정 후 시산표 합계가 ₩1,000,000 증가한다.

22 수익은 영업수익과 영업외적인 수익 전부를 포함한다. 단, 자본의 증가 중 소유주의 출자는 수익에서 제외한다

23 6월 22일 매입 시 평균단가를 구한다.[(40개×600)+(40개×650)]÷(40개+40개) = 625(평균단가)
재고수량 20개×625 = 12,500(기말재고액)

24 결산일에 종업원급여 계정 (차변)잔액을 (손익)계정으로 대체시켜야 한다.

25 토지와 건설중인자산 계정은 감가상각대상에서 제외되는 자산이다.